应用型高校产教融合系列教材

企业文化
直面数智时代的挑战

胡 茉◎主 编
高 松◎副主编

清华大学出版社
北京

内 容 简 介

本书系统介绍了企业文化的基本理论和方法，探讨了数智时代国内外优秀企业及其企业文化的具体实践。全书共 12 章，首先介绍了数智时代企业文化的新特点，然后阐述了企业文化的基础理论、企业文化测量与评估的方法和步骤，最后从企业文化的形成与传承、企业文化变革、企业文化冲突与整合、企业文化传播、传统文化对企业文化传播与传承的影响、数智时代中人的角色、数智化企业文化建设的实践 7 个方面介绍了企业文化的动态发展过程。

本书提供了大量的企业文化思政案例和习题，以便读者深入了解数智时代企业文化的演变和发展，系统地学习和掌握企业文化的理论知识与实践技能。

本书既可作为相关专业大中专院校学生、本科生、研究生的教材，也可作为相关企业和从业人员的培训用书或学习读物。

本书封面贴有清华大学出版社防伪标签，无标签者不得销售。

版权所有，侵权必究。举报：010-62782989，beiqinquan@tup.tsinghua.edu.cn。

图书在版编目（CIP）数据

企业文化：直面数智时代的挑战 / 胡茉主编. —北京：清华大学出版社，2024.4
应用型高校产教融合系列教材
ISBN 978-7-302-66060-6

Ⅰ.①企⋯ Ⅱ.①胡⋯ Ⅲ.①企业文化－高等学校－教材 Ⅳ.① F272-05

中国国家版本馆 CIP 数据核字 (2024) 第 072222 号

责任编辑：吴　雷
封面设计：何凤霞
责任校对：宋玉莲
责任印制：丛怀宇

出版发行：清华大学出版社
网　　址：https://www.tup.com.cn，https://www.wqxuetang.com
地　　址：北京清华大学学研大厦 A 座
邮　　编：100084
社　总　机：010-83470000
邮　　购：010-62786544
投稿与读者服务：010-62776969，c-service@tup.tsinghua.edu.cn
质　量　反　馈：010-62772015，zhiliang@tup.tsinghua.edu.cn

印　装　者：三河市科茂嘉荣印务有限公司
经　　销：全国新华书店
开　　本：185mm×260mm　印　张：13.5　字　数：290 千字
版　　次：2024 年 5 月第 1 版　印　次：2024 年 5 月第 1 次印刷
定　　价：49.00 元

产品编号：105642-01

上海工程技术大学应用型高校产教融合系列教材

总编委会

主　　任：俞　涛

副 主 任：夏春明

秘 书 长：饶品华

学校委员（按姓氏笔画排序）：

　　王　迪　　王国强　　王金果　　方　宇　　刘志钢　　李媛媛
　　何法江　　辛斌杰　　陈　浩　　金晓怡　　胡　斌　　顾　艺
　　高　瞩

企业委员（按姓氏笔画排序）：

　　马文臣　　勾　天　　冯建光　　刘　郴　　李长乐　　张红兵
　　张凌翔　　张　鑫　　范海翔　　尚存良　　姜小峰　　洪立春
　　高艳辉　　黄　敏　　普丽娜

序 言 PREFACE

  教材是知识传播的主要载体、教学的根本依据、人才培养的重要基石。《国务院办公厅关于深化产教融合的若干意见》明确提出，要深化"引企入教"改革，支持引导企业深度参与职业学校、高等学校教育教学改革，多种方式参与学校专业规划、教材开发、教学设计、课程设置、实习实训，促进企业需求融入人才培养环节。随着科技的飞速发展和产业结构的不断升级，高等教育与产业界的紧密结合已成为培养创新型人才、推动社会进步的重要途径。产教融合不仅是教育与产业协同发展的必然趋势，更是提高教育质量、促进学生就业、服务经济社会发展的有效手段。

  上海工程技术大学是教育部"卓越工程师教育培养计划"首批试点高校、全国地方高校新工科建设牵头单位、上海市"高水平地方应用型高校"试点建设单位，具有四十多年的产学合作教育经验。学校坚持依托现代产业办学、服务经济社会发展的办学宗旨，以现代产业发展需求为导向，学科群、专业群对接产业链和技术链，以产学研战略联盟为平台，与行业、企业共同构建了协同办学、协同育人、协同创新的"三协同"模式。

  在实施"卓越工程师教育培养计划"期间，学校于2010年开始陆续出版了一系列卓越工程师教育培养计划配套教材，为培养出一批具有卓越能力的工程师作出了贡献。时隔十年，为贯彻国家有关战略要求，落实《国务院办公厅关于深化产教融合的若干意见》，结合《现代产业学院建设指南（试行）》《上海工程技术大学合作教育新方案实施意见》文件精神，进一步编写了这套科学、先进、原创、适用的高质量应用型高校产教融合系列教材，深入推动产教融合实践与探索，加强校企合作，引导行业、企业深度参与教材编制，提升人才培养的适应性，旨在培养学生的创新思维和实践能力，为学生提供更加贴近实际、更具前瞻性的学习材料，使他们在学习过程中能够更好地适应未来职业发展的需要。

  在教材编写过程中，始终坚持以习近平新时代中国特色社会主义思想为指导，全面贯彻党的教育方针，落实立德树人根本任务，质量为先，立足于合作教育的传承与创新，突出"产教融合、校企合作"特色，校企双元开发，注重理论与实践、案例等相结合，以真实生产项目、典型工作任务、案例等为载体，构建项目化、任务式、模块化、基于实际生产工作过程的教材内容体系，力求通过与企业的紧密合作，紧跟产业发展趋势和行业人才需求，将行业、产业、企业发展的新技术、新工艺、新规范纳入教材内容，使教材内容既具有理论深度，能够反映未来技术发展，又具有实践指导意义，使学生能够在学习过程中与行业需求保持同步。

该系列教材还注重培养学生的创新能力和实践能力。通过设置丰富的实践案例和实验项目，引导学生将所学知识应用于实际问题的解决中，培养他们的创新思维和实践能力。相信通过这样的学习方式，学生将更加具备市场竞争力，成为推动经济社会发展的有生力量。

这套应用型高校产教融合系列教材的出版，既是学校教育教学改革成果的集中展示，也是对未来产教融合教育发展的积极探索。这套教材的特色和价值不仅体现在内容的全面性和前沿性上，更体现在其对于产教融合教育模式的深入探索和实践上。期待教材能够为高等教育改革和创新人才培养贡献力量，为广大学生和教育工作者提供一个全新的教学平台，共同推动产教融合教育的发展和创新，更好地赋能新质生产力发展。

2024 年 5 月

前 言

本书为上海工程技术大学"产教融合"系列教材,在上海工程技术大学产教融合系列教材总编委会的指导下,按照产教融合教材建设要求编写完成。本书由上海工程技术大学与上海市直播电商联盟等单位共同完成编写。

本书集中研究了近年来数字经济浪潮下国内外优秀企业文化的具体实践,它既延续了经典西方企业文化的概念框架与理论体系,又基于数字化、智能化的时代背景探讨了企业文化生成、发展与变革中的新场景、新实践与新突破。全书共12章,第1章阐述了数智时代的机遇和挑战;第2章至第4章介绍了企业文化的基础理论,包括企业文化的理论沿革、核心要素以及功能与类型;第5章至第6章介绍了企业文化测量与评估的方法和步骤、企业文化的形成与传承机制,以及数智时代企业文化的动态管理策略;第7章至第8章介绍了企业文化变革的原因、程序和要点,企业文化冲突的类型、形成和化解策略,以及企业文化整合问题;第9章探讨了企业文化传播的内涵、要素、时机和过程,以及如何运用数智技术进行企业文化传播;最后,第10章至第12章分析了传统文化对企业文化塑造与传播的影响、重新认识数智时代中"人"的角色与作用,以及数智化背景下企业文化建设的实践和创新等。

与其他同类型教材相比,本书特色体现在四个方面。(1)时代性。本书紧扣时代脉搏,深入探讨了数智化时代的到来对企业文化建设的深刻影响,以及企业如何应对数智化带来的机遇和挑战。(2)全面性。教材涵盖了数智化时代下企业文化的诸多方面,从理论到实践,从概念到操作,为读者提供了一本全面而系统的企业文化指南。(3)实用性。本书不仅涵盖了企业文化的理论知识体系,而且通过思政案例、章末案例和拓展阅读等形式,帮助读者更好地理解和掌握数智化时代下企业文化的特点和要求。(4)先进性。本书不仅关注国内外企业文化理论发展趋势,而且更新了数智化转型对企业文化建设影响的研究成果,尤其是增加了数智技术应用与企业文化实践创新、数智时代的企业家精神与员工管理、数智技术助力企业文化评估等内容以及相关案例,使读者能够获得更广泛的视野和启示。

本书既可作为相关专业大中专院校学生、本科生、研究生的教材,也适用于相关行业企业管理者、企业文化研究人员、企业员工以及对企业文化感兴趣的读者。通过阅读本书,读者可以深入了解数智化时代企业文化的演变和发展,掌握企业文化的测量与评估方法，系统地学习和掌握企业文化的理论知识与实践技能。

本书由上海工程技术大学管理学院和上海市直播电商联盟等单位合作编写，高松编写第9章，其余章节由胡茉编写。全书由胡茉任主编，高松任副主编。

在编写过程中，笔者借鉴了大量的文献资料，这些宝贵的资源对我们的编写工作起到了重要的推动作用。借此出版之际，我们衷心感谢所有参考书籍和文章的作者，他们的研究成果对我们的编写具有重要的意义。

此外，我们要感谢那些在企业文化塑造过程中分享实践经验的企业界人士，他们的见解和经验对我们的编写工作给予了极大的帮助，尤其感谢卡西欧（中国）贸易有限公司等企业在案例编写过程中给予的大力协助。同时，我们还要感谢评审专家、出版社编辑以及其他相关人员在本书出版过程中提供的宝贵意见和支持。

由于编者水平限制以及时间、资源等因素的影响，本书仍存在一些不足之处。我们诚挚地期待所有使用和关注本书的读者能够给予指正和建议，帮助我们不断改进和完善。我们将认真倾听您的声音，努力在未来的修订中加以改进，以更好地满足您的需求。

编　者
2024 年 5 月

目录 CONTENTS

第 1 章　数智时代的机遇和挑战 / 1

【案例导入】腾讯健康：数智技术助力医疗普惠 / 1
1.1　数智化的定义 / 2
1.2　数智化技术带来的机遇 / 3
1.3　数智化时代面临的挑战 / 4
1.4　数智化转型与企业社会角色转变 / 7
1.5　数智化时代下企业文化的新特点与新要求 / 12
【本章小结】/ 13
【案例分析】思爱普：助力央企数智化转型 / 14
【案例思考题】/ 16
【课后思考题】/ 16
【在线测试题】/ 16

第 2 章　企业文化的理论沿革 / 17

【案例导入】华为的企业文化 / 17
2.1　企业文化概念及其产生背景 / 18
2.2　企业文化理论的兴起和演变 / 25
2.3　数智时代下企业文化发展趋势 / 36
2.4　技术变革与企业文化实践创新 / 37
【本章小结】/ 38
【案例分析】松下精神的精髓 / 38
【案例思考题】/ 41
【课后思考题】/ 41
【在线测试题】/ 41

第3章 企业文化的核心要素 / 42

【案例导入】海尔集团的核心价值观 / 42
3.1 企业使命和愿景 / 43
3.2 企业价值观与企业精神 / 48
3.3 数智时代的企业家精神 / 54
【本章小结】/ 55
【案例分析】星巴克：咖啡豆里的价值主张 / 55
【案例思考题】/ 58
【课后思考题】/ 58
【在线测试题】/ 59

第4章 企业文化功能与类型 / 60

【案例导入】石油企业企业文化的导向与激励功能 / 60
4.1 企业文化的功能 / 61
4.2 企业文化的类型 / 63
4.3 企业文化类型的选择 / 68
【本章小结】/ 70
【案例分析】飞利浦：数字化转型 / 70
【案例思考题】/ 73
【课后思考题】/ 74
【在线测试题】/ 74

第5章 企业文化的测量与评估 / 75

【案例导入】苏州公交公司企业文化：基于丹尼森量表的测量结果 / 75
5.1 企业文化测量的概念 / 76
5.2 企业文化测量的意义 / 76
5.3 企业文化测量量表 / 77
5.4 企业文化评估的概念 / 83
5.5 企业文化评估步骤 / 84
5.6 数智技术助力企业文化评估 / 86
【本章小结】/ 87
【案例分析】JK物业服务集团企业文化测评 / 87
【案例思考题】/ 91
【课后思考题】/ 91

【在线测试题】/ 92

第 6 章　企业文化的形成与传承 / 93

【案例导入】工程勘察设计企业的发展周期与企业文化 / 93
6.1　企业文化的形成机制 / 94
6.2　企业文化的发展阶段 / 97
6.3　数智时代企业文化的动态管理 / 99
【本章小结】/ 101
【案例分析】同仁堂：企业文化的形成与传承 / 102
【案例思考题】/ 105
【课后思考题】/ 105
【在线测试题】/ 105

第 7 章　企业文化的变革 / 106

【案例导入】千金药业企业文化变革显成效 / 106
7.1　企业文化变革的定义与原因 / 107
7.2　企业文化变革的程序 / 110
7.3　企业文化变革的内容 / 112
7.4　企业文化变革的要点 / 113
7.5　数智驱动的企业文化变革 / 114
【本章小结】/ 115
【案例分析】西门子：数智时代的企业文化变革 / 115
【案例思考题】/ 118
【课后思考题】/ 118
【在线测试题】/ 118

第 8 章　企业文化的冲突与整合 / 119

【案例导入】联想并购 IBM：文化差异与整合 / 119
8.1　企业文化冲突及类型 / 120
8.2　企业文化冲突的根源和表现 / 122
8.3　企业文化冲突的化解 / 126
8.4　企业文化整合 / 128
8.5　数智化时代企业文化整合新要义 / 132
【本章小结】/ 132

【案例分析】荣事达：企业并购过程中的文化冲突与融合 / 133
【案例思考题】/ 136
【课后思考题】/ 136
【在线测试题】/ 136

第 9 章 企业文化的传播 / 137

【案例导入】中国平安新品牌 Logo 设计理念 / 137
9.1 企业文化传播的内涵 / 138
9.2 企业文化传播的要素 / 140
9.3 企业文化传播的时机 / 145
9.4 企业文化传播的过程 / 146
9.5 数智技术助力企业文化传播 / 147
【本章小结】/ 152
【案例分析】小米：企业文化传播 / 152
【案例思考题】/ 154
【课后思考题】/ 155
【在线测试题】/ 155

第 10 章 数智时代下传统文化与企业文化建设 / 156

【案例导入】海尔集团的"三易"思想 / 156
10.1 中国传统文化概述 / 157
10.2 文化传承与企业文化传播 / 160
10.3 数智技术在企业传统文化传承中的应用 / 163
【本章小结】/ 163
【案例分析】方太：以道御术 / 164
【案例思考题】/ 168
【课后思考题】/ 169
【在线测试题】/ 169

第 11 章 重新认识数智时代中的"人"/ 170

【案例导入】数智化背景下山东烟台烟草有限公司 5M 领导力模型 / 170
11.1 数智时代人力资源管理角色转变 / 172
11.2 数智时代的人力资源管理创新 / 174
11.3 个体改进是企业文化变革的关键 / 175

11.4　唤醒数智时代的员工自驱动 / 177

11.5　数智时代的企业领导力 / 178

【本章小结】/ 182

【案例分析】卡西欧：与"Z 世代"共舞 / 182

【案例思考题】/ 185

【课后思考题】/ 185

【在线测试题】/ 185

第 12 章　数智时代的企业文化建设 / 186

【案例导入】"字节范"：字节跳动的企业文化 / 186

12.1　数智时代的企业文化新要求 / 187

12.2　数智时代的企业文化新理念 / 190

12.3　数智时代的企业文化新态势 / 192

【本章小结】/ 193

【案例分析】林清轩：数智赋能下的"转危为机" / 194

【案例思考题】/ 197

【课后思考题】/ 197

【在线测试题】/ 197

参考文献 / 198

附录 / 201

第1章　数智时代的机遇和挑战

【案例导入】　　　腾讯健康：数智技术助力医疗普惠

在2023全球数字生态大会的健康专场上，腾讯健康公布了其在医疗大模型领域的新进展，并发布了一系列医疗AI服务和产品。

在医疗大模型的研发方面，加入了涵盖285万个医学实体、1 250万条医学关系的医学知识图谱和医学文献，通过对3 000万条患者、医生、药厂等场景的问答对话进行多任务微调，以及36万组专家医生标注数据的强化学习，大模型能够在更专业、精准地处理医疗需求的同时，兼顾患者关怀。

同时，升级后的AI导辅诊应用，涵盖医学智能问答、数字人就医助手、智能自由问诊、病历自动生成等多重功能。应用升级后，AI导辅诊化身为虚拟数字形象"小威护士"，能为老年患者提供温暖、便捷的医疗服务。

此外，腾讯健康旗下数智医疗影像平台腾讯觅影发布了肺癌AI、青光眼AI、结直肠AI等多款辅助诊断产品，同时开放了20多个自研的AI引擎，供各科研机构AI模型自主研发及训练。

目前，腾讯健康累计专利已超过1 000件，这些专利将加速转化为前沿技术并应用到医疗场景中。通过算力供给、数据存储、安全防护等数字基础设施方面的积累，腾讯健康将持续为医疗行业提供可靠的底层保障，广泛助力医疗普惠。

（资料来源：健识局. 腾讯公布医疗AI最新进展，发布药物发现等多个产品（2023-09-11）https://new.qq.com/rain/a/20230911A07PCP00/.）

数智化浪潮席卷之下，全球商业体系与社会环境正在经历前所未有的解构与重组。一方面，全球经济与商业发展面临着高度复杂的结构不确定性；另一方面，颠覆性技术变革对传统组织结构和形态带来巨大冲击的同时，也使其面临着前所未有的深刻机遇。面对数字与智能技术的快速迭代，如何推动业务流程再造与经营方式变革是所有企业面临的共同课题。企业需要不断更新价值理念、市场思维、商业模式与技术架构，尤其在企业文化核心价值体系与新技术、新业态协同方面存在巨大的变革与挑战。

如何于纷繁复杂的数智潮流中披沙沥金？如何在迅速迭代的复杂环境中持续推进企业转型升级，为企业成长注入长久驱动力？如何让企业文化推动基于数智的创新思维和方案真正落地？如何让成长于"Z世代"[①]的员工长久保持工作激情与创新活力？这些都是数智时代所有企业共同面对的挑战。

1.1 数智化的定义

关于数智化的定义，不同学者给出了各自的标准。一部分学者从人类社会技术革新的角度出发，认为数智化是继第一次工业革命以蒸汽机技术为核心的机械化生产方式、第二次工业革命以发电机等技术为核心的大规模流水线生产方式之后，源起于20世纪末和21世纪初的新一轮技术变革。这一轮技术变革以计算机、人工智能、移动互联和大数据等数字与智能技术为代表，推动人类由工业社会迈入"数智社会"。

另一部分学者则提出数智化这一概念是由"数字化"引申而来，即通过数字技术的应用对商业模式进行重塑，进而提供新的价值创造途径，推动企业经营管理向数智化应用转型。其中，以人工智能等为代表的技术革新是数智化的关键环节，即运用技术改变甚至创造新的商业模式，使人工智能技术、数智化能力与前瞻性商业战略实现高度融合。此时，数智化是"智慧数智化"与"数字智慧化"的结合：一方面运用数字技术替代繁重的体力劳动，以脑力取代体力精进生产过程，即"智慧数智化"；另一方面通过算法以人类智慧赋能大数据，推动数据和技术不断迭代，实现"数字智慧化"。更为重要的是，上述两个过程可以进一步融合形成人机深度对话，使人工智能在实现深度学习的同时也能启智于人，最终形成人机互通互促的新生态。

不论从上述何种角度出发，我们皆能发现数智化的本质是人与数字技术的协同演进过程，数智化的概念也随着数字技术与人类的互动不断更新。当前，我们可以将数智化过程定义为四个阶段：数智化的初阶形态是数字技术与产品创新的结合，即产品智能化；数智化的中阶形态是数字技术与企业经营的结合，即流程智能化；数智化的高阶形态是数据聚合推动下的人机协同，人与环境的互动越来越紧密，形成"智慧城市"与"万物互联"；而数智化的最高阶段应该是人类文明的"思维互联"，将数智化推进到文化层面，实现文化和思维的互联互通。

可以预见，数智化发展将为人类社会带来更多的积极变革，不论是在科技领域、商业应用，还是在文化传承方面，数智化的探索与实践都将持续构建更加智能、创新与和谐的社会。

---

① Z世代：是指种族更多样，在性别、气候等议题上希望政府作出更多改变，以及被互联网科技环绕着长大，社交媒体几乎成为生活中心的这部分青年人群。参见：徐剑，黄尤嘉."Z世代"概念的流行、误用及对我国青年世代文化价值观的重新阐释[J].上海交通大学学报（哲学社会科学版），2023，31（10）：13-29.

1.2 数智化技术带来的机遇

如前所述,以人工智能、大数据、云计算等新兴技术为代表的数智技术正带给人类文明一场多要素、全方位的变革,引领着人类社会进入"数智时代"。具体而言,这一时代将带来以下四个方面的机遇:

第一,数智化信息技术将推动生产方式与劳动方式的根本性转换,进而引发传统产业组织模式的重构。自 2021 年欧盟提出"工业 5.0"①开始,数智化时代的发展持续推动着工业与全球社会、科技与经济的深度融合。特别是在数智经济领域,人工智能与大数据技术为推动生产从规模驱动转变为价值导向提供了空间,彻底颠覆了传统制造业的生产效率。在这一变革推动下,原本以产品为导向的生产效率逻辑逐渐演变为以用户为导向的服务效能逻辑。与此同时,人工智能技术的广泛渗透也为传统产业深度融合"互联网+"提供了无限可能,表现为在大数据环境下,数智化技术的平台业态打破了供需信息壁垒与传统中心化壁垒,实现了去边界化和去中心化。此外,高度智能化的劳动力提升了既有人力资本的潜在产出水平,新的技术条件也塑造了全新的劳动力形态,共同推动着传统产业组织向数智化、智能化和个性化方向迈进。

以人工智能为例,其技术发展呈持续上升趋势,它在各行业领域的应用也呈现出蓬勃发展态势。如图 1.1 所示,中国人工智能应用行业市场规模呈逐年递增趋势。未来随着其在各行业领域的应用持续深化,人工智能应用行业的市场份额将呈持续上升趋势。

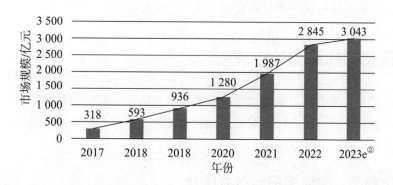

图 1.1　2017—2023 年中国人工智能应用行业市场规模趋势预测(单位:亿元)
数据来源:根据工信部公开资料整理。

第二,数智化将推动现代基础设施体系的重构与整合,人类社会生产各个环节的要素及结构将呈现出整体性趋向。通过数智协同和网络闭环,数智化填补了信息流、知识流、资金流和物流之间的鸿沟,形成线上线下一体化的现代基础设施体系,实现了人、货、设施、场域等的全链路集成,打造出新的虚实结合的社会性空间。在这一空间中,具备高度

---

① 根据欧盟《工业 5.0:迈向可持续、以人为本和富有弹性的欧洲工业》报告,工业 5.0 是指关注工业的未来,以人类为中心,打造可持续、有弹性的制造系统。参见 Breque M,De Nul L,Petridis A. Industry 5.0: Towards a Sustainable,Human-centric and Resilient European Industry[R]. European Commission,2021,Brussel.
② 此处 2023e 代表预估值,下同。

渗透性和扩散性的数据和信息将成为新的生产要素，构成价值链协同系统中的统一语言，对设计、制造、物流、服务和组织等各个环节进行数智化价值重构，并经由虚实结合的现代基础设施体系实现各类主体的效率提升与价值实现，最终实现经济社会的整体数智化转型。

第三，数智化时代，社会治理模式将被重构。数据和信息既是公共治理的手段，又是公共治理的对象，这将带来社会治理向度的深刻变革。面对个体数据使用的伦理边界、人工智能的就业替代、零工经济的个体权益保障、各类数据鸿沟与算法歧视等，如何从技术导向和经济利益导向转为以人为中心的价值导向，成为数智时代的深刻命题。面对社会生活全面信息化与网络化的态势，未来社会服务的数智化和体系化、社会治理的智能化和精准化、社会共建的协同化和开放化，将推动形成全民参与、数字协商的新型治理形态。

第四，数智化时代人与技术的关系将发生深刻变革，人智与数智的高度结合与互相渗透将重构人类文明的进化方式。数智化技术带来了人类文明要素、结构与形态的大变迁，人类社会的进化也将随之出现重要变化。尽管当前尚处于数智化的初级阶段，但未来随着技术不断进步，人类社会将呈现出超越当今想象的数智化图景。根据英国信息伦理学家弗洛里迪的预见，未来世界将成为一个现实世界与虚拟世界相互融通的"共融信息圈"，人类的生产方式、社会结构甚至是思维范式将发生极大转变，形成相互关联的全球信息网络的融合体；学者韩水法指出，人类在对人工智能及其他信息技术进行创造、发明和持续升级的过程中，其自身的理智能力也在不断地迭代与增进。因此，数智时代是人机高度协同互动的时代，人类文明与机器文明将共同进化，相辅相成。

1.3 数智化时代面临的挑战

数智化背景下，基于人工智能和大数据的技术打破了原有的经济与社会形态，在重塑传统产业运作方式、提升社会运转效率的同时也带来了许多新的问题和挑战，这些挑战主要涵盖个体、企业和社会三个层面。

1.3.1 个体层面：隐私保护与就业压力

第一，大数据与人工智能等技术所需的基础数据收集与分析多依赖于大量个体信息，这些信息需要满足大规模样本量、多样化内容与异质性信息以及依据决策情景与外部环境动态实时更新等方面的要求。根据中国互联网络信息中心发布的第51次《中国互联网络发展状况统计报告》，截至2022年年底，我国网民规模已达10.76亿人，互联网普及率达75.6%，移动网络终端连接总数突破35.28亿户。面对互联网的高覆盖率、高普及率与高开放性，大量个体用户的身份信息、收入状况、消费偏好与社交习惯等隐私信息可能在用户并不知情的情况下被大数据挖掘技术实时监测并被动暴露于大众视野之中。以平台型电商为例，平台不但可以通过上述用户画像分析给消费者定向推送商品与服务，甚至可能利用巨量个人用户信息进行信息寻租行为，严重侵害消费者权益。因此，个体隐私保护成为数智化时代发展面临的巨大挑战之一。

第二，随着人工智能技术在各行业领域的广泛应用，诸多原本依赖人力的传统工种将被自动化生产方式取代，从而提高生产精度、工作效率与产出水平。例如，在制造业中以机器人替代人力完成重复性生产流程，在提高生产效率的同时也降低了生产成本；在现代零售业中，以人工智能替代人力进行顾客行为识别和自动化库存管理等，可以有效提高用户体验和经营效率。这类广泛的技术替代无疑会给大量人群带来就业压力，给劳动力市场带来巨大冲击。然而，技术替代在挤出传统劳动力的同时，也在创造新的就业机会，如人工智能工程师、数据分析师、机器学习运维师等新型职业。因此，新技术的发展和应用对就业究竟是机会还是威胁，关键在于人类对技术的学习和适应速度以及自身能力和竞争力的发展水平。

1.3.2 企业层面：企业伦理与责任约束

数智化时代，企业作为推动技术研发和社会变革的中坚力量，一方面助推了人工智能技术的发展和应用落地，另一方面也加剧了技术应用带来的伦理风险。无论是从学术范畴还是从现实世界的角度，涉及人工智能及其应用的相关企业都存在企业伦理与责任约束的重新定义问题。

首先，人工智能企业本质上是通过算法建模与应用投入获取相应利润产出，因此，企业应当是诸如用户隐私保护、数据偏见消除等措施制定和技术研发的责任主体，但大多数企业缺乏相应的主动意识和行动能力，且社会环境对企业的道德约束也不够，以激励惩戒机制为核心的合规体系与责任归属体系均亟待建立。

其次，数智化时代下，当面临全新的决策主体与情境时，需要对涉及企业责任约束缺失的主体对象进行重新审视。在智能算法技术带来的破坏性情景中，应着重区分两类责任约束缺失行为：

（1）一是在技术实施过程中由于算法黑箱本身的不确定性，导致应用者的决策利益受损的情况。此类责任约束缺失行为是因人工智能主体的算法缺陷所引发，因此其担责主体难以追溯到算法开发企业。

（2）二是受市场逻辑主导或市场利益驱使，在数据搜集、算法训练与机器学习过程中人为嵌入了与企业自身利益最大化相关的决策，导致在算法设计、数据建模及最终产品形成过程中，未能秉持传统的"技术中立"或"技术向善"原则，存在技术恶意导致的算法恶德[①]，如大数据偏见、算法歧视[②]等，最终导致利益相关者的利益受损。这类责任约束缺失行为的责任主体应当追溯到开发企业本身。因此，数智时代企业伦理与责任约束尚处于逐步认知与发展阶段，社会信任体系的构建对于数智化企业的发展至关重要。

---

① 算法恶德是指算法在应用过程中可能会带来的负面效应，如不公平的资源分配、错误的决策、不良竞争等。
② 算法歧视是指人工智能企业的算法或算法嵌入的产品与服务在数据收集、分类、生成和解释过程中产生的与人类决策主体相同的偏见和歧视现象，包括年龄歧视、性别歧视、消费歧视、就业歧视、种族歧视以及弱势群体歧视等。

1.3.3 社会层面：社会伦理与矛盾激化

数智化时代，信息与数据成为继劳动、土地与资本之后的新生产要素。从资源基础观角度出发，数据的获取与存储就成了数智时代下企业必须掌握的关键性资源之一。如果缺乏数据获取和存储能力，人工智能只能是空中楼阁。因此，企业要想在数智化时代保持竞争优势，挖掘、获取和整合数据的能力就变得至关重要。然而现实情况是，由于算法构建能力仍然被少数群体或企业所掌握，它们因此拥有了数据的垄断权，而社会公众只能被动地成为数据获取的来源。同时，在追求利润最大化的机会主义倾向下，掌握数据和利用数据的企业与公共组织的动机往往难以统一，数字鸿沟和社会不平等现象由此产生。具体而言：

第一，在数智化时代，尽管基于算法驱动的数智化企业可以利用信息技术获取大量个体信息，开发相应的人工智能和机器学习程序并基于此开展商业活动，但由于算法决策本身依然存在信息不完全和企业与个人的信息不对称，仍然可能引发社会风险。因此，数智化企业必须认真考虑其算法决策可能产生的社会影响，并采取诸如增强算法透明度、加强数据质量管理等必要措施来降低这种风险。

第二，数智化时代，人工智能技术通过对传统产业的渗透和赋能产生了对传统劳动力的替代效应，导致收入和分配不平等效应被持续放大。尽管人工智能改变了传统行业的生产率，提升了社会运转效率，但它也对传统行业中的劳动力产生了一定的冲击。虽然人工智能帮助程序性劳动者从枯燥的重复性劳动中得到了解放，但也相应带来了普通劳动者可能会面临的失业问题，这对其公平就业构成了挑战。此外，人工智能带来的就业两极分化将加剧社会收入分配不公，拉大人工智能行业员工与其他传统行业员工的收入差距，进而会使因失业引发的社会矛盾被放大。

第三，人工智能开发源自大量算法建模和算法决策，这就可能产生因研发人员和人工智能企业的机会主义倾向和利润最大化动机，导致算法的设计过程存在社会性偏见和算法歧视问题，包括种族歧视、性别歧视、阶层歧视等，从而加剧社会不平等。

一方面，基于数据构建的"算法社会"可能导致社会撕裂。与传统工业社会不同，数据成为这一社会中驱动个体、组织和社会运转的关键要素，社会信息供求越来越由非人格主体的"算法"决定，这使得公众、企业和媒体等的决策方式发生了革命性的变化，表现为社会个体和公众不再只是被动接收信息并从有限的信息来源中进行筛选和决策，而是基于大数据下的海量信息供给进行判断与选择。在此背景下，个体信息被广泛融入整个社会的大数据环境，导致了个体信息的高度大数据化和社会化。算法基于个体的性格年龄、个人偏好、消费习惯、收入阶层以及种族文化等方面进行高度定制化和精准个性化的推送。例如，在传媒行业中，算法可以通过分析个体日常基于社交媒体进行的签到、图文分享、情感表达等动态信息进行用户画像，精准判别用户喜好，并通过社交媒体精准地推送用户需要的各类信息。然而，这种智能算法驱动的定制化信息拣选行为，会导致个体的日常生活呈现出定式化、单一化和程式化特征。这种非多样化的信息呈现基本屏蔽了用户原本基于自我意识和价值判别作出的信息筛选与选择，取而代之的是算法定制化下的信息定制，社会中的个体因此可能会陷入单一的"信息茧房"，无法更好地融入开放包容的社会形态与舆论环境，从而产生潜在的社会撕裂。

另一方面，数智化时代下的算法建构者追求基于先进算法和技术的全新的生活方式和智能化体验。但这种完全智能化的生活方式可能带来普通社会大众难以承受的高昂生活成本。以3D打印与人机结合等技术的社会化应用为例，当前这类技术由于研发费用、原料基材费用和设备运维成本过高，其在短时间内很难成为社会普通阶层能负担得起的高端消费。此外，在智能机器人替代传统人类劳动的过程中，通过操控或基于智能机器人意识逐步实现对人类主宰社会的角色替代，这种过于概念化的社会理想会带来一系列的社会伦理问题。

1.4 数智化转型与企业社会角色转变

数智化时代，数字信息技术将渗透到经济运行的各个领域，导致经济增长的内生驱动要素的结构性变化，进而促进社会形态和社会环境的巨大变革。作为技术创新开发应用、提升经济运转效率以及解决社会问题的重要组织载体，企业的社会角色和责任也呈现出创新与变革的趋势。

1.4.1 企业管理主体转变

在移动互联、大数据、区块链和人工智能等数智化技术的推动下，企业组织的颠覆性革命首先表现在管理主体的转变。在经历了传统的基于经济理性的"经济人"模式、基于社会理性的"社会人"模式、基于双元理性的"共享人"模式后，企业正在逐渐转变为基于数智决策与分析的"智能人"管理模式。

在基于传统"经济人"假设运作的企业组织中，每个人都以自身利益最大化为目标，人的行为动机是为了获得经济报酬。因此，消费者选择商品时通常只会考虑价格和效用，生产者则往往只关注成本和收益。而在基于"社会人"假设运作的经济模式中，人们在决策时不仅仅考虑到自身的利益，还会考虑社会价值观、道德规范等因素。例如，在某些情况下，人们可能会选择不那么符合自身利益的行为，因为这种行为更符合社会期望或道德标准。基于"共享人"假设运转的企业组织与社会经济则认为人们在进行决策时不仅考虑到自身的利益，还会考虑到共享的利益，即与他人共同分享的利益。例如，在共享经济中，人们可能会选择使用共享单车或共享汽车，因为这种行为不仅可以降低个人成本，而且可以为城市环境作出贡献。

与上述各种社会经济运转模式都是基于人性与道德逻辑的决策方式不同，"智能人"模式是一种理想化的人类行为模式，旨在通过人工智能的指导，实现人类行为的智能化和高效化。例如，在购物网站上推荐商品时，基于用户的购买记录和浏览记录等大数据分析，可以更精准地推荐符合用户需求的商品。在算法驱动下，智能机器人成了具备自主分析与决策能力的"智能人"，通过持续的机器学习，它们成为基于数据和算法进行决策的智能化主体，这类人机系统相较传统企业组织中基于人脑的战略决策和人工操作而言能更快地考虑到多方利益相关者的价值诉求变化，并分析主要利益相关方的价值诉求轨迹，它们能够作出更符合社会负责任导向的企业社会实践行为，并使用更有针对性的标准来使决策更快、更精准。因此，"智能人"成为区别于传统"经济人""社会人""共享人"驱动的企业社会责任管理与实践的全新决策主体。

然而，在算法和数据驱动下，微观组织无法实时检查智能机器人是否正确遵循了其决策规则。因此，只有依靠微观组织中的技术研发人员和操作员监视人工智能的一些元战略决策与实际运作，才能决定基于"智能人"的企业社会责任管理与实践主体的相应战略决策是否"可以接受"。

因此，尽管未来智能机器人成为企业社会责任的全新决策主体后，能为企业带来更高的效率和更准确的决策，但同时也需要关注和解决一些相应的主体决策困境，以确保基于"智能人"的企业社会责任战略管理与实践的正确性和可持续性。

1.4.2　企业组织载体创新

在数智化和智能化技术的深度融入下，新经济、共享经济和平台经济等全新经济形态催生了大批人工智能与互联网平台企业，这些企业已成为推动整个经济社会深度变革的重要组织载体。相应地，企业社会责任实践的组织载体也从传统企业转向这类人工智能与互联网平台企业，它们通过对传统产业的深度赋能推动经济社会的转型，优化市场竞争环境，并参与解决当前的一系列经济、社会和环境问题，具体方式如下：

第一，推动建立双边或多边市场结构。通过搭建链接双边市场用户的全新链路系统，互联网平台企业打破了原有传统企业的单边统一定价或分级定价模式，采取一种全新的非对称定价模式。一方面，通过对需求侧用户采取免费注册、免费服务以及价格补贴等方式，吸引大量的需求侧用户进入平台，参与平台的价值创造活动；另一方面，对供给侧用户则采取收取高额注册费、服务费以及共享利润等方式，以获取供给侧用户的价值创造绩效，进而形成了由供给侧和需求侧加成决定的非中性市场定价。由此，在广泛吸纳需求侧用户的同时，也通过大流量池吸引了供给侧用户的参与，从而形成"用户—平台—企业"的新型价值创造系统。

第二，通过技术创新驱动经济发展。互联网平台企业可以利用先进的技术和创新手段，提高生产效率，降低成本，促进经济增长。例如，通过大数据和人工智能技术，优化供应链管理，降低物流成本，提高物流效率。

第三，促进社会公平和包容性发展。互联网平台企业可以通过共享经济和去中心化等方式，让更多的个人和企业参与到数字经济中来，促进社会公平和包容性发展。例如，通过共享单车、共享汽车等方式，降低出行成本，提高出行效率，让更多人享受到出行的便利。

第四，推动绿色和可持续发展。互联网平台企业可以通过绿色技术和创新手段，促进绿色发展和可持续发展。例如，通过互联网技术，推动智

拓展阅读1.1
区块链技术助力能源交易

慧城市和智能交通的发展，减少能源消耗和环境污染。同时，也可以通过区块链技术，实现能源交易的透明化和公正化，促进能源的可持续发展。

1.4.3 企业运转模式变革

在数智化时代，传统刚性的科层制组织结构必然被打破，一种全新的液态组织运行模式日益被企业青睐。液态组织是一种自组织、自适应的组织形式，其具备四个显著的特点：

首先，液态组织的边界几乎不存在，所有成员都是平等的；

其次，液态组织实现了全面数据化，通过数字的流动和交换实现了信息的透明化；

再次，液态组织内成员是自驱动的，他们通过不断激发创新创造能力来突破效率极限；

最后，液态组织以价值感为凝聚力，每个成员都可以被认可和看到自己的贡献。

面对数智时代的液态组织形态，企业需要采取平台化管理思维来进行管理。平台化管理有三个核心要素：基于数字技术进行流程重构、基于个体自我驱动开展组织变革，以及基于互相成就的心态实现认知和能力升维。无论是平台化管理还是传统管理，都有五个非常关键的管理要素：能力、绩效、结构、关系和文化。这些要素在平台化管理中被重新定义和塑造，形成了平台化管理的"五化"，即能力数智化、绩效颗粒化、结构柔性化、关系多样化和文化使命化。

第一，能力数智化是指将个体的能力和企业的资源数智化，以便更好地管理和利用。这包括面向员工的数字技能培训、基于数字的知识管理和数据驱动的决策等。除此之外，管理者还要有构建数智生态的能力，包括管理数智化、运营数智化和业务数智化等。

第二，绩效颗粒化是一种以数字技术为基础的绩效管理模式，它将绩效评估细化到最小的任务或贡献单元，进行全方位的精细评价、考核和激励。这种绩效管理方式利用大量的非业务数据，针对不同工作性质和运营主体，采用不同的数据来进行考核。平台化绩效的颗粒化程度可以精细到每一分钟，使得考核的精确度和透明度达到极高的水平。这种绩效管理方式通过全面的数据模型对绩效变量进行系统性分析，研究绩效考核指标和绩效表现之间的因果关系，通过实时反馈考核结果不断优化考核指标、及时介入工作过程，帮助被考核者优化自身行为，从而达到改善组织绩效的目的。

第三，结构柔性化是指突破封闭的组织体系，构建扁平化、网络化、无边界的平台生态系统，以便更好地适应变化和不确定性。平台中各类利益相关者，如员工、管理者、客户、供应商、合作方等都成为资源整合单元，可以对其他单元随时随地进行自由选择和灵活组合，并调用平台资源。平台作为强大的基础设施和资源供给系统，采用灵活多元的分解和聚合方式有效地激发各单元的积极性，并借由单元激活的叠加效应迅速扩大平台规模和影响力。例如，休闲食品行业知名品牌之一的良品铺子在2020年成为中国第一家采用"云敲钟"方式直播上市仪式的企业，其背后是全套柔性化组织结构的强有力支撑：前台负责直接与客户接触，提供多样化服务以满足顾客需求；中台负责制定策略、监督运营和管理库存等，采用标准化、模块化来提高效率；后台则负责生产、物流和供应链管理等，面向长期发展，提供企业发展所需的服务共享平台。良品铺子通过前中后台的柔性化组织结构，实现了对市场变化和客户需求的高效响应，提高了组织效率和创新能力，促进了企业的持续发展。

第四，关系多样化是指在数智时代，平台化管理将助力企业成为新意义上的无边界的组织。在这种组织中，企业管理者与员工之间传统的雇佣关系与上下级关系将逐渐被平等协作以及相互赋能和互相成就的关系所取代。这种多样化关系可以促进知识的共享和交流，激发创新和创造力。例如，全球工业设计领域排名领先的洛可可公司作为整合创新设计的先驱者，虽然只拥有1 000名工业设计师，但通过打造社会化产品创新平台，使用户、企业和设计师共同参与产品设计，实现了自组织模式下基于多边平台的价值共创。一个典型的案例是，洛可可与北汽集团合作，采取众创项目的形式，覆盖了100多万用户和线上设计师，并最终通过1.5万用户与设计师共同参与设计，突破了闭门造车模式的弊端，成功打造了全球首款A00级人工智能汽车。

拓展阅读1.2
洛可可：打造洛客数字智能设计平台

第五，文化使命化是指建立一种以赋予个体强烈的使命感为核心的文化，鼓励并调动个体精神需求和利益的满足，使他们产生归属感和成就感，进而激发个人潜能。此外，基于共同价值观、信念及行为准则形成的企业文化也是一种强有力的精神支柱，能够让组织中的人产生认同感和安全感，从而起到相互激励的作用。例如，星巴克公司采取一种名为"咖啡豆股"的激励制度，员工在星巴克工作满一年，可以拥有50%的咖啡豆股票；连续工作两年后，可以拥有这些股票的全部归属权。这种制度旨在激励员工的工作积极性，同时使员工能够分享公司的成功和成长。不同于传统的股票期权，员工需要满足一定的条件才能获得这些股票。此外，星巴克还通过员工持股计划，使员工能够更广泛地参与公司的所有权和经营决策。这些激励制度的特点在于，它们强调了星巴克作为一家公司的价值观和信念，即重视员工的成长和参与。这种制度设计可以激发员工的工作热情和归属感，从而促进公司的长期发展和成功。

总之，平台化管理是一种适用于数智时代的组织管理方式，它通过重新定义管理要素和塑造新的管理方式，帮助企业更好地应对液态组织形态的挑战。

1.4.4　企业社会责任嬗变

企业社会责任治理的核心在于建立一个多元利益相关方参与的治理环境，最大限度地激励企业实施可持续的社会责任行为，确保企业的行为对社会负责。因此，传统企业社会责任治理主要是以企业在运营管理过程中可能产生的负面问题为导向。同时，外部责任治理主体会根据自身的治理角色和功能定位，采用相应的治理机制和工具对企业的社会责任行为进行监督、威慑和惩戒，以避免企业出现社会责任缺失和异化行为。较为常见的企业社会责任治理范式分为以下三种：

（1）基于政府的企业社会责任治理范式，强调政府在推动企业社会责任中的主导作用。政府通过制定相关法规、政策和标准，来规范和引导企业的社会责任行为。企业在政府的引导下，被动地履行社会责任，以满足政府要求和社会期望。这种治理范式的特点是政府的主导作用和企业的被动履行责任。

（2）基于供应链的线性化企业社会责任治理范式，强调供应链上下游企业之间的社会责任传递和共同履行。上游企业对其供应商和下游企业对其客户都承担相应的社会责任，形成一条社会责任传递的链条。这种治理范式的特点是供应链上下游企业之间社会责任的传递和共同履行，是一种线性模式。

（3）基于联盟与集群组织的联动式企业社会责任治理范式，强调企业与行业联盟、产业集群等组织之间的联动作用。通过行业联盟和产业集群的组织，企业可以共同制定社会责任标准和规范，促进企业之间的合作和共赢。这种治理范式的特点是行业联盟和产业集群的组织作用以及企业之间的联动作用。

但数智化时代的到来彻底改变了企业社会责任治理的内容。这一转变主要是由于出现了全新的数智化组织载体，包括人工智能企业和相当部分的互联网平台企业。它们的主要产品和服务是算法。如前所述，算法作出的决策存在"黑箱属性"，即决策过程通常是隐性的，缺乏透明度。这可能引发某些社会问题，因为算法本身的"机器属性"缺乏人类的情感和道德理性，可能会产生有意或无意的社会后果。因此，这些变化给企业社会责任治理带来了新的挑战。为了应对这些挑战，我们需要更加关注算法的公平性、透明性和伦理问题，确保企业在使用算法时能承担起相应的社会责任。

首先，在数智化时代，企业社会责任治理的首要任务是聚焦于算法的透明度治理。这意味着，我们需要将治理焦点从以往关注企业在提供产品与服务过程中的责任，逐步转向关注数智化企业在构建、开发和应用算法过程中的责任。这要求我们理解算法的逻辑和推理过程、数据收集和使用的机制、异常情况的处理方式以及算法决策结果的解释和应用。只有这样，才能确保数智化企业在使用算法时的合理性。

其次，从技术角度来看，由于算法的设计和应用过程中存在普遍"黑箱"属性，从而引发了新的算法治理问题。其中，算法歧视已成为阻碍人工智能深度赋能社会的一大挑战和现实难题。尤其在教育、医疗、就业、福利补贴发放、刑事判决、公共安全等领域，当算法决策被广泛使用，隐藏的算法歧视可能会导致严重的政治风险、社会问题和道德危机，这些问题都需要得到重视和解决。

最后，算法驱动下的市场主体会催生新的算法共谋。算法共谋主要是指利用人工智能算法技术进行的对市场竞争产生干预的共谋行为。这种共谋行为可能导致企业在生产与服务过程中采取算法技术手段排斥其他市场主体公平参与市场竞争，从而形成一个事实上不完全竞争的垄断市场，导致消费者为垄断性的高价买单。更严重的是，一些平台企业或人工智能企业在追求利润最大化的市场逻辑导向下，可能利用算法自身的决策偏差和大数据筛选为不同的消费者定制不同的商品和服务价格。这种行为不仅破坏了市场竞争的公平性，而且最终可能会对社会福利造成负面影响。

总而言之，随着数智化时代的到来，企业社会责任治理的对象和内容发生了根本性的转变。因此，算法的透明度和公正性变得越来越重要，直接关系社会的公平和正义。在数智化时代下，算法治理需要政府、企业和社会各方共同努力。政府需要制定相关的法律法规，规范算法的使用和治理。企业需要加强自我监管，确保算法的公正性和透明性。社会各方需要加强监督，反馈和解决算法治理中的问题。只有这样，才能确保算法的公正性和透明性，促进社会的公平和进步。

1.5 数智化时代下企业文化的新特点与新要求

如前所述，数智时代大数据、人工智能、云计算等技术的广泛应用，使企业的运营模式和管理方式发生了翻天覆地的变化。在这个背景下，企业文化也顺应数智化趋势，不断演化出新的形态和意义。作为一种无法忽视的力量，企业文化不仅关乎企业的形象和品牌，而且会对员工的归属感和工作积极性产生深远影响。在数字化、智能化和绿色环保成为趋势的今天，企业文化也呈现出新的特点和要求。

1. 企业形象塑造

企业文化通过塑造独特的形象，将企业的核心理念、价值观和特点传达给员工和外界，可使企业在激烈的市场竞争中脱颖而出。在数智时代，企业形象的塑造已经成为企业品牌建设的重要一环，主要包括三个方面：

（1）智能化运营。利用人工智能、大数据等技术，实现企业运营的智能化。通过智能化运营，企业可以提高工作效率、降低成本、提升服务质量，从而提升企业整体形象。

（2）数据驱动决策。通过数据驱动的决策，企业可以更好地把握市场需求、消费者行为等信息，以便更好地制定品牌战略和市场策略，提高品牌竞争力，塑造良好的企业形象。

（3）注重优质内容的创作和分享。在数智化时代，内容是吸引和保持用户关注的关键。企业可以通过创作有价值、有趣、有启发性的内容来吸引潜在客户，并建立起与他们的信任和共鸣。同时，通过社交媒体等渠道分享内容，扩大品牌的影响力和可见性。优质的内容包括原创文章、图片、视频、报告等，企业需要根据自身的品牌定位和目标客户群体来制定合适的内容策略。

2. 员工归属感培养

优秀的企业文化能够让员工产生强烈的归属感。在数智化背景下，员工的流动性增强，企业文化对员工的吸引力和凝聚力至关重要。随着"人本主义"的兴起，企业文化应更加注重人性化的元素，尊重员工的个性差异，关注员工的成长和发展，让员工感受到企业的关怀和温暖。

3. 企业品牌建设

企业文化对于企业品牌的构建起着举足轻重的作用，通过传递企业的核心价值观和独特特点，它可以帮助企业建立口碑和信誉，从而提升品牌价值。数智化时代，企业要通过数据驱动的智能化、品牌运营的个性化，提升品牌价值与市场竞争力。具体内容包括：

（1）明确品牌定位。在数智时代，消费者更加注重个性化和差异化的需求。因此，企业需要通过数据分析和挖掘，深入了解消费者的需求、偏好、购买行为等信息，以便为品牌定位提供有力的依据。在竞争激烈的市场环境中，突出品牌的独特性，同时要与目标客户的需求紧密匹配，从而在消费者心中形成独特的品牌印象。

（2）建立一致的品牌形象。在数智时代，消费者通过多种渠道接触企业的品牌信息，如网站、社交媒体、广告等。因此，企业需要确保在不同的渠道上传达一致的品牌形象，包括品牌标识、品牌声音和品牌故事。企业可以通过统一的品牌策略、理念和设计来确保品牌形象的一致性。一致的品牌形象能够增强品牌的可识别性和记忆性，建立起与消费者的情感连接。

（3）提供个性化服务。通过智能化、个性化的服务，可满足消费者的个性化需求。这包括定制化产品、个性化营销等内容，提升消费者体验，进而提高品牌价值。

（4）跨界合作。跨界合作可以为企业带来新的思维和创意，打破传统行业的限制，创造出更具吸引力和竞争力的产品。同时，通过与其他产业的合作，企业可以拓展新的市场和用户群体，增加市场份额和销售额。通过共同开发新产品、拓展新市场，可实现迅速响应，从而扩大品牌影响力。

4. 培养创新意识

数智时代是一个快速变革的时代，企业需要具备强大的创新能力以适应不断变化的市场环境。企业文化应鼓励员工的创新思维，培养员工的创新意识，推动企业在数智化浪潮中持续创新。为了适应数智时代的发展要求，企业需要不断提升员工的文化素养和创新能力。通过举办各类培训课程、鼓励员工参与创新项目等方式，不断提升员工的综合素质和创新能力。

5. 践行环保理念

在可持续发展成为全球共识的背景下，绿色环保成为数智时代企业文化的新特点。企业文化应推崇环保理念，致力于降低企业运营对环境的影响。一方面，通过建立绿色环保的企业文化，吸引更多环保意识强的员工和消费者，增强员工和消费者的归属感和忠诚度；另一方面，运用智能技术践行绿色环保理念，优化生产过程和管理模式，通过工序环保、材料环保等环节，开发出更具创新性和市场竞争力的绿色产品，叮提高企业的核心竞争力，实现经济效益和环境效益的双赢。

【本章小结】

本章主要介绍了数智化的定义以及数智时代的机遇与挑战。数智化是数字智慧化与智慧数字化的合成，数智化时代的到来让管理的环境出现了剧烈的变动，如个体隐私保护与就业变化、企业伦理与责任约束、社会伦理挑战与矛盾等。更为重要的是，企业已经不是单独存在的获利单位，社会对其产生了新的要求，基于人工智能、大数据等技术发展下的企业社会责任面临着一系列变革。数智化时代的企业若想取得成功，就必须正视自身在管理主体、组织载体、运转模式及社会责任等方面变化中所承担的重要角色。同时，数智时代对企业文化建设也提出了新的要求，如企业形象塑造、员工归属感培养等诸多方面。

【案例分析】　　思爱普：助力央企数智化转型

数智化时代到来之际,企业面临着前所未有的挑战和机遇。只有深度投入数智化领域,企业才能够在变化莫测的环境中寻求突破,实现持续发展。许多行业领军企业借助数智化转型的浪潮持续创新,不仅保持了业务的连续性,更焕发出了新的生机与活力。作为全球领先的企业应用软件解决方案提供商,思爱普(SAP)一直致力于帮助各行各业的企业实现高效运营。从1995年进入中国市场开始,思爱普助力诸多中国企业开展数智化建设,从大量案例实践中积累了对当前的数智化转型态势的经验。

1. 思爱普的中国之路

思爱普创建于1972年,总部位于德国,是全球最大的企业软件公司之一,在企业资源计划和企业管理解决方案领域处于全球领先地位。其产品和服务涵盖了财务、物流、供应链、人力资源和客户关系等多个领域,为全球各类企业提供数智化转型的解决方案。作为全球领先的企业管理软件提供商,思爱普非常重视中国市场的数智化转型成果,并持续关注和推动其在中国的数智化转型进程。

思爱普凭借其领先的技术和解决方案,于1995年进入中国之初就迅速打开了市场。随着中国经济的蓬勃发展和数智化浪潮的兴起,思爱普积极抓住机遇,加速在中国市场的布局,并针对中国企业的需求,推出了定制化的解决方案。例如,针对中国企业的税收政策和会计标准,思爱普开发了符合中国法规的财务管理模块,帮助中国企业更好地管理财务数据。为了更好地适应中国市场,思爱普还在中国投资新建了研发中心,并积极与当地高校和科研机构合作,吸纳本地优秀人才,共同推动数智化技术的开发和应用。

当前,思爱普积极将其云计算和大数据技术应用于企业数智转型中。通过云端解决方案,可以实现数据的高效管理和共享,提升运营效率和决策能力。思爱普的数智化解决方案已经被广泛应用于各行各业,为中国企业带来了显著的效率提升。

2. 助力国企数智化转型

在植根中国的二十多年中,思爱普秉持着"立足中国、影响世界"的理念,与很多中国国有企业建立了紧密的伙伴关系,这种合作经历了大致四个发展阶段:

一是借鉴西方管理经验。在这一阶段,国有企业通过吸收和借鉴西方管理思想主动思考和实践西方企业管理方式,并借助思爱普平台进行落地。思爱普协助中国企业将西方管理思想、管理意志和管控流程运用到管理过程,借此提升集团化管控能力及产业链协同能力。在这一阶段,思爱普与中国多家企业展开了广泛的合作,包括中国石化、国家电网、华能集团、中粮集团、中铝集团等。

二是立足中国实践。伴随中国经济腾飞,中国企业迅速崛起,在2017年前后有近50家国有企业跻身世界500强行列。在这一阶段,思爱普与国有企业的合作主要围绕着如何提高企业核心竞争力和可持续发展能力展开。国企借助思爱普平台,将自身的管理实践进行总结、提升和固化。其中,思爱普与国家能源集团的合作成为信息技术助力集团纵向一体化管理实践的典范。

三是拓展海外市场。"一带一路"倡议提出后,国企积极进行海外拓展,在"走出去"的过程中,思爱普帮助诸如中海油集团、三峡集团、中国化工等大型央企顺利实现了复杂税制和多币值下的合规遵从与精细化运营。在一系列国企的大规模并购实践中,并购参与方均为思爱普用户,管理语言上的相通极大地降低了并购难度和投后管理成本,有助于提升企业的管理效率和全球化运营水平,为企业顺利拓展海外市场、实现全球化发展提供了有力支持。

四是持续转型创新。在面对"一带一路"、供给侧结构性改革、新基建等新提法、新思路的时代背景下,国企当前的改革和发展已无现成的经验可循。在这种情况下,唯有通过自身"摸着石头过河"的探索式创新来把握发展机遇。在这个阶段,通过思爱普的智慧企业解决方案,国企成功实现了从"数据生产系统"向"数据创造价值"的转变,通过自身业务转型和商业模式创新,应对不断变化的市场环境和竞争挑战。

总体而言,思爱普与国企的合作历史见证了国企管理思路的变迁、升华和创新。下一个阶段,通过数智化方案帮助企业在供应链韧性、守法及合规遵从、财务透明和健康、运营持续性等方面持续提升,打造企业经营的韧性和可持续性,将会是企业数智化建设的重点。

3. 数智化企业建设的未来路径

随着新的消费习惯和商业模式的涌现,企业对数智化转型的需求迅速增长。这种转型更加注重对新商业逻辑的后台支持,强调基于云端的全链路衔接和高韧性数智化系统的打造。从适应性的角度出发,企业需要打造有韧性的数字企业,以适应不断变化和日益复杂的环境,从而实现目标并获得繁荣。具体来看,思爱普助力中国企业数智化建设的主要方向包括:

一是强化对数智化技术的认识革新。长期以来,许多企业对数智化的认知还停留在从属和辅助角色的层面。当前,我国企业数智化转型比例约为25%,这一数字远低于欧洲的46%和美国的54%。因此,要做好数智化建设顶层设计,充分激发数字技术在企业运营方式、管理方式、商业模式等方面的创新潜力。企业数智化工作应该从幕后走向前台,引领企业发展方向,推动企业不断创新和发展。

二是用创新思维、全球思维实现企业的变革发展。通过持续合作,思爱普与中国企业的联结也从传统的软件供求关系向创新合作伙伴关系转变,合作模式也从传统的集团管控向多元化的战略合作转移。但在合作的深度、广度及体系化创新模式的探索方面都仍有巨大空间。中国企业对云计算、大数据、物联网、移动互联、人工智能等的运用与世界一流企业相比,还存在一定差距。因此,要从提高全球化运营、市场化运作和数智化应变能力的角度出发,加速企业数智化转型,借助云计算强大的资源整合能力,探索企业间的协同合作和资源共享,实现资源的集约化利用与企业的快速响应能力的提升。例如,国有企业改革的重要内容之一是混合所有制改革和市场化运作。这给企业的信息化提出了新的要求。传统的封闭式信息化系统已不能满足当前需求,需要构建更为开放的基于云的商业网络系统,实现更大范围的信息共享和业务协同,进一步推动企业与市场、合作伙伴以及整个产业链的深度融合。

三是构建一体化数字平台。针对目前分散的、多源的、异构的系统在响应的实时性、运营的协同性、决策的准确性等方面存在的诸多问题,需要从一体化平台建设的角度出发，通过统一的规划和建设，逐步减少和消除信息孤岛，并在此基础上推进数智化决策体系的建设，实现科学和即时的决策。只有如此，才能确保供应链系统能够提供及时、有效的保障能力。

四是将提高供应链韧性纳入企业数智化的核心议题。通过充分发挥数智化的优势，可以显著提升全要素生产率。特别是对于中长期的供应链协同、设计、敏捷性和管理综合能力，更需要关注和加强。一方面，利用云技术的部署灵活性、运维轻量化和扩展便捷性等来确保供应链的韧性。这不仅能提高供应链的稳定性，还能使其更具适应性。另一方面，要构建一个数智化的供应链。通过模拟和建模物理供应链，为其提供更为精准的决策支持，从而更好地管理供应链中的各种复杂因素。同时，借助人工智能技术更好地理解和预测市场需求，提升供应链的响应速度和效率，从而增强供应链韧性。

4. 结语

借助数智化技术的运用，以过往几十年的管理与实践积淀为基础，思爱普的智慧企业架构使其成为企业级运营管理系统全球领先的公司。思爱普推出的新一代智慧企业平台，构成"智慧企业"的数智化核心，能够更好地支撑中国企业转型发展。一方面内生整合，以贴合实践的智慧套件支撑企业传统与核心业务的高效运行；另一方面外融生态，以创新平台与智慧技术支撑企业的数智化转型和创新发展，帮助中国企业成就智慧企业之道。

资料来源：原诗萌. 央企应打造有韧性的数字企业 [EB/OL].（2020-07-15）. http://finance.sina.com.cn/wm/2020-07-15/doc-iivhvpwx5541041.shtml, 由作者整理而得。

【案例思考题】

1. 简述国企数智化转型的四大阶段。
2. 思爱普公司如何为国企的数智化转型提供技术支持？具体实施策略是什么？

【课后思考题】

1. 简述数智化的内涵。
2. 数智化时代有哪些主导特征？
3. 数智化时代给企业带来了哪些机遇与挑战？
4. 你如何看待数智化给企业带来的社会角色转变？
5. 数智化时代对企业文化提出了哪些新的要求？

【在线测试题】

扫描二维码，在线答题。

第 2 章 企业文化的理论沿革

【案例导入】　　　　　　　华为的企业文化

> 华为创立于1987年，是全球领先的信息与通信基础设施和智能终端提供商。目前，华为旗下的20.7万名员工遍及170多个国家和地区，为全球30多亿人提供服务。华为的使命和愿景是"致力于把数字世界带给每个人、每个家庭、每个组织，构建万物互联的智能世界"。
>
> 华为致力于与社会各界合作，缔造未来蓝图，包括：共建数字经济底座，赋能千行百业；赋能绿色发展，提倡用科技手段守护自然；坚守安全可信原则，与各利益方共建网络安全与隐私保护能力；推动数字人才培养，跨越数字鸿沟。华为秉持与世界开放合作的心态，与各方开展广泛合作，共同探索未来。
>
> 在研究与创新方面，华为认为科学探索与技术创新是推动人类文明进步和社会发展的主要力量。华为重视研究与创新，坚持走开放创新的道路，愿意与学术界、产业界共同探索科学技术的前沿，推动创新升级，不断为全行业、全社会创造价值，携手共建美好智能世界。近十年，华为累计投入的研发费用超过人民币9 773亿元；仅2022年，研发费用支出就达到人民币1 615亿元，占全年收入的25.1%。截至2022年年底，华为研发员工约11.4万名，占总员工数量的55.4%，在全球共持有有效授权专利超过12万项。
>
> 在合作共赢方面，华为秉持开放、合作、共赢的理念，坚定不移地与全球产业和生态伙伴一起，深度参与不同国家、不同行业的合作，促进跨领域、跨技术和跨手段的交流和协作，携手构建适应产业健康和谐发展的生态环境，推动数字经济发展。
>
> 在质量方针方面，华为公司强调质量是华为生存的基石，也是客户选择华为的理由。要把客户要求与期望准确传递到华为整个价值链，共同构建质量体系。尊重规则流程，一次把事情做对；强调发挥全球员工潜能，持续改进；与客户一起平衡机会与风险，快速响应客户需求，实现可持续发展。
>
> 资料来源：华为官网 [EB/OL]. [2023-11-01]. https://www.huawei.com/cn/corporate-information.

当前，全球社会和商业环境正经历巨大的变革。一方面，全球经济和企业发展面临着前所未有的复杂结构和不确定性挑战；另一方面，数智技术的普及和应用既为传统企业和新型企业带来了无限的机遇，又带来了不容忽视的挑战。这种变革对企业的组织架构、运营模式和业务流程产生了深刻的影响，推动着企业不断转型和创新。在这一时代背景下，企业文化的重要性日益凸显。如何适应数智化时代的发展需求，构建基于灵活、开放、创新和包容的数智化时代的企业文化，成为我们必须思考的问题。为全面构建数智时代的企业文化解决方案，首先要回溯过往四十余年企业文化理论的发展史，才能更好地理解企业文化的本质，洞悉其未来发展趋势。

2.1 企业文化概念及其产生背景

2.1.1 文化的概念

"企业文化"一词由两个基本词组构成，即"企业"和"文化"。因此，掌握"文化"的基本含义和构成，是探究企业文化和开展企业文化建设的知识基础。

对于"文化"一词的含义，不同的学者赋予其不同的内涵。克罗伯（Alfred L. Kroeber）和克拉克洪（Clyde Kluckhohn）在《文化：关于概念和定义的检讨》一书中统计了从1871年至1951年间学术界对"文化"一词的概念界定，仅此80年间关于文化的定义就达到164种之多。其中，比较有代表性的是沙因（Edgar Schein）的定义。沙因被誉为"企业文化理论之父"，他在1965年首创了企业文化的概念。沙因指出，文化是某个特定团体在解决外部适应和内部整合问题的过程中，基于团体习得的共享的一套基本假设，它包括可见部分（如可见的组织结构和流程）、不可见部分（信奉的信念和价值观，如战略、目标和组织哲学等），以及一套潜在的基本假设（无意识的、视为理所当然的信念、知觉、想法和感受，是价值观和行动的最终来源）。

克罗伯和克拉克洪则认为，文化是通过符号获得，并通过符号进行传播的行为模型，这类模型分为显性的和隐性的两种。历史上形成的传统思想及其所蕴含的价值观念是文化的核心。文化一方面可以看作行动的产物，另一方面又会影响下一步的行动。它具有为整个群体所共享的倾向，或者是在一定时期内为群体中的特定部分人所共享。

根据《现代汉语词典》的解释，文化是指人类在社会历史发展过程中所创造的物质财富和精神财富的总和，包括语言、文字、艺术、科学、哲学、宗教、风俗习惯、价值观念、生活方式等方面。此外，文化也可以指某种特定的知识或经验体系，如文化水平、文化修养等。文化不仅塑造了人类的思想和行为方式，也影响了人们的审美观和价值观。总之，文化是人类社会不可或缺的一部分，它代表着一个社会的历史、价值观和创造力，同时也为人类的发展和进步提供了源源不断的动力和灵感。

综上所述，文化的内涵是相当丰富的。不同观点的存在，为人们研究文化提供了一个开阔的视域。本书认为，文化包括广义和狭义两个方面：广义的文化是指一个社会群体所共同拥有的，由其历史、信仰、价值观、行为规范、艺术、文学、科学等各方面组成的精神遗产和物质产物的总和；狭义的文化则是指精神层面的文化，包括文学、艺术、哲学、科学等方面的知识和修养。

具体到管理视角的文化研究，一方面可以从社会科学的规律出发，对文化的分析性概念进行探讨；另一方面也可以从企业的组织特性出发，从对人类管理活动的开展方式进行研究的角度来分析企业中的文化模式和管理中的文化导向。因此，沙因对于文化的理解更适用于企业文化研究领域，也较好体现了组织层面的文化属性。

2.1.2 企业文化的内涵

与古往今来涉及文化的定义众说纷纭类似，关于企业文化的内涵也呈现出百家争鸣的态势。企业文化作为一个专业术语，关于其概念的探讨在管理学界最早于20世纪80年代便开始出现。按照出现的先后顺序，较为有代表性的学者及其给出的定义如下：

霍夫斯泰德（Geert Hofstede）在1980年最早给出的企业文化定义是："在一个环境中，人们共同拥有的心理程序，它能将一群人与其他人区分开来。"这个定义强调了企业文化的独特性和可识别性，它是一种集体心理程序，是企业在长期经营过程中形成的，有别于其他组织的一种精神体现。

大内（William G. Ouchi）（1981）提出一个组织的文化是由其传统和风气所构成的，应包括一整套象征、仪式和神话，通过这些形式把公司的价值观和信念传输给雇员，从而将原本抽象的概念具体化。

迪尔（Terrence E. Deal）和肯尼迪（Allen A. Kennedy）（1982）从构成要素视角提出了企业文化的五个方面，包括企业环境、价值观、英雄人物、礼仪仪式以及文化网络。他们认为文化是一种存在，包括意义、信仰、价值、核心理念等。企业文化可以被视为一个企业所信奉的主要价值观，它是企业内的群体对外界普遍的认知和态度，是民族文化和现代意识影响下形成的具有企业特点的群体意识，以及这种意识产生的行为规范。

1982年，彼得斯（Thomas J. Peters）和沃特曼（Robert H. Waterman）也提出了他们的企业文化定义："为所有员工构建一套明确的价值观念和行为规范，创设一个良好的环境气氛，以帮助整个企业进行经营活动。"他们强调企业文化的内核是价值观，并认为员工应该感受到自己的贡献被承认，这将有助于提高员工的工作热情和效率，进而推动企业的发展。此外，他们还强调了企业文化的关键在于适应性和创新性，只有能够灵活应对市场变化并在创新中不断超越自我的企业文化才能够真正发挥出其巨大的潜力和价值。

丹尼森（Daniel Denison）（1984）的企业文化理论强调以企业文化、领导力和绩效管理三大要素作为管理活动最重要的基础。其中，企业文化是一种强调信任、凝聚力和成功的价值、信念及行为模式，通过成员对组织的核心认同，实现组织的创新和创造力。他关注企业文化的诊断和塑造，并提出了企业文化的四个特征，包括适应性、使命性、参与性和一致性。

沙因（Edgar Schein）（1985）对企业文化的定义是："企业文化是在企业成员相互影响的过程中形成的，为大多数成员认同的，并用以灌输给新成员的一套价值体系，包括共同意识、价值观念、职业道德、行为规范和准则等。"这一定义明确了企业文化的核心内容和功能，即通过一套共享的价值体系来促进企业内部成员之间的相互作用和协调。

郑伯熏（1988）提出的企业文化定义是："一个组织在长期经营过程中，通过决策、沟通、协调、行动等所表现出来的行为规范和价值观念的总和。"这一定义强调了企业文化是一种规范和价值观，是在组织的日常经营中逐渐形成的。同时，企业文化有其系统性，涉及组织内部的各个方面，包括决策、沟通、协调、行动等。

河野丰弘（1990）在《企业文化变革》一书中指出，"企业文化是企业中所有参与者之间共享的价值观、共通的思考方式以及共同的行为模式的总和"。这一定义强调了企业文化的共享性，即企业中的所有成员，从企业高层管理者到员工个体，都要共同参与和实践企业文化的价值观和行为准则。同时，这也表明了企业文化的重要性和功能性，它可以帮助企业实现内部的协调和统一，提高企业的竞争力和绩效，从而实现企业的长期发展目标。

科特（John P. Kotter）和赫斯克特（James L. Heskett）（1997）在《企业文化与经营业绩》一书中将企业文化定义为"企业中从高层管理者到下属各个部门所共同拥有的一套企业价值观念和经营实践体系，是指企业中各个职能部门或地处不同地理环境的部门所拥有的共同的文化现象"。

石伟（2004）在《企业文化》一书中，从组织行为学和企业文化的角度出发，对企业文化作了如下定义："企业文化是组织在其内外环境中长期形成的以价值观为核心的行为规范、制度规范和外部形象的总和。"这个定义也强调了企业文化的共享性、传承性和稳定性，即组织成员共享和遵循的一套共同的价值观念和行为准则，这些准则会影响组织的日常运作和决策，并且会在组织的传承中保持相对稳定。同时，这个定义也包括了企业文化的三个主要方面，即价值观、行为规范和制度规范，以及组织的外部形象。

罗宾斯（Stephen P. Robbins）（2005）在其所著《管理学》一书中将企业文化定义为"组织成员共同的价值观体系"。这个定义强调了企业文化的共享性，即企业中的成员共享和遵循的一套共同的价值观念和行为准则，并且这套独特的价值体系能将企业与其他企业区分开来。

综上所述，企业文化是一个复杂的概念，其具体定义可能因不同的作者和研究而有所不同，但通常都包含组织的价值观、行为规范等要素。结合前述学者们的观点，以及当前的时代特征和数智技术变革等新要素，我们认为，企业文化是在组织的长期运营中，基于特定的价值观、信仰、传统、习俗和行为规范，通过技术、流程、制度、激励等手段的运用，塑造和影响组织内部员工的行为和决策，进而影响整个组织的运营效率和绩效的精神体系、行动体系和物化系统的总和。该定义强调了企业文化是一种共享的价值观和行为规范体系，它在组织的传承和发展中扮演着重要的角色。同时，该定义还强调了技术变革等新要素对企业文化的影响，这些新要素对组织的运营模式、沟通方式、工作方式等都产生了深刻的影响，需要企业在进行文化建设时加以考虑。

2.1.3 企业文化的属性

企业文化的属性主要包括以下几个方面：

1. 系统性

企业文化的系统性是指企业文化在建设和发展过程中，需要从企业的使命、愿景、价值观、行为规范到企业的战略、组织结构、制度等相互协调，形成一个完整的、有机的、一体化的系统。企业文化的系统性直接影响企业的管理和运营，强调通过共同遵循的价值观念和行为准则来影响和塑造员工的行为和决策，进而影响整个组织的运营效率和绩效。具体来说，企业文化的系统性特征包括以下几个方面：

（1）企业文化是一个全面的系统，涉及企业的各个方面，包括企业的愿景、使命、价值观、行为规范等核心内容。这些方面共同构建出企业文化的系统性特征。

（2）企业文化的各个组成部分需要相互协调，形成一个有机的整体。如果各个组成部分之间缺乏协调和配合，就难以形成完整的、一体化的企业文化系统。

（3）企业文化系统的构建不仅需要理论上的全面性和协调性，更需要实际的可操作性。企业的各个方面需要相互配合，共同落实企业文化系统的各项实践措施，这样才能真正形成一个有机的企业文化系统。

2. 社会性

企业文化是对企业作为社会经济组织的人格化塑造，是对企业赖以生存的经济环境等的社会化折射。企业文化不仅关注企业内部的管理和运营，还关注企业与外部环境之间的关系和互动，强调通过塑造良好的企业形象和社会关系来获取更多的资源和支持，进而促进企业的发展和成长。具体来说，企业文化的社会性特征包括以下几个方面：

（1）社会反映性。企业文化反映了企业的社会性特征，它是在一定的社会环境下形成的，反映了企业所处的社会环境和社会文化特点。同时，企业文化构成要素的各个方面，如企业的价值观念、行为规范、道德准则、管理模式等，也受到社会文化的影响和制约。

（2）社会文化传承。企业文化不仅受到社会文化的影响，也能通过自身的发展，传承和影响社会文化。企业文化不仅包含了企业的历史和文化积淀，而且体现了社会的文明和进步。

（3）社会互动性。企业文化在形成和发展过程中，不仅受到企业内部因素的影响，而且受到企业外部环境的影响。它需要与社会进行互动和交流，不断适应和调整自身的特征和方向。

3. 稳定性

企业文化的稳定性是指企业文化在发展过程中，具有一定的稳定性和连续性，不会轻易改变或破坏其核心价值观和行为规范。企业文化的稳定性是企业文化建设的重要目标之一，它能够保证企业在不断变化的环境中保持稳定发展态势，提高企业竞争力和可持续

性。企业文化的稳定性主要表现在以下几个方面:

（1）核心价值观的稳定性。企业文化核心价值观是其发展的基石，是企业文化的核心和灵魂。企业文化的稳定性需要保持核心价值观的稳定性，使其具有一定的连续性和传承性。

（2）制度规范的稳定性。企业文化制度规范是企业文化发展的基础，也是企业文化的具体体现和实践。企业文化的稳定性需要保持制度规范的稳定性，使其具有一定的连续性和可操作性。

（3）管理模式的稳定性。企业文化的管理模式是其发展的保障，是企业文化的具体实施和监督。企业文化的稳定性需要保持管理模式的稳定性，使其具有一定的连续性和有效性。

（4）员工行为的稳定性。员工是企业文化发展的主体，也是企业文化的具体执行者和创造者。企业文化的稳定性需要保持员工行为的稳定性，使其具有一定的连续性和积极性。只有员工行为稳定，才能保证企业文化的稳定性和传承性。

4. 动态性

企业文化的动态性是指企业文化在发展过程中，会随着外部环境的变化和企业内部因素的变化而不断调整、改变和演化。企业文化的动态性主要表现在以下几个方面：

（1）对外部环境的适应。企业文化的发展需要不断适应外部环境的变化，包括市场环境、政策环境、技术环境等。企业需要通过不断地调整和改变，使企业文化与外部环境相适应，以更好地实现企业的发展目标。

（2）对内部因素的调整。企业文化的发展也需要不断适应企业内部因素的变化，包括企业战略、组织结构、业务流程、员工队伍等。企业需要根据内部因素的变化，不断调整和改变企业文化，以更好地实现企业文化的传承和发展。

（3）多元化的融合。随着企业的发展和多元化，企业文化也需要不断融合不同的文化元素，包括不同地域文化、不同民族文化、不同行业文化等。企业需要通过多元化的融合，使企业文化更加包容和开放。

企业文化的动态性是企业文化发展的重要特征之一，它需要企业在文化建设过程中不断适应、调整和改变，以更好地实现企业文化的传承和发展。同时，企业也需要根据自身实际情况，制定相应的策略和措施，以实现企业文化动态性和稳定性之间的平衡。

2.1.4 企业文化的层次

研究企业文化不仅需要了解其内涵和属性，而且需要认识其层次和结构。企业文化作为一个系统，包括不同的组成部分，我们需要了解其各个层次的具体构成及其相互关系。当前为学界所广泛采用的企业文化层次划分根据沙因（Edgar Schein）对于企业文化的定义和描述而来，即将企业文化分为物质文化、行为文化、制度文化和精神文化四个层次，如图2.1所示。

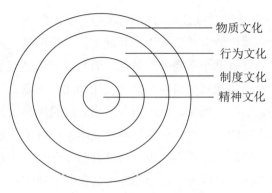

图 2.1　企业文化的四个层次

资料来源：埃德加·沙因，彼得·沙因.组织文化与领导力（第五版）[M].陈劲，贾入筱，译.北京：中国人民大学出版社，2020.

1. 物质文化

物质文化是企业文化的最外层，它包括各类生产资料、产品外观和设计、企业劳动环境和员工文化设施等要素。物质文化不仅是由企业员工创造的产品和各种物理设施等所构成的器物文化，还是外界最容易接触和体会到的企业文化现象，通常是社会对一家企业进行总体评价的起点。

（1）生产资料。生产资料是构成物质文化不可或缺的要素，涵盖了建筑、机械设备、设施以及原料燃料等。它们构成了企业生产力的核心，是支撑企业日常生产经营活动的基石。生产资料在物质文化中扮演着至关重要的角色，它们不仅是企业进行生产活动的必要条件，也是社会经济发展的重要推动力。通过不断更新和改进生产资料，企业可以提高生产效率，降低成本，提升产品质量。

（2）产品。企业的产品不仅承载着物质文化，而且深刻反映着企业文化的内在心理。企业通过精心策划和实施，将产品设想转化为具有实际用途的物品。在这一过程中，企业依据自身的文化理念不断塑造产品，使得产品不仅满足实用需求，更在无形中传递着企业的文化价值。

企业生产的产品及其提供的服务，不仅是生产经营的直接成果，而且是展现企业物质文化的核心要素。产品文化在企业文化的框架内，主要包含三个层面：首先是产品的整体形象，它彰显了企业的品牌形象和市场定位；其次是产品的质量文化，它体现了企业在工艺和技术方面的追求与坚持；最后是产品设计中所蕴含的文化元素，它展示了企业的设计哲学和审美标准。

因此，企业的产品不仅是物质层面的展现，更是企业文化精神的重要传播媒介。它们既具备实用性，又承载着企业的文化价值观和精神内核，为企业与社会、企业与消费者之间搭建起沟通的桥梁。

（3）企业标识系统。它主要包括企业名称、标志等，是企业形象的重要组成部分。标识系统应具有识别度高、易于记忆的特点，以便消费者在众多品牌中迅速识别出企业。同时，标识系统还应与企业的文化理念相契合，传达出企业的核心价值和精神追求。

（4）场所布置及外观设计。办公场所的布局设计应遵循"协调、整洁、安全"的原则，使员工身处此办公环境中能够得心应手地开展工作。厂房是企业进行生产活动的核心场所，合理的厂房布局不仅有助于提高生产效率，而且能减轻员工的劳动强度，保障劳动安全。外观设计方面，企业的建筑风格应与企业文化和品牌形象相契合。通过独特的建筑风格，可以提升企业的识别度。例如，我国所有的银行建筑风格大体一致，即体现了银行的稳健、专业和信任的文化特质。这种一致性不仅展示了银行业的整体形象，也传递了银行对客户的承诺和信赖。同时，不同银行也会通过细节设计、标识系统等方式，将自己的企业名称和象征物巧妙地融入建筑之中，形成独特的视觉识别体系。

2. 行为文化

企业行为文化是指企业员工在生产经营、学习娱乐中产生的活动文化，包括企业经营、教育宣传、人际关系活动、文娱体育活动等产生的文化现象。它是企业经营作风、精神面貌、人际关系的动态体现，也是企业精神、企业价值观的折射。从人员结构上划分，企业行为包括企业家行为、企业模范人物行为、企业员工群体行为等。

（1）企业家行为。企业家不仅是企业的领导者，更是企业文化的塑造者和传承者。他们的思想、价值观、经营哲学和行为方式都会对企业及其文化产生深远的影响，往往决定了企业的基本性格和文化基调。

（2）企业模范人物行为。模范人物使企业的价值观"人格化"，他们是企业员工学习的榜样，他们的行为常常被企业员工作为仿效的行为规范。

（3）企业员工群体行为。企业员工是企业的主体，企业员工的群体行为决定企业整体的精神风貌和企业的文明程度。

3. 制度文化

企业制度文化是指企业在长期生产、经营和管理实践中生成和发育起来的，以提高企业经济效益为目的，以企业规章制度为载体，约束企业和员工行为的规范性文化。

企业制度文化主要包括企业领导体制、企业组织结构和企业管理制度三个方面。企业领导体制是企业领导方式、领导结构、领导制度的总称；企业组织结构是指企业为了有效实现企业目标而筹划建立的企业内部各组成部分及其关系；企业管理制度则是企业为求得最大效益，在生产管理实践活动中制定的各种带有强制性义务并能保障一定权利的规定或条例。

4. 精神文化

企业精神文化是指企业在长期生产经营活动中形成的，并被企业员工所认同和接受的精神成果的总和，包括企业经营哲学、价值观念、精神信仰等。它是企业文化的核心和灵魂，反映了企业的精神追求和价值取向。

（1）企业经营哲学：指企业在经营管理过程中所持有的基本信念和指导思想。它涉及企业的使命、愿景等方面，为企业的发展提供了方向和指导。

（2）价值观念：指企业在长期经营过程中所形成的对事物价值的基本看法和评价。价值观念是企业文化的基石，它影响着企业的决策、管理、人际关系等各个方面。

（3）精神信仰：指企业员工所共同具有的内心态度、意志状况、道德规范和伦理标准，体现了企业的追求和信仰。

5. 各层次文化的相互关系

企业的物质文化、行为文化、制度文化和精神文化之间存在着密切的相互关系，它们共同构成了企业文化的完整体系。

首先，物质文化是企业文化的外在表现和基础，反映了企业的审美观念和品牌形象，是企业文化传递给外界的重要媒介。物质文化需要与企业的精神文化、制度文化和行为文化相协调，以体现企业的核心价值观和理念。

其次，行为文化以动态形式存在，一方面不断向人的意识转化，影响企业精神文化的生成；另一方面又不断向物质文化活动转化，最终转化为企业物质文化。行为文化的建设需要以企业的精神文化为指导，以制度文化为规范，以物质文化为基础，不断引导和培育员工的行为，使之符合企业文化的要求。

再次，制度文化通过制定规章制度、管理流程和操作规范等方式，将企业的精神文化转化为具有约束力的行为准则。制度文化既是对物质文化建设的指导和规范，也是对精神文化和行为文化的具体化和实施。制度文化的建设需要与精神文化、物质文化和行为文化相协调，确保规章制度和管理措施能够真正落地生根，发挥实效。

最后，精神文化是企业文化的核心和灵魂，为整个企业文化体系提供了价值导向和精神动力。作为企业文化建设的最高目标和追求，精神文化是企业物质文化、行为文化和制度文化的思想基础，其建设需要贯穿于物质文化、制度文化和行为文化的全过程。

2.2 企业文化理论的兴起和演变

2.2.1 企业文化理论的兴起背景

1. 社会化大变革的挑战

从第二次世界大战结束到 20 世纪 80 年代这一时期，西方国家现代化进程明显加快，技术、经济、社会和文化发生了一系列重大变革，传统思想意识受到挑战，人们的价值观念发生了深刻变化，主要表现在：

战后初期，西方国家实施了市场经济模式，这为经济增长打下了坚实的基础。而从 20 世纪 80 年代开始，一些国家开始采取私有化、市场化和贸易自由化等新自由主义经济政策，进一步促进了经济发展。

伴随着经济发展，进入 20 世纪 80 年代后，西方国家的科技发展踏上新的起点。这一时期，计算机、航天技术、核技术等众多新兴科技领域取得突破性进展，对工业和经济的发展起到了积极作用。同时，全球化成为世界经济发展的主旋律。贸易自由化、投资自由化、信息自由化等趋势使得各国之间的经济联系更加紧密。

经济与技术的快速发展也带动西方社会的人口结构、家庭形态、教育观念等方面发生了重大变革。例如，女性的地位在社会中逐渐提高，家庭规模趋向小型化，人们对教育的重视程度也在不断提升。

在此背景下，社会文化也呈现出多元化的趋势。人们对不同文化和价值观的包容和理解成为推动社会进步的重要力量。这些变化共同推动了西方国家现代化进程的加速和社会的发展，为世界带来了更多的机遇与挑战，为企业文化理论的诞生提供了丰厚的土壤。

2. 企业实践经验的累积

在企业文化理论兴起之前，一些成功的企业已经在实践中积累了丰富的经验，后来这些经验被归纳进企业文化理论，并得到了广泛传播。例如，1963年时任IBM总裁的沃森（Thomas J. Watson Jr.）出版了《一个企业的信念》一书，指出IBM公司的成功源于该公司强调客户服务、员工中心、不断创新、高度诚信和社会责任等价值观念。此外，众多知名企业也纷纷总结了自己的成功经验，如麦当劳的标准化管理，强调在产品制作、服务流程、店面装修等方面都坚持统一标准，使消费者可以在全球任何一个地方都享受到相同品质的服务；可口可乐公司在品牌形象、产品研发、市场营销等方面都注重打造自己的品牌文化，通过不断地创新和推广，成为全球最具影响力的品牌之一。除此之外，企业管理实践中发生的重要变化如下：

（1）组织结构越来越灵活。为适应快速变化的环境和市场需求，许多企业采用了包括矩阵结构、扁平化结构和网络结构等在内的新型组织结构。这些结构有助于提高企业的灵活性和适应性，以应对不断变化的市场环境。

（2）重视人力资源。第二次世界大战后，许多企业开始意识到人力资源的重要性，开始采取措施提高员工的积极性和生产力。这些措施包括员工福利计划、在职培训和职业发展计划等。这些措施有助于提高员工的满意度和忠诚度，从而提高企业的竞争力。

（3）管理信息系统的应用。随着信息技术的发展，许多企业开始采用管理信息系统来提高管理效率和决策水平。这些系统包括企业资源规划（enterprise resource planning，ERP）、供应链管理（supply chain management，SCM）和客户关系管理（customer relationship management，CRM）等。

（4）注重创新和变革。为赢得激烈的市场竞争，许多企业开始采取措施鼓励创新和变革，如建立创新团队、开展创新活动和提供创新奖励等。这些措施有助于提高企业的创新能力，从而在市场上获得竞争优势。

伴随对这些企业管理实践变革的探讨，学者们发现不论是对内凝聚员工认同、推动员工成长，还是对外塑造企业形象、适应社会变革，企业都需要构建符合自身特点的文化体系。随着时间的推移，企业文化理论逐渐得到更多企业的认可和实践，也成为现代企业管理中不可或缺的一部分。

3. 管理理论的不断发展

20世纪七八十年代，随着全球经济的飞速发展和市场竞争的加剧，企业管理实践面临着前所未有的挑战。在这个时期，管理理论得到了不断的发展和完善，以应对不断变化的市场环境和企业需求。这些理论包括战略管理、全面质量管理、组织行为学、领导力等方面，它们为企业文化理论的兴起提供了重要的理论基础。

首先，战略管理理论的代表人物明茨伯格（Henry Mintzberg）分别于1973年、1979年先后出版了《管理工作的本质》《组织的结构》，而另一位重要学者波特（Michael Porter）也于1980年先后出版了《竞争战略》《竞争优势》等书。学者们主张企业要在激烈的市场竞争中获得优势，必须制定和实施科学的战略。战略管理理论关注企业如何在市场竞争中定位，如何制定和执行有效的战略以获得竞争优势。这种理论的出现为企业思考自身的使命、愿景和价值观提供了重要的框架，从而为企业文化理论的兴起奠定了基础。

其次，全面质量管理理论的代表人物戴明（Edward Deming）于1986年出版了《转危为安》一书，强调在企业管理中实施质量管理和控制，以确保企业产品的质量达到或超过客户的需求。全面质量管理理论强调以客户为中心的理念，以及持续改进的重要性。该理论的出现为企业文化理论注入了以客户为中心的价值观，强调了持续改进和创新的重要性。

再次，组织行为学理论在这一时期也得到了发展，代表性著作有罗宾斯（Stephen P. Robbins）的《组织行为学》等。组织行为学关注的是员工在组织中的行为和互动，研究范围包括组织结构、团队合作、沟通、领导力等方面。组织行为学理论的出现为企业思考员工在企业文化中的作用提供了重要的理论基础。它强调了员工是企业的宝贵资源，提倡以人为本的管理理念，这与企业文化理论中强调关注员工的成长和发展是一致的。

最后，领导力理论的研究在这个时期也得到了广泛关注。费德勒（Fred Fiedler）在其《领导效能论》一书中探讨了领导者如何影响员工和企业发展，指出领导者在企业文化中扮演着关键角色，他们的行为和决策对企业文化有着深远的影响。领导力理论的出现为企业文化理论提供了关于领导者在塑造和推动企业文化中的重要性的理论基础。

4. 日本经济的崛起

日本经济的崛起和企业文化理论的诞生密不可分。日本在"二战"后开始重建，尽管基础薄弱，但仅仅30年后，其经济总量就增长了55倍。到了20世纪七八十年代，美国和日本之间的经济竞争达到了白热化的程度。日本经济迅速崛起，对美国构成了巨大的挑战。美国企业开始认识到，它们的管理模式可能已经过时，无法充分发挥员工的潜力，因此开始反思自己的管理模式。一批美国学者通过比较日本和美国企业管理模式，试图探究日本经济迅速崛起的原因。

学者们研究发现，日本的企业文化根植于其民族文化，并结合了外来文化，因此其具有独特的魅力。首先，这种企业文化以日本企业的家族主义为核心，强调以人为本、员工以企为家，实现企业和员工的共同发展；其次，日本企业注重员工福利和工作环境，鼓励员工参与决策和管理，以及强调员工的工作热情和忠诚度等；最后，日本企业文化还注重创新和责任，鼓励员工发挥创新能力，同时强调企业的社会责任和企业使命相统一。这种企业文化理论的出现，为日本企业的飞速发展提供了强大的精神动力。上述研究构成了有关企业文化早期的核心观点，在此基础上逐步形成了企业文化理论。

2.2.2 企业文化理论的演进

企业文化理论四十多年的演进史，是一段伴随着企业管理实践变化，对于企业文化认知不断深入和丰富的历史。在这个过程中，企业文化理论经历了多个阶段的发展和演变。

1. 企业文化理论的萌芽期

在世界企业管理史上，企业文化是继管理科学、行为科学和现代管理科学之后的第四个管理阶段的理论，被称为世界企业管理史上的"第四次管理革命"。如前所述，企业文化理论的产生灵感源自日本企业的成功，但该理论的萌芽和形成则与美国学者的大量研究有关。

20世纪70年代的石油危机，导致全球范围内的原油价格急剧上涨，触发了"二战"后最严重的全球经济危机。由于石油价格的飙升，各种原材料和生产成本也随之增加，这进一步推动了全球范围内的通货膨胀。各个工业化国家的经济增长都明显放缓，部分国家甚至陷入了衰退，美国的工业生产率下降了14%。而"二战"后，日本在废墟中重建，并一跃发展成为仅次于美国的经济大国。在这场危机中，日本与其他发达国家不同，保持了较低的通货膨胀率，并利用这场危机带来的机会积极进行海外扩张。在美、日企业的竞争较量中，美国企业明显处于下风，尤其是在汽车等传统优势产业方面，美国企业被日本的丰田、本田、铃木等企业打压，甚至一些标志性建筑也被日本人收购。这些事件对美国学界产生了很大的触动，也成为企业文化理论创建的直接触发因素。

企业文化理论萌芽期主要关注的是企业内部的文化和认知，强调企业应该建立一种文化体系，以便更好地管理和引导员工的行为。1981年至1982年，集中出现了这一阶段的四部代表性作品：帕斯卡尔（Richard T. Pascale）和阿索斯（Anthony G. Athos）的《日本的管理艺术》（1981）、大内（William G. Ouchi）的《Z理论：美国企业界如何迎接日本的挑战》（1981）、迪尔（Terrence E. Deal）和肯尼迪（Allen A. Kennedy）的《企业文化：企业生活中的礼仪与仪式》（1982）以及彼得斯（Thomas J. Peters）和沃特曼（Robert H. Waterman）的《追求卓越》（1982）。这些著作的出现标志着企业文化学的兴起，并引发了20世纪80年代全球范围内的企业文化研究热潮。

帕斯卡尔和阿索斯在《日本的管理艺术》一书中确认了日本管理关键的组成部分之一是"愿景"。帕斯卡尔和阿索斯还指出，美国企业管理方法的优势主要集中在组织结构、职责分配、奖励机制等方面，这些方法被过分利用了，而其他一些管理方法如社会、文化、精神等方面则未能得到足够的重视。相反，日本企业更注重这些方面，这也是日本企业管理能够取得成功的原因之一。

大内的《Z理论：美国企业界如何迎接日本的挑战》一书，对比分析了日美两国典型企业的管理模式和组织结构，提出了日本企业更像是一种"Z型"组织，这种组织中强调文化因素的重要性，在生产力上不仅需要考虑技术和利润等硬性指标，而且应考虑软性因素，如信任、人与人之间的密切关系和微妙性等，并提出了"Z型"组织的三大支柱：共同价值观、弹性和适应能力。

迪尔和肯尼迪的《企业文化：企业生活中的礼仪与仪式》一书主要讲述了企业文化的构成要素和实践方法。作者认为，企业文化分为两个部分：文化及其实践。首先，企业文化包括五个构成要素，即企业环境、价值观、英雄人物、礼仪仪式以及文化网络，这些要素构成了企业文化体系；其次，作者主要分析了企业文化的四种类型——硬汉型文化、努力工作/尽情玩乐型文化、赌注型文化和过程型文化，并分析了四种文化类型的特点。同时指出，硬汉型文化是美国企业持续成功的幕后驱动力，企业要想取得成功，必须要有明确的企业文化战略，并且积极地进行文化变革和重塑。

彼得斯和沃特曼的《追求卓越》一书通过访问和分析美国62家大公司，总结出优秀公司的八大特征，包括：行动迅速、贴近客户、自主创新、以人为本、价值驱动、精耕行业、精兵简政和宽严并济。该书帮助人们认识到管理的重要性和实践价值，这些理念对后来的企业文化理论发展产生了深远影响。

这四本著作一经出版就引发了广泛的关注和讨论，被视为企业文化理论和管理思想的"四重奏"。然而，这些著作主要基于经验得出的框架，缺乏深入的理论研究支持，因此在理论上尚未形成真正的体系。尽管如此，这些著作旗帜鲜明地提出了企业文化思想和管理的核心理念，对实践产生了巨大的影响，并成了企业文化理论创建的时代标志。自此之后，"企业文化"作为一个专有名词开始出现在管理学研究中，成为许多学者关注和研究的热点。

2. 企业文化理论的成长期

企业文化理论的成长期是企业文化研究的重要阶段。伴随企业实践的日新月异，企业文化理论的研究也逐渐成为一种全球性的趋势，不同国家和地区的学者都开始关注和研究企业文化的相关问题。学者们对于企业文化的定义、组成要素、测量方法以及与企业绩效的关系等问题进行了深入的研究和探讨。同时，研究者们也开始研究企业文化变革的原因、过程及有效性等问题，这些研究成果为后来企业文化的发展和完善奠定了坚实的基础。这一时期的代表作品包括沙因（Edgar Schein）的《企业文化与领导》、奎恩（Robert E. Quinn）等人提出的组织有效性对立价值框架、科特（John P. Kotter）的《现代企业的领导艺术》、米勒（Laurence Miller）的《美国企业精神》等。

在这个阶段，沙因为企业文化理论研究作出了基础性贡献。他在20世纪80年代中期发表了多篇关于企业文化的文章并出版了多部书籍，提出了企业文化的正式定义，并系统地解释了企业文化内涵以及它与领导者的关系。他的《重新认识企业文化》一文，从学习和群体动力学理论出发给出了企业文化的正式定义。他认为，企业文化是一种共享的价值观、信仰、习惯和行为方式，影响着组织成员的态度和行为，并促进组织内部的协调和一致性。这个定义被广泛接受并成了企业文化研究的基础。

1983年，奎恩等人提出了一个分析组织有效性的框架——对立价值框架（competing value framework，CVF）。该框架将组织价值体系划分为三个维度：手段/目的价值观、组织社会义务和个人/组织价值观。基于该对立价值理论，作者提出了组织内部的两种基本冲突，即手段与目的之间的冲突和组织社会义务与个人价值观之间的冲突。为解决组织内部的冲突和竞争的紧张性，奎恩提出了一系列管理原则，包括明确价值观、制定规范和制度、建立监督机制以及加强文化认同等。该模型还描述了组织的四种基本类型：家族式组织、发展式组织、市场式组织和官僚式组织。这些不同组织类型有着不同的目标和优先事项，需要根据其特点进行管理和领导。

同一时期，奎恩和卡梅隆（Kim S. Cameron）扩展了这一对立价值框架，将其应用于企业文化的测量和评估中。他们提出企业文化中存在一些基本假设和价值取向，这些因素对于组织的有效运作和发展具有重要的影响。企业文化中的基本假设包括组织的层次结构、控制系统、领导风格和组织氛围等方面。这些方面共同决定了企业文化的主要特征，并对组织的运作和发展产生着重要的影响。此外，一个有效的企业文化应该注重集体主义、创新和适应性强的价值取向。这一扩展使得对立价值框架成为后来企业文化的测量、评估和诊断的重要理论基础。

1985 年，沙因出版了《企业文化与领导》一书，系统地解释了企业文化的概念和内涵，并描述了它与领导者的关系。他指出，企业文化是在企业成员相互作用的过程中形成的，为大多数成员所认同，并用来教育新成员的一套价值体系。这个价值体系包括了组织的使命、愿景、价值观、行为规范等方面，它影响着组织成员的行为和决策，也决定了组织对外界环境的适应能力和竞争优势。除此之外，沙因还提出了关于企业文化的发展、功能和变化以及构建企业文化的基本理论。他认为，企业文化的发展是一个不断调整和适应的过程，需要领导者有目的地引导和塑造。同时，企业文化还具有规范行为、凝聚人心、激励创新等功能，是组织取得长期成功的关键因素。沙因认为构建健康的企业文化需要领导者具备创新精神、开放心态和良好的沟通协调能力等。

科特在 1988 年出版的《现代企业的领导艺术》中提出优秀的领导者应该具备多种技能和能力，并强调了领导者在建立高效团队、塑造企业文化以及制定战略规划等方面的重要性。此外，他还详细介绍了领导者在变革中的角色和如何推动企业文化的变革。科特提出了推动企业文化变革的步骤，包括建立企业文化变革指导机构，制定变革的目标和方案并实施。在变革的具体过程中，科特提出首先要通过培训和教育提高员工的意识和技能，以增强他们对新企业文化的理解和接受程度；其次是树立典范，如通过表彰和奖励那些符合新企业文化的员工行为，来鼓励其他员工积极适应和参与变革。

米勒在 1988 年所著《美国企业精神——未来企业经营的八大原则》一书中指出，美国企业成功源自以下八个原则：一是目标原则，企业必须设定明确的目标，所有员工都应清楚自己的工作是如何与这一目标相联系的；二是共识原则，企业必须能够聚集众人的能力和创意，激励员工和管理人员一起从事创造性的思考和工作；三是卓越原则，企业的一切工作都应以卓越的方式完成，这也是企业的价值所在；四是一体原则，通过全员参与，强化组织的一体感；五是成效原则，企业的成效是激励的基础，只有当员工看到他们的努力产生了实际成果时，才能得到最大的满足；六是实证原则，企业应强调科学的态度，善于运用事实、数据说话；七是亲密原则，员工之间应互相尊重、互相信任、有团队精神；八是正直原则，企业的领导者要以负责任的态度来工作，传达目标给每个员工，拥有真正的拥护者和追随者来使组织实现其长远目标。

3. 企业文化理论的分化期

进入20世纪90年代以后，企业文化研究得以在更加坚实的理论平台上向纵深发展，并逐渐形成了多个热点研究方向。这一时期的研究成果主要集中在以下几个方面：

第一，企业文化基础理论研究。沙因在其1992年的著作《企业文化与领导（第二版）》中，对企业文化的概念、结构、功能、领导和管理等方面进行了系统的探讨。在书中，沙因提出了企业文化的三维模型，包括文化洋葱模型、文化丛林模型和文化冰山模型。文化洋葱模型包括最外层的符号和形象、中间层的制度和规范、最内层的价值观和信仰等；文化丛林模型则将企业文化比喻为一片丛林，各种文化元素相互交织、相互影响，形成一个复杂的文化生态系统；文化冰山模型则将企业文化比喻为一座冰山，露出表面的部分是可见的，而大部分则隐藏在冰山之下，需要深入挖掘才能发现。沙因还强调了企业文化与领导之间的关系，领导者的行为和态度对企业文化的形成和发展具有重要影响，而企业文化则对领导者的思维和决策产生着反作用。此外，沙因还探讨了组织中的亚文化问题，认为组织中存在各种的亚文化，这些亚文化可能促进也可能阻碍组织的发展。因此，领导者需要了解并管理这些亚文化，以确保它们与组织整体文化相协调。这本书是企业文化研究领域的经典之作，对后来的企业文化研究产生了深远的影响。

另外，彼得·圣吉（Peter M. Senge）所著《第五项修炼：学习型组织的艺术实践》（1990）从企业文化、个人认知、团队学习等方面，系统地阐述了通过一整套管理办法提升人类组织整体运作的"群体智力"，以适应知识经济、信息时代的要求。这五项修炼如下：

（1）自我超越。强调个人的成长和自我实现，要求人们不断梳理个人的真实愿景，学习如何在生命中发现和延续创造性。（2）改善心智模式。心智模式指的是深植于心中，影响我们如何了解世界，以及如何采取行动的假设、成见等。这项修炼强调以开放式的态度来面对事实，打破习惯思维的限制，通过反思和探寻，培养组织成员诚恳地说明自己的看法，并了解沟通对象的看法，以碰撞出智慧的火花，产生创造性学习的结果。（3）建立共同愿景。这项修炼要求组织成员共享愿景、使命和目标，从而形成强大的内驱力，推动组织的进步和发展。（4）加强团队学习。通过建立开放、坦诚的沟通氛围，鼓励成员相互协作、分享知识和经验，实现整体大于部分之和的效果。（5）系统思考。系统思考是一种观察和分析事物的方法，要求人们从整体和系统的角度出发，综合考虑各种影响因素，以寻找事物的根本解决之道。这项修炼强调培养组织成员的全局观念和系统思维能力。

第二，企业文化测量与评估。这部分研究者关注对企业文化的定量研究，通过构建各种测评工具和模型，帮助企业了解其文化的现状、特点，以便更好地进行改进和优化。其中，代表性作品包括奎恩和卡梅隆的《企业文化诊断与变革》。该书基于对立价值模型，围绕可操作性的方法来推进企业文化变革，提供了如何理解企业文化、诊断企业文化以及推进企业文化变革等诸多实用工具。其中，企业文化测评量表（organizational cultural assessment instrument，OCAI）是一种直观、便捷的企业文化测量工具，主要包括两个维度：企业文化类型和企业文化强度。其中，企业文化类型是基于对立价值模型提出的四种企业文化类型，包括：支持性文化、目标导向型文化、规则导向型文化和层级型文化。企业文化强度则是指组织成员对于企业文化的认同程度和接受程度。通过使用OCAI量表，可以帮助组织了解自己的文化类型和强度，进而诊断和改进企业文化，提高组织的绩效和员工的工作满意度。此外，OCAI量表还可以用于企业文化变革的评估和跟踪，帮助组织了解变革的效果和持久性。

霍夫斯泰德（Geert Hofstede）等人在1990年提出了企业文化测量模型（values survey module，VSM），该模型基于前人的研究，指出不同组织之间的文化差异主要通过六个维度来反映：(1) 过程导向与结果导向，反映组织在决策和执行过程中对过程以及结果的重视程度；(2) 人际导向与工作导向，指组织在处理问题时，是更多地考虑人际关系和人与人之间的相互影响，还是更多地关注工作的完成情况；(3) 本地化与职业化，指组织的成员是倾向于关注本地的文化和习俗，还是倾向于根据职业或专业的需要来思考和行动；(4) 开放系统与封闭系统，指组织的系统是更加开放、灵活，还是更加封闭、保守；(5) 松散控制与严密控制，指组织在管理和控制成员时，是更加松散和自由，还是更加严密和严格；(6) 重规范与重实效，指组织是更加重视规范和程序，还是更加重视实际效果和结果。霍夫斯泰德认为，这六个维度可以全面地描述一个组织的文化特征，并且可以通过对这些维度的评估，帮助组织诊断自身文化的问题，进而进行改进。

1991年，查特曼（Janet A. Chartman）等人从个人与组织契合度模型出发，使用Q-sort方法研究组织个人与契合度，构建了测量组织文化的OCP量表（the organizational culture profile）。他们认为，企业文化测量应该兼顾企业文化的特征与组织成员对企业文化的偏好程度，并提出了包括企业文化类型、组织成员偏好和个人与组织契合度三个维度在内的量表，分别从企业文化的基本特征和风格，组织成员对于某种特定类型企业文化的偏好程度以及组织成员对于自己的价值观与组织价值观的契合程度的感知来对企业文化进行测量和判断。通过OCP量表，可以更全面地了解企业文化的特征以及组织成员对于企业文化的态度和偏好，从而更好地诊断和改进企业文化。

丹尼森（Daniel R. Denison）等人基于对立价值框架进一步开发出了企业文化量表（organization culture questionnaire，OCQ），该量表将企业文化分为三个关键组成部分：组织价值观、组织规范以及组织象征。通过一个包含36个问题的问卷，考查企业文化的六大方面：创新性、目标达成性、社会参与性、合作性、一致性和稳定性。该量表已被广泛用于各种组织和行业，成为一种有效的企业文化评估工具。

哈里森（Pooger Harrison）和斯克托斯（Herb Stokes）的《诊断企业文化——量表和训练者手册》是一本全面介绍企业文化诊断与优化的书籍。书中介绍了企业文化的概念和重要性，以及为什么需要进行企业文化诊断。在此基础上，提出了一个全面的企业文化诊断框架，包括文化价值观、文化战略、文化氛围、文化能力等方面，并通过相应的量表和训练者手册，帮助企业进行诊断和评估。

第三，企业文化与组织绩效关系研究。随着理论研究的深入，越来越多的研究者开始关注企业文化与组织绩效之间的关系，通过对企业文化的调整和优化，来提高组织的绩效和竞争力。科特（John P. Kotter）和赫斯克特（James L. Heskett）的《企业文化与经营业绩》总结了作者在1987年至1991年间对多家公司的企业文化和经营状况的深入研究，书中列举了强力型、策略合理型和灵活适应型三种类型的企业文化对企业长期经营业绩的影响，指出强力型以及策略合理型文化对企业的长期业绩有积极影响，而灵活适应型文化则对企业的长期业绩有负面影响。书中列举了诸如IBM和宝洁等公司，其强力型文化使其能够迅速适应市场变化，从而取得了长足发展。同时，这些企业的文化也促进了员工的参与和创新。相反，一些失败的企业，其灵活适应型文化导致其缺乏统一的发展方向和价值观，从而影响了其长期经营业绩。此外，书中还探讨了如何建立和改变企业文化。建立健康的企业文化需要领导者具备强大的领导力和创新精神，同时也需要员工积极参与和支持；改变企业文化则需要领导者有足够的决心和勇气，同时也需要有一个明确的计划和目标。

第四，企业文化变革与管理。随着对企业文化重视程度的不断提高，如何推动企业文化的变革和管理成了研究的热点问题。研究者提出了各种策略和方法，帮助企业实现企业文化的顺利变革和优化管理。其中，代表性著作包括沙因的《企业文化生存指南》一书。这本书通过大量一手材料，系统地阐述了企业文化的本质、形成、演进、变革的规律，以及如何诊断、塑造和变革企业文化，包括如何识别和评估企业文化的问题、如何制订和实施企业文化变革计划、如何监控和评估企业文化变革的效果等。

第五，跨文化管理的比较研究。随着全球经济一体化进程的加速，跨文化管理成了一种必然趋势。企业文化作为企业管理中的重要组成部分，在不同文化背景下的比较研究也成了研究的热点问题。霍夫斯泰德通过对IBM公司全球员工的价值观体系进行调查和分析，得出了量化文化差异的四个维度：权力距离（power distance），指组织或社会中权利不平等分配的程度，以及接受和认同这种不平等分配的程度；不确定性规避（uncertainty avoidance），指组织或社会对于不确定性的容忍程度，表现为追求稳定、一致性和常规；个人主义与集体主义（individualism vs. collectivism），指个人与群体之间的关系，以及组织对个人和集体利益的态度；男性偏向或女性偏向（masculinity vs. femininity），指组织或社会对于性别角色和性别平等分配的态度。在对中国香港地区进行了补充研究后，霍夫斯泰德加入了第五个维度，即长期取向和短期取向（long-term vs. short-term orientation），指组织或社会对于长期利益和短期利益的态度。霍夫斯泰德认为这五个维度可以用来描述和分析不同地域、不同行业、不同规模和不同历史背景的企业文化。该模型对于跨文化心理学领域的其他研究产生了深远的影响，同时也促进了更多学者对跨文化管理领域进行研究。

第六，企业文化与社会责任。随着社会对企业社会责任的要求越来越高，企业文化与社会责任之间的关系开始受到关注。研究者开始探讨如何将企业文化的建设与社会责任结合起来，以推动企业的可持续发展。例如，霍夫斯泰德在《文化与组织：心理软件的力量》一书中详细探讨了企业文化与社会责任之间的关系，指出企业文化是影响企业履行社会责任的关键因素之一。作者认为，企业文化不仅影响着组织内部的决策和行为，还对组织与外部环境之间的关系产生着深刻的影响。企业文化通过塑造员工的价值观、信仰和行为规范，影响着员工对社会责任的理解和态度。同时，企业文化还对组织的社会责任行动产生着重要的影响，不同的企业文化可能会导致不同的社会责任战略和实践。此外，书中还探讨了如何通过文化管理和文化变革来促进企业履行社会责任。作者提出了基于文化要素的企业社会责任模型，包括内部利益相关者（员工、管理者等）、外部利益相关者（政府、客户等）和社会（公共利益、环保等）。

总而言之，上述企业文化基础理论的研究现状和前沿观点，揭示了各种模型和方法之间的内在联系和相互影响，为后续研究提供了重要的参考和启示。企业文化理论和实践研究呈现出深入发展、多领域并进的格局。

2.2.3　中国企业文化理论与实践

中国企业文化理论的发展主要经历了以下四个阶段：

1. 萌芽阶段（20 世纪 50 年代到 70 年代）

这一时期，中国的企业文化主要受到计划经济和传统管理理念的影响，尚未形成系统的理论和实践。企业文化的概念和价值观主要来自企业家的经验和直觉，缺乏科学的管理理论和方法。这个阶段的中国企业文化主要表现为"亲情文化"和"权力文化"两种类型。

"亲情文化"在这个阶段非常普遍，主要是因为家族企业在经济发展中占据主导地位。企业家往往将员工视为家人，注重员工的福利和生活，但也可能存在管理上的混乱和不规范。在这种文化影响下，员工对企业的忠诚度和认同感较高，但可能缺乏明确的职责划分和系统的管理流程。

"权力文化"则主要存在于政府背景的企业或大型国有企业中。企业领导者或管理层强调权威和层级制度，倾向于通过命令和控制来管理员工。在决策时，更注重层级和地位，而非员工的能力和贡献。在这种文化影响下，企业的执行效率较高，但可能缺乏创新和灵活性，员工对工作的满意度较低。

这个阶段的企业文化建设基本处于自发状态，没有形成系统的理论和实践，因此也存在一些局限性。例如，企业文化的传承主要依靠口耳相传的方式，难以形成系统化的知识体系；同时，由于市场环境的变化和竞争的加剧，企业文化的适应性也面临一定的挑战。

2. 引进阶段（20 世纪 80 年代）

这一阶段是中国企业文化发展的转折点。随着中国改革开放的深入，越来越多的企业和学者开始关注企业文化建设，并陆续引进国外先进的企业文化理念和经验。在这个阶段，中国企业文化开始形成初步的理论框架和方法体系，并逐渐向规范化、系统化的方向发展。中国企业也开始认识到企业文化的重要性，纷纷引进国外企业的成功案例和经验。例如，许多企业开始制定企业文化手册和规章制度，明确企业文化的核心理念和实践方法；同时，越来越多的企业开始将企业文化建设纳入企业的发展战略和管理体系中，使其成为推动企业发展的重要力量。海尔集团就是在这个阶段开始推行企业文化改革，并逐步形成了以"真诚、信誉、服务"为核心价值观的企业文化体系。

3. 快速发展阶段（20世纪90年代）

这个阶段是中国企业文化普及和实践的启动阶段。随着中国经济的快速发展，企业文化作为一种先进的管理模式被越来越多的企业所接受和应用。在这个阶段，中国企业文化建设逐渐走向成熟，各种先进的企业文化理念和方法不断涌现，形成了具有中国特色的企业文化体系。

拓展阅读2.1
印度粉丝把自家麦田修剪成小米Logo

在这个阶段，中国企业开始更加注重企业文化的实践性和创新性。例如，华为公司的"狼性文化"就是在这种背景下应运而生的。这种文化强调团队的凝聚力和创新力，追求卓越和成功。此外，许多企业也开始探索符合自身特点的企业文化管理模式，如"家文化""幸福文化"等。企业文化建设开始注重全球化和本土化的结合。例如，越来越多的跨国公司开始将其全球化的企业文化与中国本土文化相结合，推出符合中国市场特点的品牌和文化战略；同时，也有越来越多的中国企业开始将自身的企业文化推广到全球市场。

4. 与国际接轨阶段（进入21世纪后）

进入21世纪，企业文化在中国得到了进一步的普及和实践，并开始深入企业的各个层面。越来越多的企业家开始认识到企业文化的价值和作用，并将其融入企业的战略、管理、运营等各个环节。在这个阶段，中国企业文化逐渐形成了一种独特的管理哲学和企业文化体系，并开始走向世界舞台。

在这个阶段，中国企业开始更加注重企业文化的战略性和全面性。例如，阿里巴巴集团就将企业文化建设作为其长期发展的战略重点之一，并逐步形成了以"客户第一、员工第二、股东第三"为核心价值观的企业文化体系。此外，许多企业也开始更加注重企业文化的传承和创新，通过各种形式的文化活动来增强员工的文化认同感和创造力。

这个阶段的企业文化建设也开始注重多元化和包容性。例如，越来越多的企业开始重视员工的多样性，推崇多元化和包容性的企业文化；同时也有越来越多的企业开始关注社会责任和可持续发展，将其作为企业文化的重要组成部分。当前，中国正在积极推动一项以"命运共同体模式"为基础的全球共赢的新全球化进程，并涌现出一批对全球商业与管理具有重大影响力的"现象级"企业，如华为、海尔、比亚迪、腾讯等。这些企业以其卓越的领导地位和创新成果，不仅塑造了新的全球商业格局，而且引领着企业文化发展的未来趋势。

综上所述，中国企业文化的发展经历了多个阶段，从萌芽阶段的自发状态到引进阶段的规范化发展，再到快速发展阶段的本土化和普及化过程以及最后与国际接轨阶段的战略性和全面性发展。每个阶段都有其特定的历史背景和社会经济条件影响下的企业文化特点和发展重点。随着中国经济的持续发展和全球化的深入推进，中国企业文化也将不断完善和创新,为推动中国企业的发展和进步作出更大的贡献。

2.3 数智时代下企业文化发展趋势

在数智时代,企业文化的发展趋势主要体现在以下几个方面:

1. 数字化

随着数字化技术的不断发展,企业文化正在经历前所未有的变革。通过数字化技术,企业可以全链条、全要素地进行数字化处理,使企业管理变得更加高效、精准和可控。数字化技术可以实现数据的高效采集、分析和应用,使得企业文化的管理更加科学、精准。通过数字化技术,企业可以实时掌握员工的思想动态和工作状态,更好地了解员工的需求和期望,从而更好地优化企业文化的建设和管理。

同时,数字化技术还可以实现企业文化的升级换代。数字化技术的不断发展,使得企业文化可以更加注重用户体验和价值创造,更加注重品牌形象和文化传承,从而更好地提升企业的核心竞争力和市场占有率。因此,数字化不仅可以提高企业文化的效率和质量,还可以为企业带来更多的商业机会和发展空间。

2. 交互化

随着数智时代的到来,人类获取信息的方式越来越依赖于交互,企业文化也越来越重视交互化特征。企业通过智能交互、社交媒体等多种渠道,实现与员工、客户等利益相关者的交互沟通,以满足不同群体的需求。

交互化的企业文化对内可以增加员工的工作满意度和忠诚度。通过及时有效的交互,企业可以更好地了解员工的需求和困扰,提供更加个性化的福利待遇,从而增强员工的归属感和工作动力。除此之外,交互化的企业文化对外还可以提高企业的品牌形象和声誉。交互化的企业文化也能够提高客户的满意度和忠诚度。企业可以通过多种渠道获取客户的反馈,了解他们的需求和期望,及时调整产品和服务,从而更好地满足客户需求,增强客户忠诚度。通过与员工和客户的交互沟通,企业可以传递出积极向上的企业文化信息,展示出企业的价值观和社会责任感,从而树立良好的企业形象和声誉。

为了实现交互化的企业文化,企业需要建立完善的交互机制和平台,其中包括:制订合理的交互计划,建立畅通的信息反馈渠道,利用社交媒体等新兴渠道进行宣传和互动等。同时,也需要培养员工的数字化素养和沟通能力,提高员工与客户的交互能力,从而更好地实现企业文化的交互化。

3. 沉浸化

随着数智时代的不断发展,人们对于沉浸式体验的需求越来越高,企业也开始采用虚拟现实、增强现实等技术为员工和客户提供更加真实、更加沉浸式的体验,从而提升企业文化的吸引力和影响力。

通过虚拟现实和增强现实等技术,企业可以创造出身临其境的体验,让员工和客户感受到真实的氛围和情感。比如,在新员工入职培训环节,可以利用虚拟现实技术,模拟出实际的工作场景，让新员工以第一人称视角深入了解工作流程、操作规范以及可能遇到的问题。通过模拟感受到真实的工作氛围，并通过沉浸式的体验更加深入地了解企业文化和工作内容。在产品展示和体验环节，通过增强现实技术，企业可以在实体产品的基础上增加虚拟元素，为客户提供一种全新的体验方式。例如，汽车制造商可以在实体汽车内部安装虚拟现实设备，让客户能够体验驾驶的乐趣，感受车内设施的便捷性。同样，在服务行业，利用虚拟现实技术，企业可以模拟出各种服务场景，训练员工如何应对各种突发情况，提高服务质量。例如，酒店员工可以通过虚拟现实技术模拟出酒店大堂、餐厅和客房等场景，进行服务演练，提高服务效率和客户满意度。

为了实现沉浸化的企业文化，企业需要开发相应的技术平台和应用程序，提供专业的培训和管理，确保虚拟现实和增强现实等技术的安全性和有效性。同时，也需要培养员工的数字化素养和技术能力，提高员工对于沉浸式体验的认识和应用能力，从而更好地实现企业文化的沉浸化。

总之，在数智时代，企业文化的发展趋势将与数字化、交互化、沉浸化等技术紧密相连，这些技术将为企业文化的传承和发展提供新的动力和机遇。同时，企业也需要根据自身实际情况，制定相应的策略和措施，以适应数智时代的发展需求，提升企业文化的品质和价值。

拓展阅读2.2
新生产力重塑
生产模式，增
强企业韧性

2.4 技术变革与企业文化实践创新

随着科技的不断发展，技术变革对于企业文化的实践创新也产生了深远的影响。在数智时代，企业文化不再仅是一种抽象的理念，而是可以通过技术手段实实在在地影响企业的日常运营和发展方向。下面我们将探讨技术变革如何推动企业文化的实践创新。

首先，技术变革推动了企业文化的数字化转型。在数字化技术的推动下，企业文化逐渐实现了全链条、全要素的数字化处理。通过数据采集、分析和应用等手段，企业可以更加精准地了解员工和客户的需求，为制定企业文化策略提供有力的依据。此外，数字化技术还为企业文化提供了更为丰富的表达形式，如虚拟现实、增强现实等技术让企业文化以更加直观、生动的方式呈现给员工和客户，从而提升了企业文化的传播效果。

其次，技术变革为企业文化实践创新提供了更多可能性。例如，社交媒体等新兴技术的兴起，使得企业可以与员工、客户等利益相关者进行更加紧密的互动。通过建立线上社群、开展线上活动等方式，企业可以鼓励员工参与企业文化的建设过程，增强员工对企业的归属感和认同感。同时，借助大数据和人工智能等技术，企业可以对海量的数据进行分析，挖掘出员工和客户的潜在需求，为企业文化实践创新提供新的思路。

最后，技术变革对于企业文化的传承和发展也起到了积极的推动作用。随着时代的变迁，企业文化也需要不断适应新的环境，进行自我更新。在技术变革的背景下，企业文化可以借助数字化技术进行传承和发展。例如，通过制作企业文化数字博物馆、推出数字纪念品等方式，让更多人了解企业文化的历史和价值观。同时，技术变革也为企业文化提供了更为广阔的传播渠道，使其能够更好地融入社会和时代的发展潮流。

【本章小结】

  首先，本章探讨了企业文化的概念及其产生的背景。企业文化是在组织的长期运营中，基于特定的价值观、信仰、传统、习俗和行为规范，通过技术、流程、制度、激励等手段，塑造和影响组织内部员工的行为和决策，进而影响整个组织的运营效率和绩效的精神体系、行动体系和物化系统的总和。企业文化对于组织的稳定性和发展具有重要影响。

  其次，回顾了企业文化理论的兴起和演变过程。从早期的萌芽阶段到成长阶段，再到分化阶段，企业文化理论逐渐成熟和完善。在这一过程中，企业文化被视为组织竞争优势的重要来源，并受到越来越多学者和实践者的关注。

  在数智时代，企业文化发展趋势也发生了显著变化。数智时代的企业文化强调以数字和智能化技术为支撑，注重创新、敏捷、协同和开放的价值观和行为模式。同时，数智技术也为企业文化传播和落地提供了新的渠道和方式。

【案例分析】　　　　　松下精神的精髓

  松下电器是一家全球知名的日本跨国公司，由企业家松下幸之助创办，其业务涉及家电、数码视听电子、办公产品、航空等诸多领域。在2020年的《财富》世界500强排行榜中，松下电器公司排名第153位。在日本，松下电器公司是第一家明确表达企业精神和价值观的企业，松下公司的成功在很大程度上得益于松下精神的培育和传播。

1. 松下精神的形成和内容

  松下精神并非在公司创立之日就突然产生，它的形成经历了一个逐步发展的过程。松下两个重要的"纪念日"，反映了松下精神的起源和演变。1918年3月7日，松下幸之助与他的夫人及内弟开始创业，制造电器双插座，这成了松下电器公司的起点。随后，在1932年5月，松下幸之助明确了自己的创业使命，并将这一年定为正式的"创业使命第一年"，也将其作为公司的创业纪念日。

  这两个纪念日不仅标志着松下公司的经营观和管理思想的逐步形成，同时也表明了松下精神是在企业长期经营发展过程中逐渐显现出来的。1932年5月，在首次创业纪念仪式上，松下电器公司明确了自己的使命与目标，以此来激励员工们奋斗的热情和决心。

  松下幸之助认为，人在思想意志方面容易产生动摇。为了使"松下人"为公司的使命和目标而奋斗的热情与干劲能够持续下去，应该制定一些准则来时刻提醒自己。因此，松下电器公司于1933年7月首先制定并颁布了"五条精神"，随后在1937年又议定了附加的两条，形成了"松下七条精神"：

  ①产业报国的精神：致力于国家的发展和社会的进步，以产业报国为己任。

  ②光明正大的精神：秉持正直与公正的态度，遵守道德规范，以诚信为基础。

③团结一致的精神：全体员工团结一心，共同面对挑战，实现共同目标。

④奋发向上的精神：积极进取，不断奋斗，以实现个人和公司的不断提升。

⑤礼仪谦让的精神：注重礼仪和谦让，尊重他人，保持良好的人际关系。

⑥适应形势的精神：灵活应对变化的形势，不断创新和改进，以适应不断变化的市场需求。

⑦感恩报德的精神：感激并回报社会各界的支持和帮助，以优秀的业绩回馈社会。

2. 松下精神的培育训练

松下电器公司非常重视对员工进行精神价值观即松下精神的教育训练，这种教育训练主要从以下几个方面进行。

第一，松下幸之助认为反复诵读和领会公司的目标、使命、精神和文化是铭记这些重要理念的有效方法。每天上午8:00，松下电器公司在日本各地的87 000名员工会同时诵读"松下七条精神"，并一起唱《公司歌》。这种做法旨在让全体员工时刻牢记公司的目标和使命，从而不断鞭策自己，使松下精神得以持久地发扬下去。

第二，所有工作团队成员每隔一段时间也要对其所属的团体进行演讲，阐述公司的精神和公司与社会的关系。松下认为，说服别人是说服自己最有效的方法，员工们在解释松下精神的过程中也会进一步理解和内化公司的价值观。如果员工犯了一个错误，公司会给予宽大的处理，并将这个错误视为"训练费用"，从中学习。但是，如果员工违反了公司的基本原则，就会受到严重的处罚，甚至被解雇。这种做法旨在保持公司的良好氛围和核心价值观的纯洁性。

第三，松下电器公司的新产品出厂仪式也是一项非常重要的活动。在这个仪式上，员工们欢聚一堂，庆祝公司的新产品诞生，同时也是向全世界展示松下电器公司的创新实力和未来发展方向的重要时刻。松下幸之助认为，当一个团队完成了一项重大任务后，每个团队成员都会感到振奋不已，因为他们可以从中学到很多，并看到自身存在的价值。

新产品的出厂仪式也是对员工们进行松下精神教育的好机会。在仪式上，松下幸之助会发表演讲，强调公司的核心价值观和使命，让员工更加深入地了解公司的文化和理念。同时，员工们也会在仪式上展示他们的创新成果，分享他们的工作经验和想法，这不仅有助于增强员工之间的交流和合作，也有助于提高员工的个人能力和素质。

除了演讲和展示之外，员工们还会在仪式上进行各种表演和娱乐活动，如唱歌、跳舞、表演话剧等。这些活动不仅可以让员工们释放工作压力，也可以增强员工们的凝聚力和团队合作精神。

第四，开展"入社"教育。进入松下的员工都要经过一系列的严格筛选，然后由人事部门开始进行公司的"入社"教育。这个教育过程非常庄重，新员工需要诵读或背诵公司的宗旨和"松下七条精神"，同时也要学唱公司的歌曲，参观公司的创业史展览。这些举措旨在让员工深刻理解公司的精神和文化，增强对公司的归属感和责任感。

为了让员工更好地融入公司文化，适应工作环境，松下公司还会将新员工轮换分派到不同性质的岗位上工作。这种做法可以让员工更全面地了解公司的运作模式和业务范围，也可以提高员工的适应性和工作能力。同时，公司还会对专业人员安排从基层做起的培训，每个人至少用3～6个月的时间在装配线或零售店工作。这样不仅可以培养员工的基础技能和工作态度，也可以让他们更好地理解一线工作的辛苦和需求。

第五，重视管理人员的教育指导。松下幸之助常说："领导者应当给自己的部下以指导，这是每个领导者不可推卸的职责和义务，也是在培养人才方面的重要工作之一。"松下有自己的"哲学"，并且十分重视这种"哲学"的作用。松下"哲学"既为松下精神奠定思想基础，又不断丰富松下精神的内容。按照松下的"哲学"，企业经营的问题归根结底是人的问题，人是最为尊贵的，人如同宝石的原矿石一样，经过磨制，一定会成为发光的宝石。每个人都具有优秀的素质，要从平凡人身上发掘不平凡的品质。

松下公司非常注重培养管理人才，实行终身雇佣制度，它认为这样可以为公司提供一批经过二三十年锻炼的管理人员。为了用松下精神培养这支骨干力量，公司每月举行一次干部学习会，让管理人员分享经验和教训，相互激励和督促，并且保持勤勉律己的态度。此外，松下公司还会定期组织领导力培训、团队建设等活动，以提高管理人员的领导能力和团队协作能力。

第六，重视员工的自我教育。为了充分调动员工的积极性，公司认为经营者要具备对他人的信赖之心。首要一条是经营者要给员工以信赖，让员工在充分信任的情况下勤奋工作。因此，公司把在员工中培育松下精神的基点放在自我教育上，认为教育只有通过受教育者的主动努力才能取得成效。

上司要求员工根据松下精神进行自我剖析，确定目标。每个松下员工都必须提出并回答这样的问题："我有什么缺点？""我在学习什么？""我真正想做什么？"等，从而设置自己的目标，拟定自我发展计划。有了自我教育的强烈愿望和具体计划，员工就能在工作中自我激励，思考如何创新，在空余时间自我反省，自觉学习。

为了方便员工互相启发、互相学习，公司成立了多个业余学习组织。在这些组织中，员工可以无拘无束地交流学习体会和工作经验，互相启发、互相激励以发扬松下精神。这些组织包括研究俱乐部、学习俱乐部、读书会、领导会等。通过这些组织活动，员工们可以不断交流学习心得和工作经验，互相鼓励、互相支持，共同发扬松下精神。

此外，公司还鼓励员工进行自我反思和自我评估。员工需要定期对自己在工作中的表现进行反思，发现自己的不足之处和优点，并积极寻求改进。同时，公司也鼓励员工之间进行交流和分享，以便更好地学习和成长。

3. 松下精神——公司的内在力量

日本1984年《经济白皮书》指出："在当前政府为建立日本产业所做的努力中，应该把精神列为首要条件。这并不是因为资本和法律、规章不重要，而是因为它们本身是死的。而精神则可以使资本和法律、规章运转起来，使其变得更加有效。因此，如果就有效性来确定这三个因素作用的大小，则精神应占十分之五，法律和规章占十分之四，而资本只占十分之一。"

松下公司的成功也离不开这种内在精神力量的培育和强化。松下精神是使松下公司的设备、技术、结构和制度运转起来的科学因素。这种内在的精神力量可以激发与强化公司成员为社会服务的意识、企业整体精神和热爱企业的情感，也可以强化和促进公司成员各种有利于企业发展的行为。例如，员工们可以积极提合理化建议，主动组织和参加各种形式的改善企业经营管理的小组活动；在工作中互相帮助，互谅互让；礼貌待人，对顾客热情服务；干部早上班或晚下班，为下属做好工作前的准备工作或处理好善后事项等。

总之，松下精神是公司成功的基石，它能够激发员工的积极性和创造力，促进公司不断发展壮大。

资料来源：常国政. 松下公司的成功精髓[J]. 半月选读，2010（1）：1.

【案例思考题】

1. 请概括松下精神的主要内容。
2. 松下精神反映出哪些日本企业文化的特点？

【课后思考题】

1. 企业文化的内涵和特点是什么？
2. 简述企业文化理论兴起的主要背景。
3. 简述企业文化理论产生、演变的过程。
4. 简述数智时代下企业文化发展的几大趋势。
5. 在数智时代背景下，企业应如何将技术与企业文化相结合，实现企业文化的创新发展？

【在线测试题】

扫描二维码，在线答题。

第3章　企业文化的核心要素

【案例导入】　　　　　海尔集团的核心价值观

　　海尔集团的成就与其长期优秀的企业文化建设密不可分，其长期以核心价值观为主导，不断创新，不断调整发展战略，这为实现企业目标打下了坚实的基础。海尔集团的核心价值观主要包含是非观、发展观、利益观三个层次，定位清晰、指向性明确，充分表达了经营管理目标和价值取向。

　　1."是非观"是海尔集团创造用户需求的动力

　　海尔集团崇尚客户利益至上，"以客户为是"，把满足客户需求放在首位，同时在实践中不断创造需求，以适应不同客户群体的实际需要。同时，海尔集团"以自己人为非"，在自我否定的过程中不断提升自我，从而不断推动企业向前发展。是与非的辩证观，在海尔的核心价值观中得到了完美诠释。正是这样的文化建设观念使得海尔人从思想上重视企业的发展，指导着海尔人的行为方向，这也是海尔集团在国内白色家电行业一直处于领先地位的原因。

　　2. 创新观是海尔集团企业文化的灵魂

　　在当前竞争日益激烈的市场环境下，创新能够为企业注入新的生机，并提供不竭动力。创新精神在于提高员工的主人翁意识，是企业精神的体现。海尔集团一直致力于创新研究，主要包括技术创新、制度创新、文化创新等，以创新理念为核心价值观的内核，时刻指导着员工的思想和行为。因此，创新这一核心价值观在海尔集团的文化建设中发挥着无法比拟的作用，为文化体系的形成贡献了重要力量，在企业团队建设、凝聚力的形成、竞争力的提升方面都具有积极影响。

　　3. 利益观是海尔集团可持续发展的保证

　　利益观不仅关注员工利益的实现，更关注用户的利益和需求，兼顾股东的利益，在和谐的发展环境中，强调为各方创造利益。海尔集团的利益观针对所有利益相关方，包括员工、用户、股东等，期望实现利益相关方的共赢局面。海尔集团将利益观作为核心价值观之一，说明其对企业长远发展的重视，具有远见性。

综上所述，海尔集团的企业文化建设主要是以核心价值观为导向，定位清晰，目标明确，更多注重企业内在的精神实质，同时重视创新的引领作用，是优秀企业文化建设的代表，为其他企业的文化建设树立了标杆。围绕核心价值观，"海尔人"走出了自己的文化发展道路，并为企业发展提供了很好的土壤，营业收入屡创新高，营业利润节节攀升。

资料来源：韩文娟.企业文化建设的灵魂——核心价值观[J].经营与管理，2018（7）：123-125.

从企业文化的内核出发，其核心要素包括企业使命与愿景、企业价值观、企业精神以及企业家精神。企业使命回答了企业为什么存在的问题，而企业愿景则回答了企业未来会是什么样子的问题。企业价值观是企业管理者和员工共享的群体价值观念，它决定和影响着企业的存在意义和目的，为企业的发展提供了基本的方向和行动指南。企业精神则是对企业现有观念意识、传统习惯、行为方式中积极因素的总结、提炼和倡导，它是企业文化的产物。企业家精神在企业文化的形成落地中起到关键作用。通过了解企业文化的核心要素，可以深入了解企业文化的运作规律，从而更好地理解和掌握企业管理的内涵和精髓。

3.1 企业使命和愿景

企业使命和愿景明确企业生存的目的和未来发展的梦想，给全体员工指引明确的方向，鼓舞人心，激发员工的积极性和创造力。企业使命和愿景是企业价值观的核心，它代表着企业的核心价值观和追求，是企业发展的总方向和目标。

3.1.1 企业使命

1. 企业使命的定义

企业使命是企业在社会进步和社会经济发展中所应担当的责任，揭示企业的根本性质和存在的理由，它包括为什么企业要存在、要做什么以及如何做才能获得成功。企业使命是企业形象的直接描述，它反映了企业的核心价值观和经营哲学，为企业目标的确立与战略的制定提供依据。例如，迪士尼公司的企业使命是使全世界的孩子更加快乐。迪士尼认为孩子们的快乐是企业的社会责任和义务，因此致力于为孩子们创造欢乐、美好和难忘的体验，通过创造动画电影、主题公园、度假村等产品和提供服务来实现这一使命，并强调家庭和家庭价值观，以及为家庭成员创造互动和共享的体验。

2. 企业使命的作用

首先，企业使命是一种对企业社会责任和义务的明确表达。通过确立企业使命，企业能够更好地了解自己在社会中扮演的角色，以及它应该对社区、员工、股东和消费者承担的责任。这种明确的认识可以帮助企业作出更符合社会责任的决策，同时也可以帮助企业在社会中建立良好的声誉，为自己和社会创造更大的价值。

其次，企业使命的确立可以为企业全体员工提供明确的方向指引。员工是企业最重要的资源之一，他们的思想和行动直接影响企业的未来发展。通过明确企业使命，员工可以清楚地知道企业的目标和价值观，从而更好地理解自己的工作和职责，提高工作效率和质量，同时也可以激发员工的积极性和创造力，推动企业的可持续发展。

最后，企业使命虽然不是企业具体的战略目标，但它是影响企业经营决策和思维的重要因素之一。企业使命是企业在生产经营活动中所秉持的指导思想、原则和方向，它可以帮助企业在复杂的市场环境中保持清晰的头脑，作出符合企业价值观的决策，避免短期行为和急功近利的风险。同时，企业使命也可以成为企业战略目标制定的基础和指导方向，帮助企业实现长期稳健的发展。

3. 企业使命的要素

企业使命应包括以下几个要素：

（1）企业目的，即企业的经济活动的目标和方向。企业需要明确自己的经济目标，如盈利、扩张等，并确定其长期奋斗的方向。例如，华为的企业使命是把数字世界带给每个人、每个家庭、每个组织，构建万物互联的智能世界。这一使命体现了华为对于技术创新的追求，以及对于社会进步的贡献。华为希望通过其技术和产品，推动社会的数字化转型和智能化升级。

（2）产品和服务，即明确需要提供给大众的产品和服务项目。例如，阿里巴巴提供多元化的产品和服务，包括淘宝、天猫等电商平台的交易服务，以及支付宝、余额宝等金融产品。同时，阿里巴巴还为商家提供营销、支付、物流等全方位的商业支持。

（3）市场定位，指企业客观地评价自身的优劣条件，准确地确定自己的位置，包括企业的市场定位、产品定位、品牌定位等。例如，星巴克咖啡在全球的市场定位是提供高质量的咖啡和独特的消费体验，从而成为白领阶层的首选。

（4）企业理念，是企业的基本信念、价值观、抱负和哲理选择，也是企业的行为准则。它规定了企业提倡什么、反对什么，是企业文化的核心。例如，苹果公司的企业理念是创造出简单、易用、美观的产品，这一理念贯穿其所有的产品开发中。

（5）自我认知，即明确自身的独特能力或竞争优势，并能对其加以清晰描述。例如，字节跳动公司认识到其独特的能力在于信息分发和推荐算法，因此专注于此领域并推出了今日头条等优秀产品。

（6）利益群体，指企业对内部群体（如董事会、股东、管理人员和员工）和外部群体（如顾客、供应商、竞争者、政府机构和一般公众等）利益的关注，并与之建立良好关系。例如，迪士尼公司关注其利益群体，包括员工、股东、消费者和社区，与之建立良好关系并积极回馈社会。

（7）公众形象，指企业希望树立怎样的企业形象。企业形象不仅仅是外在的形象，更包括对社会和环境的关注和贡献。例如，万科作为一家房地产开发商，致力于树立环保、可持续发展的企业形象，其在城市规划和建筑设计方面注重环保和节能。

（8）技术。虽然此要素被放在了最后，但并不意味着它不重要。对于数智时代的企业来说，拥有领先技术或至少能运用先进技术是非常重要的。例如，微软公司作为软件行业的领导者，不断投入研发，保持技术的领先地位，从 Windows 操作系统到云计算服务，都拥有领先的技术实力。

拓展阅读3.1
数智时代的企业使命

3.1.2 企业愿景

1. 企业愿景的定义

企业愿景是一种战略性、前瞻性概念，是企业长期发展的目标或蓝图，是企业家和全体员工对企业未来的设想和追求，它回答了"希望企业未来成为什么样子"的问题。企业愿景是企业发展方向和战略定位的体现，能够激励企业不断前进、追求卓越。

2. 企业愿景的特征

企业愿景的特征可以归纳为以下五个方面：

（1）宏伟性。企业愿景是企业在未来发展中的远期目标，它不仅需要超越人们所想象的"常态"水准，更要体现出一种英雄主义精神，能够激发员工的热情和激情，振奋人心。它是一种对未来的向往和追求，不仅要满足企业的利益需求，而且要满足员工的个人发展需求，以及社会的发展需求。

（2）明确性。企业愿景需要明确企业生存的目的和未来发展的方向，具有清晰、可操作、可实现的目标。它需要用具体的语言和表述，清晰地阐述企业的使命、价值观、战略目标等关键要素，让员工能够清晰地了解和理解企业的未来发展方向和目标。

（3）共享性。企业愿景是所有员工所共有的期望和认同，它代表了企业领导和员工的共同追求和理想抱负。它需要得到员工的支持和认可，让员工感到自己是企业的一员，从而激发员工的积极性和创造力。

（4）可实现性。企业愿景量化后的目标应具有可以按步骤实施的操作性，并且经过一步步实施，具有实现的较大可能。它需要具备可行性和可操作性，并且在企业的实际运营中得到落实和实施，从而为企业的发展提供具体的方向和指引。

（5）社会价值。企业愿景还应当关注企业应当承担的社会责任和义务。它需要关注社会的发展和利益，积极为社会作出贡献，从而树立企业的良好形象和信誉。同时，企业也需要关注对环境的影响和保护，积极采取环保措施，实现可持续发展。

3. 企业愿景的作用

企业愿景对于企业的发展具有重要的战略意义，它能够引导企业发展、激励员工、增强企业凝聚力、展示企业的核心理念和推动企业创新。具体而言，企业愿景的作用主要有以下几个方面：

（1）引导企业发展。企业愿景代表了企业的核心理念和长远目标，它能够为企业在发展过程中提供明确的方向和目标，帮助企业制定合理的战略规划，避免盲目扩张和追求短期利益。企业愿景的明确，可以使企业更加稳健地发展，避免走弯路，同时也可以使企业在市场竞争中更加具有优势和竞争力。例如，京东的企业愿景是"成为全球最值得信赖的企业"，这一愿景引导京东在发展过程中明确自己的方向和目标，在提高用户体验和品牌形象方面不断创新和完善，从而成为全球最值得信赖的科技企业之一。

（2）激励员工个体发展。企业愿景是所有员工共同的期望和认同，它可以激励员工为了实现共同的目标而努力工作，提高员工的工作热情和创新精神。通过让员工了解企业的愿景和目标，可以激发员工的使命感和责任感，从而激发员工的潜力和创造力。例如，亚马逊公司的企业愿景是"成为地球上最以客户为中心的公司，让地球变得更美好"。这个愿景不仅激励亚马逊的员工为客户提供更好的服务，还鼓励员工积极创新，不断推出新产品和服务。这种愿景的激励作用，使亚马逊在电子商务、云计算、人工智能等领域取得了领先地位。

（3）增强企业凝聚力。企业愿景能够让员工团结一致，增强企业的凝聚力和稳定性，提高员工的归属感和忠诚度，从而促进企业的可持续发展。企业愿景的共享和认同，可以使员工更加紧密地团结在一起，形成强大的团队力量，从而推动企业的发展。例如，腾讯公司的企业愿景是"成为最受尊敬的互联网企业"，这个愿景使腾讯公司的员工团结一致，致力于为用户提供更好的产品和服务，同时积极参与公益事业和承担社会责任，从而成为全球最具价值的互联网企业之一。

（4）展示企业的核心理念。企业愿景反映了企业的价值观和追求，通过向外界展示企业的核心理念、价值观和使命，可以增强企业的竞争力和品牌影响力。一个清晰、积极的企业愿景可以向外界展示企业的积极形象和价值观，增强企业的公信力和形象价值，从而吸引更多的合作伙伴和客户。例如，谷歌公司的企业愿景是"整合全球信息，使人人皆可访问并从中受益"。这一愿景体现了谷歌对开放信息获取和分享的承诺，以及通过技术创新为全世界用户创造价值的愿望。

（5）推动企业创新。企业愿景的追求和目标可以推动企业不断创新，以适应市场的变化和技术的进步，从而在竞争中获得优势。通过制定具有前瞻性和可操作性的企业愿景，可以引导企业不断进行技术创新、管理创新和市场创新等创新活动，从而在市场竞争中获得更大的优势和市场份额。例如，特斯拉公司的企业愿景是"加速世界向可持续能源的转变"。这个愿景驱使特斯拉不断进行技术创新和产品升级，如推出电动汽车、太阳能屋顶、储能电池等新产品和服务，从而在能源领域获得了领先地位并推动了可持续能源的发展。

4. 企业愿景的要素

企业愿景是一个企业针对未来发展的长远规划和目标，是企业战略的重要组成部分。在制定企业愿景时，需要全面考虑和权衡多个要素，以形成一个独特、可行、有吸引力的企业愿景。这些要素具体如下：

（1）核心竞争力和价值观。企业愿景需要明确企业的核心竞争力和价值观，因为这些要素能够引导员工的行为和决策。企业的核心竞争力是指企业所拥有的独特能力和优势，使得企业在市场竞争中能够脱颖而出。企业的价值观则是企业所推崇和遵循的原则和理念，是企业文化的核心。

（2）战略目标和方向。企业愿景需要明确企业的战略目标和发展方向，以指导企业在未来的发展中取得成功。战略目标应该具有可行性和挑战性，能够激发员工的潜力和创造力。企业的发展方向应该是与行业趋势、市场需求和自身优势相符合的。

（3）服务对象和服务内容。企业愿景需要明确企业的服务对象和服务内容，从而明确企业的市场定位和竞争优势，从而为企业创造持续的竞争优势。服务对象是指企业所针对的目标客户群体，是企业市场定位的基础。服务内容则是企业为客户提供的产品或服务，是企业竞争力的体现。

（4）独特性和个性化。企业愿景需要具有独特性和个性化，不能抄袭对手或跟在对手后面跑，而应让员工和企业外部人士能够感受到企业的独特魅力和竞争优势。独特性是指企业在产品、服务或品牌形象上的独特之处，个性化则是指企业在市场定位、品牌形象和营销策略等方面与众不同的地方。

（5）与员工的利益关联。企业愿景需要与员工的利益关联起来，让员工感受到自己的工作和发展与企业的目标是一致的，从而增强员工的归属感和忠诚度。员工是企业最重要的资源之一，只有让员工感受到自身在企业中的价值和贡献，才能激发员工的积极性和创造力。

（6）实现途径和实现方式。企业愿景的实现途径和实现方式需要清晰明确，从而让员工能够了解如何实现这个愿景，形成共同追求和奋斗的合力。实现途径是指企业在实现愿景的过程中所采取的措施和方法，包括管理创新、技术创新、市场拓展等方面。实现方式则是指企业在实现愿景时的具体操作方法和流程。

拓展阅读3.2
数智时代的企业愿景

3.1.3　企业使命和企业愿景的区别

从定义上来看，企业使命是企业对于自身的性质、目的、存在理由以及公司宗旨和经营哲学的阐述，它更多地关注企业作为一个整体在社会中的角色和责任；而企业愿景则是由企业内部的成员所制定，经团队讨论达成共识，形成的大家愿意全力以赴的未来方向，它更多地关注企业未来的目标、战略定位以及激励员工积极向上的方向。因此，企业使命和企业愿景在以下方面存在区别：

第一，关注点不同。企业使命通常会涉及企业的经营理念、价值观和行为准则等方面，它要求企业以一种负责任的态度来履行其义务，并为社会的进步和发展作出积极的贡献。而企业愿景则更加强调企业未来的发展和创新，它关注的是企业未来的发展方向和目标，以及如何实现这些目标。企业愿景通常会涉及企业的战略规划、市场定位、产品和服务等方面，它要求企业以一种前瞻性的眼光来规划未来，并不断创新和改进，以适应市场和社会的变化。

第二，导向不同。企业使命是企业战略制定的基础和前提，它为企业的发展指明了方向和目标，并为企业内部的各个部门和员工提供了指导和约束。而企业愿景则更加注重对于未来的规划和设想，它需要与企业的战略目标和计划相协调，并为企业的发展提供动力和支持。企业愿景通常会涉及企业的未来市场、产品和服务等方面，它为企业提供了未来的发展蓝图和愿景，并为企业内部的各个部门和员工提供了激励和动力。

第三，制定方式不同。企业使命的制定是一个相对复杂的过程，需要对企业内外环境进行全面分析和评估，并经过高层管理团队的充分讨论和决策。而企业愿景则通常是由企业内部的成员共同制定，经过团队讨论达成共识，它需要考虑企业的未来发展和创新，以及企业的战略目标和计划。企业愿景的制定是一个相对开放的过程，需要鼓励员工积极参与和贡献，并经过团队讨论和协商达成共识。

第四，影响不同。企业使命是企业战略制定的基础和前提，它为企业的发展指明了方向和目标，并为企业内部的各个部门和员工提供了指导和约束。而企业愿景则更多地用于激励员工积极向上，推动企业的发展和进步。通过制定明确的企业愿景，可以激发员工的积极性和创造力，推动企业的发展和创新。

3.2 企业价值观与企业精神

3.2.1 企业价值观

1. 价值观的概念与范畴

价值观属于哲学范畴，从归属来看，价值观分为个体价值观、社会价值观和群体价值观。

个体价值观是指一个人对周围的客观事物（包括人、事、物）的意义、重要性的总评价和总看法。它包含个人在道德、审美、信仰、偏好等方面的价值观念，是个人内心对于是非、善恶、美丑等问题的判断和态度。个人价值观是独特的，它受到个人的经历、教育背景等因素的影响，在某些特定因素发生变化，如当经济地位改变或人生观、世界观改变时，价值观也会随之改变。

社会价值观是指一个社会在长期的历史发展过程中形成的社会成员普遍认同的价值观念，它涉及社会成员对于社会公正、道德责任、尊重他人、社会和谐等方面的共识。社会价值观是相对稳定的，它反映了社会对于这些问题的基本看法和态度。

群体价值观是指一个特定群体或者组织内部成员对于某些价值观念的共享和认同。群体价值观的形成可以受到群体成员的共同经历、教育背景、信仰等因素的影响。在群体价值观中，成员们对于特定的事物、行为、关系和目标有着共同的认识和评价标准。这些标准可能涉及群体的目标、使命、责任和利益等方面。群体价值观对于群体的行为和决策具有重要的影响，它可以作为成员们的行动指南，帮助群体成员在处理各种问题时作出符合群体利益和目标的决策。因此，企业价值观隶属于群体价值观范畴。

2. 企业价值观的概念

企业价值观是指引企业行为规范的基础，它规定了企业对于道德、责任、公正等方面的基本原则和态度，代表了一个企业核心的信念，它通常是由企业的高层领导团队共同制定和倡导的。这些价值观渗透到企业的各个层面和员工的工作中，影响企业的决策、管理方式以及员工的行为。彼得斯和沃特曼在《追求卓越》一书中指出，"我们研究的所有优秀公司都很清楚它们的主张是什么，并认真建立和形成了公司的价值准则。事实上，一个公司缺乏明确的价值准则或价值观念不正确，我们则怀疑它是否有可能获得经营上的成功"。

3. 企业价值观的属性

作为一种以企业为主体的价值观念，企业价值观具有以下属性：

（1）独特性。每个企业的价值观都是独特的，它通常由企业的创始人或高层领导团队根据企业的定位、目标、战略和环境等因素制定和倡导。这意味着每个企业的价值观都有其自身特点，反映了企业的个性。

（2）指导性。企业价值观对于企业的发展和行为具有重要的指导作用，它通常被视为企业决策和行动的最高准则，帮助企业明确自己的理念和目标。企业价值观为企业的发展提供了指导和方向，帮助企业在市场竞争中采取决策和行动。

（3）影响力。企业价值观对于员工、合作伙伴和社会等方面都具有一定的影响力。它影响着员工的工作态度、行为和职业发展，同时也影响着企业与合作伙伴之间的合作关系和社会形象。企业价值观不仅对企业内部产生影响，而且会对企业外部产生影响，从而塑造企业形象和品牌形象。

（4）持久性。企业价值观是企业在长期发展过程中逐渐形成的，它反映了企业的历史、传统和文化，因此具有相对的持久性和稳定性。企业价值观的持久性和稳定性有助于企业保持一贯的价值观念和文化氛围，从而在市场竞争中保持优势。

（5）可塑性。企业价值观不是一成不变的，它可以随着企业的发展、环境的变化和市场的需求进行调整和塑造。企业可以根据实际情况制定新的价值观，以更好地适应市场的变化和发展。企业价值观的可塑性使得企业能够灵活地适应市场变化和发展趋势，不断调整和发展自身的价值观体系。

4. 企业价值观的作用

（1）凝聚作用。企业价值观能够对企业内部的各种力量进行凝聚，包括员工、管理者和股东等，使大家团结一致，共同推动企业的发展。一方面，企业价值观能够让员工产生强烈的归属感，让员工感受到自己是企业大家庭中的一员，从而更加积极地投入工作中去，为企业的发展贡献力量；另一方面，企业价值观能够让企业内部的各种力量形成共同的目标和方向，从而让企业更加明确自己的发展方向和目标，提高企业的竞争力和市场占有率。

（2）激励作用。企业价值观能够引导和激励企业保持进取状态，它对于企业的发展方向具有指导意义，是企业发展的重要因素。企业价值观能够帮助员工树立正确的职业目标和期望，从而更好地规划和发展自己的职业生涯。通过向员工传递积极向上的价值观，营造出充满活力和正能量的工作环境，帮助员工认识到自身工作的价值和意义，从而增强他们的自我满足感和成就感。

（3）导向作用。对管理者而言，企业价值观是企业管理者制定决策和措施的重要依据。在制定战略、计划和方案时，企业价值观会引导决策者考虑社会利益、客户需求和员工权益等方面的因素，以确保决策符合企业的核心价值理念。对员工而言，企业价值观为企业及员工提供了明确的行为准则，它规定了企业的价值取向和做事原则，从而为企业的行为确定了明确的方向。

（4）约束作用。企业价值观能够对企业生产经营活动的各个环节以及参与者的行为产生普遍的约束力，指导企业生产经营活动的规范性，同时制约企业生产经营活动的违纪行为。在企业内部，企业价值观能够约束员工的行为，保证员工在工作中遵循一定的原则和道德规范。例如，如果企业的价值观中强调诚信和道德，那么员工就会在工作中遵循诚实、公正和透明的原则，避免作出欺诈、不公或非法的行为。同时，企业价值观也能够约束企业自身的行为。如果企业的价值观中强调社会责任和公共利益，那么企业就会在经营活动中注重环保、法律、消费者权益等方面的行为规范，避免作出危害社会和公众利益的行为。

（5）形象展示作用。企业价值观能够对企业形象、企业特色和企业风格的形成起到塑造作用，它能够影响企业的个性特征，从而影响企业的整体形象。例如，如果一个企业的价值观中强调诚信和社会责任，那么消费者和合作伙伴就会对企业产生信任和认可，愿意与企业建立长期稳定的合作关系。

需要注意的是，企业价值观的作用不是孤立的，而是相互关联、相互影响的。通过塑造共同的核心价值观，企业对内能够更好地实现团队协作，提高工作效率，减少内部摩擦，对外可以展示健康向上的企业形象和鲜明的风格，从而使企业更具辨识度。

5. 企业价值观的分类

企业价值观的分类是多样化的，不同的分类方式可以产生不同的结果。对于一个企业来说，选择什么样的价值取向取决于企业的性质、任务、时代背景以及企业文化的特点等因素。

（1）根据功能划分。根据企业价值观在企业管理中的功能，可以将其分为经济价值取向价值观、社会价值取向价值观、伦理价值取向价值观和人文价值取向价值观。经济价值取向价值观强调企业的经济目标和利益最大化，社会价值取向价值观关注企业的社会责任感和贡献，伦理价值取向价值观注重企业行为准则的道德规范，而人文价值取向价值观则强调人的全面发展和企业的人性化。

（2）根据内容划分。根据企业价值观所涉及的内容，可以将其分为核心价值观和辅助价值观。核心价值观是指企业必须坚持的那些价值观念，如诚信、创新、服务、共赢等；辅助价值观则是指企业在特定情况下需要灵活应用的某些价值观念，如合作、沟通等。

（3）根据来源划分。根据企业价值观的来源，可以将其分为内在价值观和外在价值观。内在价值观是指企业在内部通过自我认知、反思和实践等方式形成的价值观念，如企业文化、团队共识等；外在价值观则是指企业在外部环境中形成的价值观念，如市场趋势、社会期望等。

（4）根据性质划分。根据企业价值观的性质，可以将其分为积极价值观和消极价值观。积极价值观是指对企业和员工具有正面作用的价值观念，如创新、协作、责任等；消极价值观则是指对企业和员工具有负面作用的价值观念，如官僚主义、山头主义、唯利是图等。

6. 企业价值观的层次

企业价值观每个层次之间的界限并不完全固定，可能会根据企业的发展和需要有所变化。同时，企业价值观的不同层次也反映了企业从宏观战略到具体行为的引导和规范力量的不同。企业价值观的层次主要包括：

（1）核心价值观。这是企业最基本、最重要的价值观，是企业决策和行动的基础。这些价值观通常包括企业的道德准则、核心理念等，是企业的灵魂和基石。以谷歌公司为例，其核心价值观包括"尊重用户隐私"，它深深影响着谷歌所有的产品和服务。这个价值观反映在谷歌的各种决策中，比如不追踪用户的行为，不将用户的数据用于广告，以及提供加密和隐私保护的工具。

（2）次级价值观。这类价值观是在核心价值观的基础上，根据企业运营和发展的需要，在特定的领域、团队或情境中逐渐形成的。这类价值观为企业的发展和运营提供指导和支持。以苹果公司为例，其价值观之一是"简约至上"。这个价值观在苹果公司的产品设计、用户体验、营销策略等方面都有所体现。从 iPhone 的简洁设计，到 MacOS 的直观操作，再到 iOS 的统一性，这些都是"简约至上"价值观的体现。

（3）具体行为价值观。这类价值观是在前两个层次的基础上，进一步细化和具体化的结果，它们直接涉及员工在日常工作生活中的具体行为。这类价值观可能包括诚实、尊重、责任、专业等，为员工提供明确的行为准则。以亚马逊为例，其价值观之一是"客户至上"。这个价值观体现在亚马逊的所有业务决策和日常运营中。例如，亚马逊的客户服务团队始终致力于解决客户的问题和投诉，公司不断改进其网站和移动应用程序以提供更好的用户体验，还通过会员服务以提供更快更好的物流和更多的优惠。

拓展阅读3.3
数智时代的企业价值观

3.2.2 企业精神

1. 企业精神的定义

企业精神是企业文化的重要组成部分，是一个企业基于自身特定的性质、任务、宗旨、时代要求和发展方向，经过精心培育而形成的企业成员群体的精神风貌，彰显了企业的精神面貌、文化传统和发展方向。

2. 企业精神的特征

企业精神反映了企业的现实状况和全体员工的共同面貌，体现了企业文化的外显性和群体性，同时又具有稳定性和时代性，它是推动企业发展前行的重要力量。具体而言，企业精神具有以下特征：

（1）外显性。企业精神的外显性特征是指企业精神会在企业的经营管理实践以及与外界的接触中通过各种方式表现出来，并被外界所感知和认识，从而影响外界对公司的评价和印象。例如，一个拥有强大企业精神的公司，其员工通常具有积极的工作态度和行动。员工对工作充满热情，积极参与团队合作，乐于为客户服务，注重工作效率和质量等。此外，企业精神也会通过公司的产品和服务体现出来。例如，如果一个公司的企业精神强调创新和质量，那么其产品和服务通常具有高创新性、高质量和可靠性。

（2）群体性。企业精神不能只表现为企业家个人的座右铭和行为准则，而是需要得到全体员工的文化认同和价值认同，这是形成群体共识的基础。在企业精神的熏陶下，员工能自觉地将其融入自己的价值观和信仰中，成为企业文化的忠实拥护者和实践者。只有当员工对企业精神产生文化认同，才能真正形成一种群体共识，从而推动企业的发展。例如，一些企业的企业精神强调创新和进取，这种理念会引导员工在工作和生活中积极追求创新和进步，以推动企业的发展。

（3）稳定性。企业精神的稳定性体现在其主导地位和基本理念不会轻易改变，即企业精神一旦形成，就会在企业内部形成相对稳定的共识和价值观念，这种共识和价值观念会贯穿于企业的日常运营、管理和发展中。例如，一些企业的企业精神强调诚信、创新和卓越，这些价值观念会在长期内保持相对稳定，成为企业发展的基石。

（4）时代性。企业精神是时代精神在企业这个社会微观组织中的折射，它既是一个企业浓缩、概括整个时代精神的结晶，又是一个企业继承优良传统、探索新时代精神的表现。企业精神需要跟随时代发展的步伐，不断吸收新的理念和价值观，以适应市场的需求和社会的发展。例如，随着互联网和数智化时代的到来，许多企业的企业精神都强调创新、敏捷和开放，以适应新的市场环境和竞争态势。

3. 企业精神的作用

企业精神在企业文化建设和企业运营中有着至关重要的作用，它是一种以价值观念为基础，通过激发员工的工作热情和创造力，提升企业的核心竞争力，促进企业持续稳定发展的精神力量。优秀的企业精神能够激励员工积极投入工作，提高员工的工作积极性和主动性，从而提高企业的生产效率和管理效率。此外，企业精神能够反映企业的文化特征、道德风尚、团体意识和企业形象，从而提升企业的品牌价值和市场竞争力。

4. 企业精神的培育方法

企业精神的培育是一个复杂而系统的过程，以下是一些常用的方法：

（1）强化教育法。通过持续的教育和培训，使员工全面理解和接受企业精神。这包括定期的讲座、研讨会、内部培训等，内容可涵盖企业的核心价值观、使命、愿景等，使员工能深刻理解并践行这些理念。

（2）树立榜样法。通过优秀员工或者领导者的榜样作用，可使企业精神形象化、具体化，增强其可信性和感召力。优秀员工的行为和态度可以成为企业精神活生生的例子，引导其他员工效仿，进一步推动企业精神的实践。

（3）激励机制法。通过建立激励机制，鼓励员工体现企业精神。例如，可以设立专门奖项，奖励那些在企业精神方面表现突出的员工或者团队，这样能激励员工积极展现企业精神，同时也能使企业精神得到更好的传播和体现。

（4）积极沟通法。鼓励企业内部进行积极的沟通和交流，让员工更深入地理解和体验企业精神。通过定期的座谈会、研讨会等方式，可以让员工有更多机会表达他们的观点和感受，同时也能促进员工之间的相互理解和合作。

（5）培训发展法。提供相关的培训和发展机会，帮助员工更好地理解和实践企业精神。这可能包括领导力培训、团队协作培训、沟通技巧培训等，这些培训可以帮助员工提升自身能力，更好地适应企业的发展需求，同时也能促进员工对企业精神有更深层次的理解和实践。

（6）活动与仪式法。通过各种活动和仪式，营造和强化企业的文化氛围。例如，可以组织庆祝活动、团队建设活动、年度会议等，以此来增强企业精神的认同感。这些活动和仪式不仅可以增强员工的凝聚力和归属感，同时也能使企业精神得到更好的传承和发展。

5. 企业精神与企业价值观的区别与联系

企业精神与企业价值观都是企业文化的重要组成部分，但它们的含义和侧重点各不相同。

企业精神是企业文化的核心，是企业员工所共同具有的内心态度、思想境界和理想追求的体现。它通常反映着企业的精神风貌、风气以及企业全体员工所能够接受的某种观念，是一种积极向上的群体意识。例如，企业精神可以强化员工的创新、诚信、协作等共同价值观。这些价值观能够激励员工积极参与企业的发展，增强企业的凝聚力和向心力。

企业价值观则是企业在追求经营成功过程中所推崇的基本信念和奉行的目标，是企业的价值取向。企业价值观是企业员工判断是非、明确对错的重要原则和标准。它反映的是企业的独特性，强调的是企业的个性和差异性。例如，一些企业的价值观可能包括尊重员工、追求卓越、注重环保等，这些价值观不仅影响着员工的行为和态度，而且反映了企业的经营理念和追求。

虽然企业精神和企业价值观有所不同，但它们之间有着密切的联系。企业精神通常是在企业价值观的基础上形成的，是企业价值观在员工行为和态度上的具体体现。而企业精神对企业价值观也有着重要的影响。通过培养员工共同的企业精神，可以使员工更加认同企业的价值观，并将其作为自己的行为准则和奋斗目标。因此，企业精神和价值观是相互依存、相互促进的，只有将两者有机地结合起来，才能更好地塑造企业文化，提升企业的核心竞争力。

3.3 数智时代的企业家精神

3.3.1 企业家精神

彼得·德鲁克（Peter F. Drucker）对"企业家精神"的定义是："通过大幅度提高资源的产出，创造出新颖、独特的产品或服务，改变现有价值，开拓新的市场和顾客群体，将变化视为机遇，积极拥抱变化"。在德鲁克看来，"企业家精神的本质是有目的、系统地进行创新"。从该定义可以看出，企业家并不仅仅专注于冒险，而是善于寻找并抓住机遇。经济活动的本质在于利用现有资源实现对未来的期望，因此具有不确定性和风险。创新意味着改变资源的产出，创新意味着改变产品和服务，为客户提供价值和满足感。

3.3.2 时代发展与企业家精神演变

企业家精神的内涵会随着时代的变化而有所不同，并逐渐从单一的维度扩展到多个维度。

在工业时代，企业家精神的内涵主要集中在勤奋、创新和风险承担等方面，为工业社会的进步和发展注入了强大的动力。例如，亨利·福特（Henry Ford）通过流水线生产方式，彻底改变了汽车制造的过程，使其从一项手艺活儿转变为大批量、标准化的工业生产。这不仅大幅度降低了汽车的生产成本，而且使得更多的人能够拥有自己的汽车，从而推动了汽车产业的革命性发展。

在信息化时代，企业家精神开始强调创新、速度和互联网思维。例如，杰克·韦尔奇（Jack Welch）于 1981 年接任通用电气公司（GE）的首席执行官。他坚信，在信息化时代，企业必须不断创新并保持快速响应，才能在竞争激烈的市场中获得成功。因此，他开始对公司的运营方式进行大胆改革以适应信息化时代的发展。韦尔奇注重创新和速度，主张在通用电气公司内部实行"数一数二"战略，即公司只关注在其所处行业中数一数二的业务，而将其他业务出售或关闭。在此战略的指导下，通用电气通过不断创新和迅速行动，成为全球最大的多元化服务公司之一。

随着数智化时代的到来，企业家精神被赋予了更多的内涵和特质。在这个以数据为驱动、智能化为引领的时代，企业家需要具备数据驱动的决策能力、开放合作精神、创新力以及跨界融合视角。

3.3.3 数智时代的企业家精神

数智时代的企业家精神和领导力是企业在数字化、智能化转型中不可或缺的关键因素。在这个时代背景下，企业家需要重新审视和定义商业模式，构建符合数智化时代的组织架构，并不断提升企业家精神以适应时代的发展。

首先，基于数据的敏锐决策是数智化时代企业家的必备能力。数据无处不在，企业家需要具备敏锐的洞察力和决策能力，通过数据分析来了解用户需求和行为，从而进行更加精准的决策。例如，张一鸣开创的抖音通过数据分析和算法优化，准确地把握了用户的需求和行为模式，成功打造了知名短视频平台，并迅速在全球范围内取得了巨大成功。

其次，开放合作精神是数智化时代企业家的必备素质。在这个高度互联互通的时代，企业家需要注重开放合作，借助外力来实现快速成长。例如，贝佐斯（Jeff Bezos）将亚马逊书店的成功模式运用到了云计算领域，推出了全球领先的云服务 AWS，开创了全新的产业领域。他通过开放合作的精神，与全球众多的企业和开发者共同合作，推动云计算产业的发展，使得 AWS 成为全球云计算市场的领导者。

再次，创新力是数智化时代企业家的必备特质。在这个日新月异的时代，企业家需要具备强烈的创新意识和创新能力，不断推动企业的创新和发展。例如，马斯克（Elon Musk）推动了特斯拉电动汽车和可再生能源的发展，改变了传统汽车行业的格局，引领了交通出行方式的革命性转变。

最后，跨界融合是数智化时代企业家的必备视角。在这个多元化的时代，企业家需要具备跨界的思维和融合的能力，可以在不同行业、不同领域进行融合创新，从而创造出更多的价值。例如，马云通过将互联网与传统商业模式进行融合，成功打造了淘宝网和支付宝等电子商务平台，颠覆了传统零售业和支付行业的格局。通过拓展业务领域和跨界融合，马云带领阿里巴巴集团成为全球最具影响力的企业之一。

【本章小结】

本章主要探讨了企业文化的核心要素，包括企业使命、企业愿景、价值观和企业精神等方面。企业使命是指一个组织或企业存在的目的和意义，以及其为了实现这个目的而进行的各项活动。企业愿景则是指一个组织或企业未来的发展方向和目标，是组织或企业的长期战略规划。企业使命和企业愿景的区别在于，企业使命是一个组织或企业的根本目的和存在意义，而企业愿景则是组织或企业未来发展的方向和目标。

价值观是指一个组织或企业在经营和管理中所遵循的一系列基本原则和理念。企业精神则是指一个组织或企业在长期经营和发展过程中逐渐形成的一种精神面貌和工作作风。

在当今时代，企业家精神和领导力的新内涵是推动企业持续发展和实现长期成功的关键因素，包括基于数据的敏锐决策能力、开放合作精神、创新力、跨界思维与融合能力等方面。

【案例分析】　　星巴克：咖啡豆里的价值主张

星巴克咖啡公司成立于1971年，总部位于美国西雅图，是全球领先的咖啡零售商、烘焙者和品牌拥有者。旗下零售产品包括30多种全球顶级的咖啡豆、手工制作的浓缩咖啡和多款咖啡冷热饮料、新鲜美味的各式糕点食品以及丰富多样的咖啡机、咖啡杯等商品。星巴克在全球范围内拥有近 21 300 间分店,遍布北美、南美洲、欧洲、中东及太平洋区。自 1999 年进入中国以来,星巴克致力于发展成为一家与众不同的公司:在传承经典咖啡文化的同时,关爱伙伴,为顾客提供不同的星巴克体验。目前,星巴克已经在中国 230 多个城市开设了超过 6 000 家门店,拥有 60 000 多名星巴克员工。

1. 优质服务和社区体验

星巴克的价值主张之一是"它不仅仅是一家咖啡店,更是一种生活方式和社区的体现"。星巴克将自己的使命定义为"激发和培养人类精神"。星巴克强调,它出售的不仅仅是优质的咖啡,更是一种独特的体验——顾客可以在舒适、时尚的环境中享受手工制作的咖啡,同时也可以放松身心、交流思想、分享生活。

星巴克的这种价值主张充分体现在其经营理念和营销策略上。星巴克注重提供优质的服务和体验,包括环境、咖啡品种、制作过程和服务等方面。星巴克为顾客提供了舒适、时尚和充满活力的消费环境。店内通常播放着轻柔的背景音乐,给顾客带来放松的感觉。此外,门店还提供 Wi-Fi 和插座,方便顾客在享受咖啡的同时进行工作或学习。在咖啡品种方面,星巴克提供多种口味的咖啡和饮品供顾客选择,包括经典的拿铁、卡布奇诺、美式咖啡和季节性限定饮品等,并提供各种独特的咖啡豆供顾客挑选。星巴克的咖啡制作过程也非常讲究。咖啡师需要接受专业的培训,熟练掌握咖啡豆的种类、烘焙程度和咖啡机的使用等知识。在制作咖啡时,咖啡师会根据顾客的需求和咖啡豆的特性,使用适当的烘焙程度和研磨程度,制作出口感丰富的咖啡。同时,员工会热情友好地接待每一位顾客,耐心解答顾客的问题,并根据顾客的需求提供个性化的服务。

除了优质的咖啡和舒适的环境外,星巴克还提供了丰富的会员计划和社区活动,如积分兑换、会员日优惠和环保活动等。会员可以在生日当天到星巴克店内享受免费的咖啡和点心。此外,还可以提前参加星巴克的新产品尝鲜活动,以及年度会员大会等活动。同时,星巴克还致力于营造一个舒适的社交环境,鼓励顾客在这里交流、分享和创造。例如,星巴克曾经推出过"我的星巴克故事"活动,邀请顾客在社交媒体上分享他们在星巴克的体验和故事。这些故事被展示在星巴克的网站上,故事当事人还有机会被选为星巴克的创意合作伙伴。

2. 价值观与员工培养

星巴克的愿景是"成为世界上最受尊重和信任的公司"。这个愿景为星巴克的员工提供了明确的目标,即努力提供最好的产品和服务,以赢得客户的尊重和信任。为了实现这一愿景,星巴克确定了一套价值观体系,具体包括:

① "以伙伴、咖啡和顾客为核心"。这一价值观体现了星巴克对于员工、咖啡和顾客的重视,并将其作为一切决策和行动的核心。

② "尊重和公平"。星巴克强调尊重每一位员工,无论他们的背景、种族、性别、年龄或文化如何,都应得到公平对待。同时,星巴克也尊重每一位顾客的权利和感受。

③"热情好客"。这一价值观体现在星巴克的服务态度上,员工会热情友好地对待每一位顾客,为其营造温馨舒适的购物和用餐环境。

④"不断学习和创新"。星巴克鼓励员工不断学习、尝试新事物,并且在服务、产品和文化方面不断创新,以满足顾客不断变化的需求。

⑤"回馈社区"。星巴克致力于在所在的社区中发挥积极作用,通过各种方式回馈社会,包括支持当地的社区活动、环保行动和企业社会责任项目等。

可以看出,这些价值观不仅要求员工具备专业技能和知识,更重要的是要有一颗关注客户、尊重他人、热爱学习、勇于创新以及愿意回馈社区的心。为了鼓励员工依循上述价值观体系,并且帮助他们掌握专业技能,实现个人和职业发展,星巴克设计了一套员工培育体系。

首先,星巴克会为每个员工制订详细的职业规划,包括面试、培训和升迁等,都详细记录在员工的个人发展计划中。为了提供更广阔的学习平台,星巴克成立了星巴克(中国)大学,以便为员工提供多样化的学习机会。同时,星巴克会定期组织各种咖啡知识和技能的培训,包括咖啡豆的知识、烘焙技巧、咖啡制作过程等,帮助员工提升对咖啡产品的了解和制作技能。此外,星巴克还为员工提供领导力培训、客户服务培训、销售技巧培训等,以提升员工的全方位能力。

其次,星巴克每年都会对员工进行绩效评估,根据评估结果对优秀员工给予各种奖励,如提供晋升机会、奖金、公司股份等,以激励员工努力提升自己的工作表现。

再次,星巴克鼓励员工提出创新的业务想法和活动方案,并为此提供专门的平台和资源支持。例如,员工可以提出自己的咖啡新品配方或者策划一些与咖啡文化相关的活动等。

最后,星巴克的团队文化强调合作、尊重和共享,员工之间保持良好的互动和合作,有利于形成积极的工作氛围,同时也能够激发员工的创新思维。星巴克还鼓励不同部门之间的员工进行交流和合作,以了解不同部门的运作方式,从而提升员工的全面视野和合作能力。

3. 咖啡豆股票计划

除上述培养体系外,星巴克独特的"咖啡豆股票计划"也是其凝聚员工和激发员工积极性的重要手段之一。该计划始于1991年,其核心是让员工参与公司的股权计划,分享公司的成功和发展成果:一方面,通过股权激励的方式使员工拥有公司的股权,从而将员工的利益与公司的利益紧密地捆绑在一起,增加了员工的归属感和忠诚度;另一方面,通过这种方式可以激励员工更好地为公司发展贡献力量,从而推动公司的快速发展。

在实施"咖啡豆股票计划"的过程中,星巴克有一套完整的规定和操作方法。只有在公司工作超过500个小时,并且在股票申购季开始前符合相关条件的员工才有资格参与。员工可以一定的折扣价购买公司股票,折扣价与市价的差额由星巴克自建的基金池补足。星巴克会根据员工的职位、工作年限、绩效表现等因素来决定每位员工可以购买的股票数量，一般占基本工资的 10%～14%。员工可以用自己的钱或者公司提供的贷款来购买这些股票，并且这些股票只有在被购买 5 年后才可以进行出售或转让。

4. 数智化变革

数智化时代来临之际，星巴克敏锐感觉到了技术变革带来的机遇，加大了在数字化和科技方面的投资。这些技术不仅可以提升运营效率，而且可以改善客户体验，让客户更加便捷地享受星巴克的服务。

①移动支付。星巴克很早就开始推广移动支付，客户可以通过手机应用进行支付，方便快捷，省去了排队等待的麻烦。这种数字化支付方式不仅提高了客户的购物体验，而且提高了星巴克的运营效率。

②无人店。星巴克在一些门店引入了无人店技术，客户可以通过手机应用或者自助结账系统完成购物和支付，进一步简化了购物流程，提高了运营效率。

③人工智能和机器学习。星巴克利用人工智能和机器学习技术对客户数据进行深度分析，了解客户的消费习惯和喜好，以便为客户提供更加个性化的服务。此外，这些技术还可以帮助星巴克优化供应链管理和库存管理，提高运营效率。

未来，星巴克会进一步加大在数字化和科技方面的投资力度，不断推出更加便捷、个性化的服务，以满足客户日益增长的需求。同时，这些技术也将帮助星巴克提高运营效率，实现可持续发展。

5. 结语

星巴克之所以能够取得成功，主要原因在于其坚定的使命、愿景和价值观。这家公司从这些核心原则出发，为客户提供优质的服务和难忘的社区体验。星巴克也十分关注员工的成长和发展，建立了系统的培训体系和股票激励计划，激发了员工的工作热情和忠诚度。同时，星巴克积极应对变革，以开放的心态拥抱数字化和智能化技术，采取了诸多措施提升服务水平和客户满意度。这种对使命、价值观以及员工和社区发展的关注，加上适应变革的决心和行动，使得星巴克在咖啡连锁店行业中独树一帜。

资料来源：侯隽.专访星巴克创始人霍华德：为什么星巴克在中国能如此成功 [J]. 中国经济周刊，2021（1）：66-69. 由作者整理而得。

【案例思考题】

1. 星巴克如何通过提供优质的服务和体验来体现其价值主张？
2. 星巴克如何将价值观和企业文化融入其人才培养计划中？

【课后思考题】

1. 简述企业使命和企业愿景的内涵。
2. 简述企业使命和企业愿景的区别。

3. 什么是企业价值观和企业精神？二者有何区别与联系？

4. 举例说明企业精神的培育方法。

5. 数智时代企业家应具备哪些独特的素质和领导力？

【在线测试题】

扫描二维码，在线答题。

第4章　企业文化功能与类型

【案例导入】　　石油企业企业文化的导向与激励功能

"大庆精神""铁人精神"是中国共产党人精神谱系的重要组成部分，作为我国石油企业所独有的文化精神，对我国的石油企业发展具有非常重要的意义。

1. 石油企业企业文化的导向功能

（1）确立企业的发展目标。企业目标在很大程度上代表着企业的发展方向，优秀的石油企业文化要根据企业实际发展状况，从科学的角度确定企业的发展目标，充分发挥企业文化的导向功能，确保企业的快速发展。例如，20世纪60年代的"铁人精神"口号"宁肯少活20年，也要拿下大油田"和"创造和谐，奉献能源"的新时代石油口号都反映了企业文化的导向功能。这些口号不仅能够激发员工的热情和积极性，同时也能够引导企业朝着既定的目标前进。因此，在石油企业中，企业文化的导向功能是非常重要的，它能够为企业的快速发展提供有力的支持。

（2）引导员工认同企业发展。石油企业企业文化的导向功能不仅起到了确立企业发展方向的作用，还具有积极引导员工认同企业发展的作用。优秀的企业文化、高度统一的企业发展目标，能够更好地得到广大石油企业员工的认同，并且积极促进企业员工建立起同企业方向一致的追求目标，获得更大的心理满足感，实现个人和企业的共同进步。例如，我国石油企业始终以"爱国、创业、求实、奉献"为企业文化的构建核心，企业文化在引导员工积极参与企业发展的过程中，也丰富着员工的内心世界。

（3）坚定企业的发展方向。随着社会经济水平的不断提高以及市场经济的繁荣，市场竞争日益激烈。在寻求有效资源与企业发展之间的平衡时，我国石油企业面临着重重困难，往往陷入两难境地。此时，企业文化的导向功能在鉴定企业发展方向上扮演着至关重要的角色。优秀的企业文化能够帮助企业在任何时期、任何情况下坚守发展目标，即使在形势大好时，也能保持谦虚和警醒，增强忧患意识；而在形势严峻时，仍能坚定信心，从困境中寻找希望。

2. 石油企业企业文化的激励功能

石油企业企业文化的激励功能，对于加强企业员工的工作动力，激发企业员工的工作主动性、创造性具有十分重要的意义。

（1）提供良好的心理环境。在我国的石油企业中，为职工提供良好的心理环境是确保企业又好又快发展的基础。企业文化的激励功能为职工提供了良好的心理环境，使员工在精神上得到满足，从而更好地保障他们的工作积极性。同时，良好的心理环境创设还有助于帮助企业职工建立更加科学正确的人生观和价值观，实现个人与企业的双赢，让职工始终牢记作为石油人为报效祖国而肩负的崇高使命。

（2）激励员工更好地自我发展。石油企业需要创新和发展，员工也需要实现自我价值。石油企业企业文化的激励功能可以激发员工实现自我价值。优秀的企业文化提供优质平台，鼓励支持员工创新和开拓。利用企业文化的积极作用创造有利条件，鼓励创新、支持创新，为员工创造良好的自我发展环境，并将创新与奖励相结合，实现石油企业与员工的共同发展。

资料来源：梁梦娴.浅谈石油企业文化的导向与激励功能[J].现代国企研究，2015（22）：234.

企业文化功能是企业文化的性能与作用，可分为对内功能和对外功能两个方面。随着全球文化共同体的迅速发展及企业实力、作用的与日俱增，企业文化的对外功能越发重要，同时，企业文化的对内功能也对企业经营管理具有重要影响。企业文化的类型可以根据不同的划分标准进行分类，本章将对企业文化类型的划分方法进行详细介绍。

4.1 企业文化的功能

4.1.1 企业文化的对内功能

企业文化的对内功能是指企业文化在其文化共同体内部的文化功能。企业文化对内功能的主要任务是增强企业内部的凝聚力和向心力，使员工能够团结一致，认同公司的价值观，并以此为指导，积极参与公司的各项活动。

1. 企业文化的凝聚功能

企业文化的凝聚功能是指当一种价值观被企业员工共同认可后，它就会成为一种黏合力，从各个方面把其成员聚合起来，从而产生一种巨大的向心力和凝聚力。企业中的人际关系受到多方面的调控，其中既有强制性的"硬调控"，如制度、命令等；也有说服教育式的"软调控"，如舆论、道德等。企业文化属于软调控，它能使全体员工在企业的使命、战略目标、战略举措、运营流程、合作沟通等基本方面达成共识，这就从根本上保证了企业人际关系的和谐性、稳定性和健康性，从而增强了企业的凝聚力。

2. 企业文化的导向功能

企业文化的导向功能是指企业文化通过经营哲学和价值观念的指导，以及企业目标的指引，对企业的领导者和员工所产生的引导作用。经营哲学决定了企业经营的思维方式和处理问题的法则，这些方式和法则指导经营者进行正确的决策，引导员工采用科学的方法从事生产经营活动。企业共同的价值观念规定了企业的价值取向，使员工对事物的评判形成共识，有着共同的价值目标，并为他们所认定的价值目标采取行动。

3. 企业文化的约束功能

企业文化具有强大的约束功能，它可以对员工的行为进行规范和引导，从而保证企业的正常运转和员工的合规操作。通过企业文化的约束功能，企业可以建立起完善的管理体系和规章制度，强化员工对职业道德和行为规范的意识，提升企业的整体形象和社会信誉。同时，企业文化还可以促进员工之间的互相监督和学习，形成积极向上的工作氛围。

4. 企业文化的激励功能

企业文化具有显著的激励功能，它能够激发员工的积极性和创造力，从而提高企业的生产效率和创新能力。通过企业文化的激励功能，企业可以建立起完善的人才激励机制，包括薪酬福利、职业发展、奖励惩罚等方面，为员工提供公平竞争和展现才华的平台。企业文化的激励功能还表现在它能够形成强烈的使命感和驱动力。积极向上的企业文化鼓励员工对照自己的行为，找出差距，产生改进工作的驱动力，从而激发员工的潜能。

5. 企业文化的协调功能

企业文化可以帮助企业内部各部门之间以及员工之间进行协调。企业各个部门和员工之间难免会存在矛盾和冲突，而企业文化可以通过倡导共同的价值观和目标，促进部门和员工之间的沟通和协作，从而解决矛盾和冲突，实现企业内部关系的和谐与稳定。例如，生产部门关注生产效率和产品质量，而销售部门则关注销售额和市场反馈。企业文化可以通过倡导团队合作和共同目标，帮助这两个部门理解彼此的需求和挑战，从而更好地协调和适应彼此的工作方式，解决矛盾。

4.1.2 企业文化的对外功能

企业文化的对外功能是指企业文化对外部环境的作用与功能，诸如企业文化对社会文化的影响、对社会各阶层的影响，以及对其他企业文化的示范与冲击等。

1. 企业文化的辐射功能

企业文化具有强大的辐射功能，它可以渗透到企业的各个环节，影响员工的思想、行为和态度。同时，企业文化还可以向外界展示企业的形象和声誉，吸引更多的合作伙伴和投资者。通过企业文化的辐射功能，企业的核心价值观和理念不但可以传递给员工、顾客、合作伙伴和其他利益相关者，而且也会通过各种渠道对整个社会产生深远影响。例如，香格里拉饭店的企业文化是"一切从小处着眼，对顾客的服务无微不至"，这种企业精神最终辐射到全世界的酒店业，从而使个性化服务变成了现在所有服务行业所秉承和遵循的原则。

2. 企业文化的区分功能

企业文化具有独特的区分功能，它可以帮助企业形成自己独特的企业氛围和品牌形象，从而使自身与其他企业区分开来。企业文化的区分功能体现在多个方面，如企业的价值观、员工的行为规范、企业的形象和品牌等。通过企业文化的区分功能，企业可以塑造出独特的文化氛围和品牌形象，提高企业的竞争力和市场占有率。

3. 企业文化的适应功能

在竞争激烈的市场环境中，企业需要不断调整和适应市场变化。企业文化通过对外部环境的认知和理解，以及对企业自身特点的把握，可以帮助企业加强对外部环境的适应。例如，随着市场的变化和发展，企业需要不断调整和优化自身的战略，通过将其使命和价值观与员工和社会的期望相联系，进行战略转型和文化变革，从而适应市场和技术的快速发展。

拓展阅读4.1
危机时期海底捞的企业文化

4.2 企业文化的类型

关于企业文化的类型，许多学者提出了不同的分类方式，以下是其中几种较为有代表性的分类。

4.2.1 三分型

三分型主要是根据对环境的适应能力和引导环境的能力进行分类。科特和赫斯科特在《企业文化与经营业绩》一书中根据对多家世界著名企业的成败案例的分析，提出了一种有代表性的企业文化分类方法，旨在说明不同的企业文化类型与企业经营业绩之间的关系。根据组织对环境的适应能力和引导环境的能力，企业文化可以分为以下三种类型：

（1）强力型企业文化。这类企业文化强调组织的稳定性和对环境的适应性。在这种文化中，企业具有相对一致的共同价值观和经营方式。这些规范是要求所有员工遵守的，并且通常是由企业的高级管理层制定和推动的。这种企业文化类型通常在企业的初创阶段或者是在需要加强企业形象和信誉的时候出现。

（2）策略合理型企业文化。这类企业文化强调应对环境变化时所采取策略的灵活性，这种策略通常是基于企业的业务需求和市场环境而制定的。该企业文化类型通常是在企业需要解决特定问题或者是在进入新的市场领域时出现。

（3）灵活适应型企业文化。这类企业文化强调对市场环境的变化的适应能力。在这种企业文化中，组织环境相当开放，重视员工创新，组织中亦有高度的支持和信任，容许员工冒险及尝试错误。这种企业文化类型通常是在企业需要快速适应市场变化或者是在应对危机时出现。

科特和赫斯科特认为，不同的企业文化类型与企业经营业绩之间存在一定的关系。强力型企业文化的企业通常在稳定的市场环境中表现较好，但在需要快速适应市场变化的时候可能会表现不佳。策略合理型企业文化的企业通常在解决特定问题方面表现较好，但在需要发挥员工的创造性和团队合作精神的时候可能会表现不佳。而灵活适应型企业文化的企业则通常在快速适应市场变化和应对危机方面表现较好，但在需要加强企业形象和信誉的时候可能会表现不佳。

4.2.2 四分型

1. 按照内向—外向、灵活—稳定分类

奎因和卡梅隆的对立价值框架，是一种有效的企业文化分类方法。该模型主要考虑企业如何平衡"内部整合和外部适应"以及"稳定控制和灵活自主"这两对矛盾。作者提出，一个企业如何定义成功的标准，会在其文化类型中反映出来。例如，如果一个企业的文化强调创新和灵活，那么这个企业的成功标准可能就是找到并利用新的市场机会，提高生产效率。而如果企业的文化注重稳定和控制，那么企业的成功标准可能就是保持稳定的生产和运营以及控制风险。基于此，可以将企业文化划分为四种类型：家族式企业文化、发展式企业文化、市场式企业文化和官僚式企业文化，如图4.1所示。

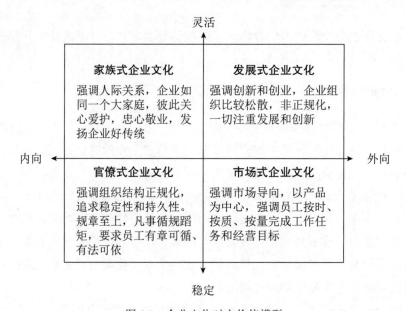

图 4.1 企业文化对立价值模型

资料来源：Cameron K. S.& Quinn R.E.. Diagnosing and Changing Organizational Culture: Based on The Competing Values Framework[M]. Addison-Wesley, 1998.

（1）家族式企业文化。这种企业文化非常重视人际关系，强调成员之间的相互关心、爱护和信任，以及对企业和组织的忠诚和敬业精神。这种文化通常强调传统和价值观的重要性，注重员工的培养和发展，鼓励员工之间的团队合作和相互支持。家族式企业文化常见于零售业、服务业和高科技产业等。

（2）发展式企业文化。这种企业文化强调创新和创业精神，鼓励员工不断尝试新方法和新思路，不断开拓新的市场和业务领域。这种文化通常注重非正规的组织结构和灵活性，鼓励员工的创新和冒险精神，注重员工的能力提升和职业发展。发展式企业文化常见于创业期和发展期的企业中。

（3）市场式企业文化。这种企业文化强调市场导向和以产品为中心，注重产品的质量和交货期，强调员工按时、按质、按量完成工作任务和经营目标。这种文化通常注重计划和控制，强调员工之间的竞争和激励机制，以便更好地满足市场需求和提高企业绩效。市场式企业文化在制造业和销售型企业中非常常见。

（4）官僚式企业文化。这种企业文化强调规章至上和凡事循规蹈矩，要求员工遵守规章制度和标准操作流程。这种文化通常注重组织的正规化和稳定性，强调企业的长期发展和可持续性。官僚式企业文化常见于某些大型企业和传统型企业中。

拓展阅读4.2
企业文化类型、管理者榜样作用与员工企业文化认同

需要注意的是，这四种企业文化类型并不是绝对的，不同的企业可能存在不同的文化特点，也可能存在多种文化类型的混合。同时，不同的企业文化类型也具有不同的优势和局限性，因此企业管理者需要根据企业的实际情况和发展战略来制定相应的企业文化策略。

2. 根据风险程度和响应速度分类

迪尔和肯尼迪在他们的著作《企业文化：企业生活中的礼仪与仪式》中，根据外部环境的风险高低程度和企业反应的快慢程度，将企业文化划分为四种类型（见图4.2）：

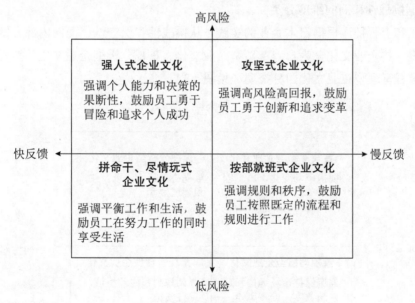

图4.2 根据风险程度和响应速度划分企业文化

资料来源：陈春花，等. 企业文化 [M]. 3版. 北京：机械工业出版社，2017.

（1）强人式企业文化。这种企业文化类型通常强调个人能力和决策的果断性，注重员工的自主性和创新性。它鼓励员工追求卓越，并强调个人目标而不是团队目标。在这种文化类型下，领导者通常具有强大的意志力和决策能力，能够带领团队在竞争激烈的市场中脱颖而出。这种文化类型通常出现在高风险、高竞争的行业中，如金融、投资、咨询等。在这些行业中，快速决策和强大的个人能力是成功的关键因素之一。

（2）拼命干、尽情玩式企业文化。这种企业文化类型强调工作与娱乐并重，鼓励员工在努力工作的同时享受生活。在这种文化类型下，企业通常会为员工提供各种娱乐活动和福利，以激励他们更加投入工作并提高士气。这种企业文化类型通常出现在创意和娱乐行业中，如广告公司、媒体、影视公司等。在这些行业中，创新和创意是至关重要的，而这种企业文化类型可以激发员工的创造力和灵感。

（3）攻坚式企业文化。这种企业文化类型强调在困难和挑战面前保持坚韧不拔的精神，鼓励员工勇于面对困难和解决问题。在这种文化类型下，企业通常会为员工提供各种培训和发展机会，以帮助他们提高技能和知识水平，并鼓励他们不断探索新的领域和挑战自我。这种企业文化类型通常出现在高科技、医疗等行业中，如软件开发、生物技术公司等。在这些行业中，技术突破和解决问题的能力是至关重要的，而这种文化类型可以帮助企业克服各种困难和挑战。

（4）按部就班式企业文化。这种企业文化强调规则和秩序，鼓励员工按照既定的流程和规则进行工作。在这种企业文化类型下，企业通常会为员工提供明确的职责和分工，并要求员工按照规定的程序和步骤完成任务。这种文化通常存在于注重稳定性和安全性的行业中，如传统制造业、公共事业等。这些行业强调稳定性和可靠性，而这种企业文化类型可以帮助企业确保工作的准确性和效率。

3. 根据挑战性和面向维度分类

梅泽正和上野征洋根据日本企业的实践，从挑战性和保守性、面向内部方针和面向外部两个维度，将企业文化分为自我革新型企业文化、重视分析型企业文化、重视同感型企业文化、重视管理型企业文化四种类型（见图4.3）。

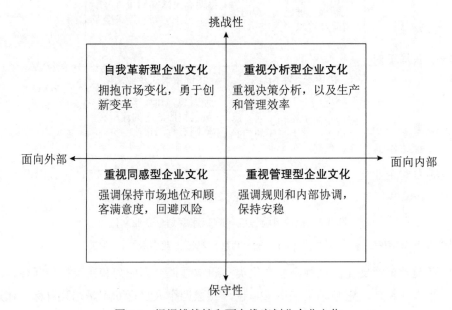

图4.3　根据挑战性和面向维度划分企业文化

资料来源：陈春花，等 . 企业文化 [M]. 3 版 . 北京：机械工业出版社，2017.

（1）自我革新型企业文化。这种企业文化倡导企业的不断成长和变革，追求可持续的创新和适应能力。在这种企业文化类型下，员工被鼓励尝试新的方法和思路，推动企业的发展和进步。自我革新型企业文化不仅强调员工的自我完善和自我提高，还鼓励他们不断挑战自我，以实现个人和企业的共同成长。这种企业文化类型的企业通常注重员工的培养和发展，提供各种机会和资源帮助员工提升技能和能力。同时，也鼓励员工不断学习和探索新的知识和技能，以适应快速变化的市场环境。

（2）重视分析型企业文化。这种企业文化注重理性和数据分析，强调在决策前进行详细的分析和研究。这类企业相信通过深入了解问题的本质和细节，可以进行更明智的决策。在这种企业文化类型下，员工通常需要具备强大的分析和解决问题的能力，能够通过数据和事实来支持决策。同时，重视分析型企业文化也注重员工之间的沟通和协作，以提高生产和管理效率，鼓励员工跨部门合作，分享知识和经验，以实现企业的整体目标。

（3）重视同感型企业文化。这种企业文化注重市场地位和顾客满意度，以及企业的社会责任和公益事业。这类企业相信通过关注客户的需求和感受，以及承担社会责任，可以提升企业的形象和品牌价值。在这种企业文化类型下，员工通常需要具备强烈的服务意识和同理心，能够关注客户的需求和反馈，并提供优质的服务。同时，重视同感型企业文化也注重企业的社会责任和公益事业，积极参与各种社会公益活动，回馈社会。

（4）重视管理型企业文化。这种企业文化注重企业的规范化和管理，强调企业的规章制度和管理流程，以及员工之间的合作和协调。这类企业相信通过规范化的管理流程和员工之间的合作协调，可以保障企业的稳定和有序运行。在这种企业文化类型下，员工通常需要遵守企业的规章制度和管理流程，积极参与团队合作和管理决策。同时，重视管理型企业文化也注重员工的培训和发展，提供各种机会和资源帮助员工提升技能。

4.2.3 五分型

河野丰弘基于对上百家企业的调查，将企业文化分为五种类型：活力型企业文化、独裁活力型企业文化、官僚型企业文化、僵化型企业文化、独裁僵化型企业文化。

活力型企业文化是一种注重创新和变化的企业文化，强调员工的创造力和创新精神，鼓励员工积极参与企业的决策和规划。这种企业文化类型适合于需要快速适应市场变化和不断进行创新的企业。

独裁活力型企业文化是一种以企业领导者为中心的企业文化，强调领导者的创造力和决策能力，同时也鼓励员工积极参与企业的决策和规划。这种企业文化类型适合于需要快速适应市场变化和不断进行创新的企业，同时需要领导者具有极高的决策能力和领导能力。

官僚型企业文化是一种注重规范和程序的企业文化，强调企业的稳定性和可预测性，决策过程可能较为缓慢，但是风险较低。这种企业文化类型适合于需要高度规范化、风险较高的企业。

僵化型企业文化是一种以安全为导向的企业文化，注重维持现状和避免错误，通常不愿意接受新思想和新变革，较为保守。这种企业文化类型适合于安全需求较高、风险较小的企业。

独裁僵化型企业文化是一种以企业领导人为中心，强调领导人的绝对权力和决策能力，同时也注重维持现状和避免错误的企业文化。这种企业文化类型适合于需要高度规范化、风险较高的企业，但是需要领导者具有极高的决策能力和领导能力，同时也不愿意接受新思想和新变革。

需要注意的是，河野丰弘并没有认为这五种企业文化类型是互相排斥的，不同的企业可能同时具有这五种文化元素的某些特点。此外，这五种企业文化类型也没有绝对的好坏之分，它们都有其优点和适用的情况，比如在竞争激烈、变化快速的环境中，活力型企业文化可能更合适；在需要高度规范化、风险较高的行业中，官僚型企业文化可能更合适；在安全需求较高、风险较小的行业中，僵化型企业文化可能更合适。

4.3 企业文化类型的选择

不同的企业文化类型适用于不同的环境和情境，具有不同的优势和局限性。对于企业管理者来说，了解和塑造适合企业发展的企业文化至关重要，可以帮助企业更好地应对市场竞争和变革挑战。

4.3.1 根据企业发展阶段选择企业文化类型

企业文化的塑造对于企业的发展阶段具有关键性的影响。在不同的发展阶段，企业需要不同的企业文化来支撑其发展，以确保企业的稳定、高效和持续成长。

在初创阶段，企业文化应注重创新和灵活性。初创企业面临的是不断变化的市场环境和客户需求，因此需要建立一个鼓励创新、灵活适应的企业文化。这种文化强调员工的自主性和创造性，以及快速响应市场变化的能力。团队合作和共识在这个阶段显得尤为重要，因为企业需要建立起一个紧密的团队，共同应对挑战和抓住机会。

随着企业进入成长阶段，企业文化需要逐渐转向稳定和规范化。随着企业的规模不断扩大，组织结构也日益复杂，因此需要建立更加规范化的操作流程和明确的角色职责。这个阶段的企业文化要注重团队合作和管理控制，以确保企业的运营效率和产品质量。同时，企业文化也要开始注重员工的培训和发展，以提高员工的职业技能和管理能力。

当企业进入成熟阶段时，企业文化应注重创新和变革。成熟期的企业往往面临着市场饱和及竞争加剧的挑战，因此需要不断地进行创新和变革以保持竞争优势。这个阶段的企业文化要鼓励员工敢于尝试新事物、接受风险和失败，以及注重员工的发展和人才培养。通过培养员工的创新意识和能力，企业可以激发新的增长点和创新机会，从而避免陷入停滞不前的境地。

当企业进入衰退阶段时，企业文化应该注重成本削减和流程优化。衰退期的企业面临收入和利润下降的挑战，因此需要采取措施来减少成本和增加收入。这个阶段的企业文化要强调危机意识和协作精神，以及寻找新的发展机会。同时，企业文化也要注重员工的培训和教育，以提高员工的职业技能和管理能力，为企业的转型和发展做好准备。

总之，根据企业发展阶段选择合适的企业文化类型对于企业的成功发展至关重要。初创期需要创新和灵活性的企业文化，成长期需要稳定和规范化的企业文化，成熟期需要发展和变革的企业文化，而衰退期需要注重成本削减和流程优化的企业文化。通过对不同发展阶段的企业文化需求进行深入了解和分析，企业可以更好地塑造适合自身的企业文化，从而支持企业的长期发展和持续成长。

4.3.2 根据企业战略目标选择企业文化类型

企业战略目标是企业文化的重要影响因素之一，不同的战略目标需要不同的企业文化来支撑。在选择企业文化类型时，企业需要考虑到自身的战略目标，以便更好地实现企业的长期发展和成功。

对于采取成本领先战略的企业来说，它们需要塑造一种注重成本控制和高效运营的企业文化。这种企业文化强调简洁明了的操作流程、减少浪费和降低成本、注重产品或服务的性价比等。在企业文化中，企业需要培养员工的成本控制意识，鼓励员工寻找更高效、更省钱的解决方案，以及强调在工作中注重节约和环保等。通过建立这样的企业文化，企业可以实现高效经营和低成本经营。

对于采取差异化战略的企业来说，它们需要塑造一种注重创新和独特性的企业文化。这种文化鼓励员工发挥创造力和想象力，同时注重产品质量和服务的差异化。在这种文化中，企业需要为员工提供宽松的创新环境，鼓励员工尝试新的想法和解决方案，同时也要注重知识产权保护和专利申请等。

对于采取聚焦战略的企业来说，它们需要塑造一种注重细分市场和特定客户群体的企业文化。这种企业文化注重客户需求和客户体验，以及建立紧密的客户关系。企业需要深入了解特定客户群体的需求和偏好，提供定制化的产品和服务，以及注重客户服务体验和质量。同时，企业也需要注重市场调研和产品开发等方面，以满足特定客户群体的需求。

4.3.3 根据企业特点选择企业文化类型

企业特点也是企业文化的重要影响因素之一。不同行业、不同规模和不同地域的企业具有不同的特点和需求，因此需要选择适合自己特点的企业文化来支撑其发展。

首先，不同行业的企业需要选择适应其产品和服务特点的企业文化。例如，制造业需要选择注重质量控制和生产效率的企业文化，强调严谨和精细的制造流程，以及员工之间的协同和合作。而服务业则需要选择注重客户服务和员工沟通的企业文化，强调员工与客户之间的互动和沟通，以及提供优质的服务体验。

其次，不同规模的企业也需要选择适应其组织结构和运营方式的企业文化。大型企业需要选择注重规范化、精细化和协作精神的企业文化，以适应其复杂的组织结构和庞大的运营规模。这种企业文化可以促进企业内部的精细管理和高效协作，以及员工的职业发展和个人成长。而小型企业则需要选择注重灵活性和创新性以及快速响应市场需求的企业文化，以适应其较小的规模和快速的市场变化。这种企业文化可以鼓励员工发挥创造力，适应灵活调整的企业战略和运营策略。

最后，不同地域的企业也需要选择适应其地域文化和市场环境的企业文化。不同地域的文化背景和价值观存在差异，因此企业需要根据当地的文化和市场特点来塑造适合的企业文化。例如，美国企业注重个人主义和创新精神，强调员工的个人能力和创造力，以及企业的创新和变革；而日本企业则注重团队精神和社会责任，强调员工之间的合作和协调，以及企业对社会的贡献和责任。

【本章小结】

企业文化是指一个组织在长期发展过程中形成的价值观、信仰、习惯等，它对内具有凝聚人心、规范行为、激发潜能等功能，对外具有塑造品牌形象、形成企业特色、适应环境发展等功能。企业文化的类型多种多样，包括三分型、四分型、五分型等，每种类型都有其适用的企业阶段和战略目标。在选择企业文化类型时，需要考虑企业的发展阶段、战略目标和特点等因素，以选择最适合自己的企业文化类型。

【案例分析】　　　　飞利浦：数字化转型

飞利浦公司是一家总部位于荷兰的多元化医疗保健企业，由飞利浦父子于1891年创立于荷兰埃因霍温，最初只是一家默默无闻的碳丝灯泡组装厂。1912年该企业在阿姆斯特丹证券交易所上市后，开始重视创新和研发，并在埃因霍温建立了著名实验室Nat Lab，专注于物理和化学研究。经过一百多年的发展，飞利浦已成为世界著名的公司和品牌，在全球范围内拥有广泛的产品线，业务涵盖医疗设备、健康护理、照明和家居等多个领域。目前，飞利浦在全球的员工总数约为78 000人，在2022年全球医疗器械企业百强榜单中以166.7亿美元的年营收位列第八。

在过去的几十年中，飞利浦经历了多次内部转型。2008年，公司组织架构减少为三大事业部：医疗保健、照明和优质生活。2016年飞利浦将照明事业部独立出来，并于2019年完全退出了照明行业。2019年年初，飞利浦再次宣布对其原有的业务进行重组，并调整了组织架构。目前，其业务集中在精准诊断、图像引导治疗、互联关护和个人健康的解决方案领域。

1. 第一次架构调整

这次转型的目标是更加专注于医疗保健和消费者产品领域的创新和增长。此后，飞利浦开始推出一些新的品牌形象和产品。例如，飞利浦的照明事业部推出了"PHILIPS"品牌，强调照明对人们生活的重要性，并推出了一系列创新的照明产品，包括LED灯、智能照明系统等，以满足消费者对高效、环保、舒适的照明需求。该品牌迅速在全球范围内崭露头角，成了照明领域的领导者。

同时，飞利浦优质生活事业部也推出了一系列与健康生活方式相关的产品，如空气净化器、净水器等。这些产品旨在改善人们的日常生活质量,帮助人们创造更加健康、舒适的生活环境。飞利浦的空气净化器采用了先进的过滤技术,可以有效去除空气中的污染物,提供清洁、新鲜的空气。净水器则采用了反渗透技术,可以过滤水中的各种有害物质,提供纯净的饮用水。

2. 第二次业务转型

2016年飞利浦将照明事业部独立出来,并出售了其在该部门的股份。飞利浦照明更名为"昕诺飞",并在荷兰阿姆斯特丹证券交易所上市。飞利浦在首次公开招股中出售了昕诺飞25%的股权。到2019年9月,飞利浦以总价3.57亿欧元出售了自身所持有的昕诺飞全部股份,从而完全退出了照明行业。

将照明事业部独立并出售股份,有助于优化飞利浦的公司结构和业务组合,可以使飞利浦将更多的资源集中在医疗健康领域的发展上。照明行业与医疗健康领域相比,可能没有那么高的增长潜力和利润空间。通过剥离照明业务,飞利浦可以更专注于医疗设备、数字化健康管理等核心业务,提升在这些领域的竞争力。

同时,通过出售照明事业部的股份,飞利浦可以获得一笔额外的资金,为其在医疗健康领域的发展提供资金支持。这可以帮助飞利浦投资新的项目,提高其在医疗健康领域的市场份额。通过这次转型,飞利浦公司的业务和产品线变得更加清晰,有助于提高公司的市场形象和投资者信心。

3. 第三次数字化转型

在第三次转型中,飞利浦的目标是成为全球领先的健康生活品牌并全方位提供优质生活产品。为此,公司加强了在医疗设备、数字化健康管理、消费者产品等领域的研发和投入,并不断拓展新的市场和业务。

(1)确立新品牌价值体系。早在2014年,飞利浦就推出了全新的品牌形象。该品牌形象的标志是一个由三个"V"字母组成的图标,分别代表了"Value"(价值)、"Variety"(多样)和"Vision"(愿景)的核心价值观。

Value(价值):飞利浦公司始终致力于通过创新技术和产品,为人们的健康和舒适生活提供更高价值。新的品牌形象中,这个理念被巧妙地以视觉形式呈现出来,象征着飞利浦的产品和服务对人们生活的积极影响。

Variety(多样):飞利浦公司有着丰富的产品线和服务,满足人们多样化的需求。新品牌形象中的"V"字母设计,象征了多样化的产品和服务,以及飞利浦对满足人们需求的承诺。

Vision(愿景):飞利浦有着宏大的愿景,就是通过创新和科技,让人们在日常生活中享受到更多的健康、舒适和快乐。新品牌形象中的"V"字母设计,也象征了这个愿景的实现和不断追求卓越的态度。

飞利浦的新品牌形象在继承其优良传统的基础上,传达了"带给人们有意义的创新"的核心价值观,同时强调了科技在未来健康管理中的重要性。新的品牌定位更清晰地展示了"飞利浦与人们的健康息息相关"的企业使命,并通过数字化健康管理的战略得以实现。

（2）明确核心业务领域和发展战略。飞利浦公司认识到数字化技术对健康管理的重要性和未来发展趋势，决定对其战略进行调整，以更加注重数字化技术的运用和创新，聚焦数字化健康管理。在医疗保健领域加大了对数字化技术的投入，致力于提供更加智能化、便捷化的健康管理解决方案。

在技术并购方面，自2017年年初到2019年，飞利浦进行了18次医疗技术收购，朝着整体解决方案供应商方向转型。进入2020年后，受全球疫情对业务活动的影响，飞利浦的收购活动有所放缓，但在应对疫情所带来的挑战的同时，飞利浦也看到了其中的机遇并采取了相应的行动。在2020年的一笔收购中，飞利浦看到了疫情期间对超声、DR、MRI、CT等医学影像设备的需求量增加。通过这次收购，飞利浦进一步巩固了其在医学影像领域的领先地位。

在自有技术研发方面，飞利浦在转型过程中加大了对研发的投入，注重技术创新和知识产权保护。公司在医疗保健领域推出了多项领先的数字化医疗设备和技术，如数字化影像诊断系统、智能化康复设备等。

飞利浦的数字化影像诊断系统是利用先进的数字化技术来提高医疗影像的质量和效率。该系统采用了高分辨率的传感器和高级算法，能够生成清晰、准确的影像，帮助医生更精确地诊断病情。此外，该系统还支持远程会诊和共享访问，使得不同地区的医生可以同时查看和讨论患者的影像，从而提供更全面的诊断意见。

飞利浦的智能化康复设备则是利用先进的智能化技术来帮助患者进行康复训练。这些设备包括物理治疗设备、职业治疗设备、言语治疗设备等，可以根据患者的具体需求和病情进行定制化的设置。通过智能化技术，这些设备可以自动调整训练参数，监测患者的身体状态和进展情况，从而为患者提供更加个性化、高效的康复治疗。

除此之外，飞利浦还推出了其他领先的医疗保健解决方案。例如，飞利浦的远程医疗解决方案利用数字化技术来连接医生和患者，提供更加便捷、高效的医疗服务。这个解决方案包括远程诊断、远程会诊、远程监控等功能，能够让医生在不同的地点对患者的病情进行评估和治疗。此外，该解决方案还能够为患者提供在线预约、在线咨询等服务，大大提高了医疗服务的覆盖面和效率。

飞利浦的健康管理平台则是一个综合性的健康管理解决方案，旨在帮助个人和群体更好地管理和保护自己的健康。这个平台利用数字化技术来收集、整合和分析个体的健康数据，并提供个性化的健康建议和干预措施。此外，该平台还可以为医生提供更加全面和准确的健康信息，帮助医生更好地评估和管理患者的健康状况。

这次品牌形象重塑和战略聚焦，不仅体现了飞利浦对市场变化的敏锐洞察，而且反映了其长期致力于改善人们生活的核心价值观。飞利浦公司开始推出了一系列数字化健康管理产品和服务，以满足消费者对更加便捷、个性化、全面健康管理的需求。通过推出这些领先的医疗保健解决方案，不断巩固和扩展其在数字化健康管理领域的领先地位。

4. 数字化转型的挑战应对

然而，数字化转型也带来了一定的风险和挑战。首先，投资成本可能会给飞利浦带来一定压力。数字化转型需要引进先进的技术和设备，并需要对人员进行专业培训，这些都需要投入大量的资金和时间。其次，数据安全和隐私保护也是需要关注的问题。随着数据的增多和交流的加强，如何确保客户信息的安全和隐私保护将成为一个重要的问题。最后，数字化转型可能会对公司的组织架构和管理方式带来挑战。如何协调不同部门之间的利益关系、提高决策效率和管理水平将是数字化转型中需要解决的问题。

为了应对这些挑战，飞利浦制定了一系列应对策略。

首先，在投资方面，飞利浦根据实际情况制订分期投资计划，确保资金的合理分配。这种投资策略可以帮助飞利浦在不同的业务领域和项目中进行均衡投资，避免一次性投入过多资金而可能导致财务压力和风险。飞利浦会根据实际情况评估各项目的投资价值和优先级，然后按照项目的重要程度和进展情况将资金分期投入。这种投资策略可以在一定程度上降低投资风险，同时保证公司整体运营的稳定性和可持续性。

其次，在数据安全和隐私保护方面，飞利浦建立严格的数据管理制度和加密措施，确保客户信息的安全性和隐私保护。飞利浦制定了严格的数据管理制度，明确了数据的使用目的、范围和责任。公司内部不同部门之间数据的收集、存储、传输和使用都需要遵循相关规定和流程。此外，飞利浦还建立了专门的数据治理团队，负责监督和管理数据相关工作，确保数据的安全性和合规性。为了防止客户数据被未经授权的第三方获取和利用，飞利浦采用了先进的加密技术对数据进行加密。无论是数据的传输还是数据的存储，飞利浦都会采用加密算法对数据进行加密处理，确保数据的安全性和隐私保护。

最后，在组织架构和管理方式方面，飞利浦根据数字化转型的需要进行组织架构的调整和管理流程的优化，以提高决策效率和响应速度。公司简化了决策层级和流程，使决策过程更加快速、灵活。此外，飞利浦还加强了各部门的沟通与协作，使信息流通更加顺畅，提高了工作效率。

5. 结语

数字化转型是企业提高效率、创新能力和竞争力的重要手段。通过数字化手段，企业可以优化业务流程、提升服务质量，同时实现更高效的生产和更低成本的运营。此外，数字化转型也能使企业更贴近市场和客户需求，更快速地响应市场变化，进而提升企业的市场竞争力。飞利浦的数字化转型无疑是一个成功的案例，通过对数字化战略的全面制定和实施，不仅提升了内部运营效率，而且优化了客户体验和服务质量。此外，通过打造智能生态系统，飞利浦成功地与合作伙伴、供应商和客户建立了紧密的合作关系，进一步巩固了其在市场中的领先地位。因此，为实现有效的数字化转型，企业需要进行技术投入，提升组织变革和文化变革的能力，并具备一定的战略规划和实施能力以及风险管理与保障能力。

【案例思考题】

1. 飞利浦公司在数字化转型中采用的组织架构调整和管理流程优化措施有哪些？

2. 飞利浦公司在应对数字化转型过程中,如何进行品牌形象重塑和战略聚焦?

【课后思考题】

1. 请阐述企业文化的对内功能和对外功能各有哪些?它们是如何影响企业内部运作和外部形象的?

2. 请描述对立价值模型的结构与内涵。

3. 在根据风险程度和响应速度分类的企业文化模型中,你认为哪一种类型更有利于企业的创新和发展?请给出理由。

4. 如何根据企业发展阶段来选择合适的企业文化类型?请给出你的观点和建议。

5. 如何根据企业战略目标来选择合适的企业文化类型?请给出你的观点和建议。

【在线测试题】

扫描二维码,在线答题。

第 5 章　企业文化的测量与评估

【案例导入】苏州公交公司企业文化：基于丹尼森量表的测量结果

作为外向型城市苏州的主要公交业务单位，苏州市公共交通有限公司（以下简称"苏州公交公司"）是一家地方国有控股的混合所有制企业，负责苏州市古城区和吴中、相城两个区的城市公交业务。历经国有、民营和混合所有制各种形式的变革，逐渐成为国内领先的智能城市公交服务提供者。近年来，公交司机中外来务工人员约占公司职工总数的38%，本地管理人员越来越面临企业多元文化的冲击。不断扩容的城市规模导致苏州公交公司营业范围骤增、职工工作场地日趋分散。面对分散化经营的趋势，公司高层越来越感受到企业文化建设的紧迫性，企业文化诊断和测评工作因此展开。

问卷调查采用网络填写方式，最终回收员工提交的问卷7 187份，全员参与率96%。问卷内容由四部分组成。第一部分为被调查者的背景信息。第二部分为丹尼森企业文化量表，采用全部12个维度和60个题项，12个维度分别归属"参与度""一致性""适应性"和"使命"4个文化特质。被调查者根据本企业的实际情况，对量表题项描述的符合程度进行回答，符合程度以莱克特5点尺度表示，"1"代表"完全不赞同"，"5"代表"完全赞同"。第三部分为苏州公交公司与项目组联合设计的员工满意度调查题。第四部分为四个开放式填写题，采用自愿填写的方式。

研究发现，目前丹尼森量表的60个题项分为4个维度，在中国企业的情境下具有合理性。在因子载荷绝对值采用系统默认值小于0.1的情况下，无任何一个题项被剔除。而且，丹尼森企业文化量表的4个文化特质之间具有较高的相关性。随着中国企业应对外部环境变化的能力日趋成熟，丹尼森全题项企业文化量表在中国背景下的有效性获得确认，这对于我国企业以国际通行标准开展企业文化测量和国际交流具有积极的意义。

资料来源：徐天舒，沈燕，朱天一.丹尼森企业文化量表在中国背景下的有效性再分析——基于苏州公交公司的实证分析[J].苏州科技大学学报（社会科学版），2021，38（5）：27-34+107.

随着全球化进程的推进，企业文化的重要性日益凸显。良好的企业文化可以为企业带来诸多优势，如提高员工的归属感和忠诚度，促进企业内部沟通与合作，增强企业的创新能力和市场竞争力等。而要进行有效的企业文化建设，就需要对现有的企业文化进行全面的测评和评估，以便对其现状和问题有清晰的认知，进而进行有针对性的改进和优化。

进行企业文化测评与评估时也会面临一些挑战，如何设计有效的评估工具、如何准确地衡量企业文化、如何保证评估结果的客观性和公正性等。因此，研究者和管理者需要不断探索和实践，完善评估工具和方法，以提高企业文化测评与评估的有效性和可靠性。

5.1 企业文化测量的概念

企业文化测量是指通过一系列定性和定量的研究方法，对企业的文化元素、文化动态、文化影响力、文化现象等方面进行评估和测量。这些测量工具和方法包括问卷调查、访谈、观察、量表等，可以帮助企业了解其文化的现状、特点、优势以及存在的问题，进而为企业的文化建设和管理提供依据和支持。

企业文化测量可以从多个方面展开，包括企业文化的核心价值观、组织氛围、员工满意度、战略一致性、领导风格、员工行为等。在测量过程中，需要注意量表的选择和设计，保证测量的可靠性和有效性。同时，还需要关注员工和组织的需求和目标，制订合理的测量计划和方法，并进行科学的分析和解释。

5.2 企业文化测量的意义

1. 评估企业文化建设的成果

通过定期或持续的测量，可以评估企业文化建设的成果。这种评估不仅可以帮助组织了解文化建设的效果，还可以帮助组织及时发现文化建设中存在的问题并提供解决方案。

2. 促进企业文化的传承和发展

通过测量企业文化，可以了解员工和领导对企业文化的认知和认同情况，从而有针对性地制定企业文化传承和发展的策略，使得企业的核心价值观和优良传统得以传承和发扬。

3. 增强企业文化的透明度

通过测量企业文化，可以让员工更加了解企业的核心价值观、使命和愿景等，增强企业文化的透明度，从而增强员工的归属感和忠诚度，提高企业的凝聚力和战斗力。

4. 推动企业文化的创新和发展

随着市场的不断变化和企业的发展，企业文化也需要不断地创新和发展。通过测量企业文化，可以了解现有文化的优势和不足，以及员工和市场的需求和变化，从而有针对性地推动企业文化的创新和发展。例如，通过测量发现，"企业的核心价值观是注重创新和质量，但是在实际运营中由于流程烦琐、部门之间沟通不畅等问题，导致创新和质量提升的速度缓慢"。针对这类问题，企业通过调整组织架构、优化流程、加强领导力培训等措施，可使企业内部的文化环境得到改善。

5. 为企业的战略规划和决策提供支持

通过测量企业文化，可以了解企业的内部文化环境和外部市场环境的关系，为企业的战略规划和决策提供支持和参考，帮助企业更好地适应市场的变化和发展。例如，某大型制造业企业，在面临市场竞争加剧和客户需求变化的背景下，进行了全面的企业文化测量。测评中发现，企业面临着客户需求变化和市场竞争的双重压力，但是领导层缺乏对这些挑战的清醒认识，导致企业战略规划和决策缺乏针对性和有效性。因此，企业应加强了解和适应外部市场的变化和需求，为企业的战略规划和决策提供了有力的支持。

5.3 企业文化测量量表

5.3.1 企业文化测评量表

1. 量表概述

企业文化测评量表（organizational culture assessment instrument，OCAI）是一种用于测量企业文化的工具，是由罗伯特·奎因（Robert E. Quinn）和金·卡梅隆（Kim S. Cameron）教授在对立价值框架（CVF）的基础上开发出来的，该量表被广泛应用于企业文化和企业有效性之间的关系研究。它是一种经过长期研究和广泛实践验证的工具，可以帮助组织更好地了解其文化现状，并为企业提供改进文化的依据。

2. 量表结构

作为一种自评式量表，OCAI 以组织成员对企业文化的主观看法为基础，主要从 6 个维度来评估企业文化，每个维度下有 4 个陈述性语句，分别对应着四种类型的企业文化：家族型企业文化、官僚型企业文化、发展型企业文化和市场型企业文化。这 6 个企业文化维度如下：

（1）主导特征（dominant dimensions）。主导特征是企业文化的基石，是组织内部共同遵循的一系列核心价值观和信念。这些主导特征会影响组织成员的行为和决策，并有助于塑造组织的身份和形象。主导特征通常包括诚实、创新、团队合作、责任担当等。

（2）领导风格（leadership style）。领导者在组织中扮演着至关重要的角色，他们的行为和管理风格对组织的发展和成功至关重要。这些风格有助于激发员工的创造力和潜力，推动组织的创新和发展。领导风格通常包括开放、合作、有远见、激励人心等。

（3）员工管理（employee management）。员工是组织最重要的资产之一，因此组织需要关注员工的发展和福利，以激发他们的潜力并保持高昂的工作热情。员工管理通常包括员工发展计划、工作满意度调查、员工福利计划等，这些措施有助于提高员工的忠诚度和生产力。

（4）组织凝聚力（organizational cohesion）。组织内部的合作和凝聚力是组织成功的关键因素之一。组织凝聚力通常包括团队合作、内部沟通、组织认同等，这些因素有助于促进员工之间的合作和信任，提高组织的执行力和创新能力。

（5）战略重点（strategic priority）。组织的战略方向和重点是组织成功的关键因素之一。战略重点通常包括客户至上、产品创新、高效运营等，这些重点有助于组织在竞争激烈的市场中保持领先地位，提高组织的竞争力和市场份额。

（6）成功标准（criteria of success）。成功标准是组织对成功的定义和标准，通常包括市场份额、财务表现、客户满意度等。这些标准有助于组织设定明确的目标和指标，评估组织的成功程度和业绩表现。同时，成功标准也可以激励员工为共同的目标而努力工作，提高组织的凝聚力和向心力。

OCAI量表的突出优点在于为组织管理人员提供了一种直观、便捷的测量工具。与其他组织层面测量量表相比，OCAI尤其在企业文化变革方面具有较大的实用价值。OCAI量表的测量条目示例如表5.1所示。

表5.1 OCAI量表的测量条目示例

题号	指标	现状	期望
一、主导特征			
1-1	我的组织是一个人性化的组织，像一个大家庭，成员间能分享彼此的经验或想法		
1-2	我的组织是一个具有活力和创业精神的组织，成员富有进取心与冒险精神		
1-3	我的组织是成果导向型组织，强调工作的完成，成员具有强烈的竞争意识与成就感		
1-4	我的组织是一个严格管理与层级分明的组织，成员严格按规章制度做事		
	总分	100	100

资料来源：卡梅隆，奎恩. 企业文化诊断与变革[M]. 北京：中国人民大学出版社，2006.

3. 使用步骤

使用OCAI量表进行企业文化测评一般需遵循以下步骤：

（1）回答测量条目。首先需要按照实际情况回答OCAI量表中的测量条目。每个条目都有一个描述现状和偏好的问题，需要根据所在企业的实际情况进行回答。例如，"员工是否了解公司的使命和愿景"这个条目，就需要根据实际情况选择"非常了解""比较了解""一般了解""不太了解"或"完全不了解"。同时，每项条目还被要求按照期望状态打分，用来对照现状的得分，找出薄弱环节和发展方向（完整版量表见书后附录1）。

（2）分配分数。根据每个条目的四个选项，将100分分配给每个选项。例如，如果某个条目的四个选项是"非常符合""比较符合""一般符合""不符合"，那么可以分配为40分、30分、20分、10分。

（3）计算得分。对于每个测量维度，将分配的分数相加，得到该维度的总得分。例如，如果某个条目的四个选项的得分分别为35分、30分、20分、15分，那么该维度的总得分为100分。

（4）分析结果。根据每个测量条目的得分情况，可以得出所在企业的文化现状和偏好。例如，如果某个条目的得分较低，那么说明企业在这一方面存在一些问题，需要改进。如图 5.1 所示，该企业的文化是四种类型（家族型、发展型、官僚型和市场型）的混合体。通过 OCAI 量表进行测量，形成了一个剖面图，用四边形表示。其中，实线表示企业文化的现状，而虚线则表示成员期望的企业文化变革方向。通过比较这两条线，可以发现当前企业文化偏向官僚型，而组织成员对企业文化的期望变革方向倾向于家族型。通过两相比较，就能更好地指导企业文化的调整和优化。

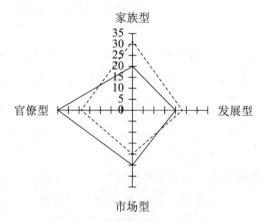

图 5.1　OCAI 量表测量结果示例

资料来源：Kim S Cameron，Robert E Quinn. Diagnosing & Changing Organizational Culture: Based on the Competing Values Framework[M]. New York: Addison-Wesley，1998.

（5）制定改进策略。根据分析结果，可以制定相应的改进策略。例如，如果某个条目的得分较低，那么可以采取措施来提高得分，如加强员工培训、制定清晰的使命和愿景等。

4. 注意事项

OCAI 量表在引入中国后，需要进行本土化的修订和调整，以确保其适应中国文化和组织特点。

首先，OCAI 量表基于西方的企业文化概念和理论构建，需要考虑到中国文化的特性和价值观，进行相应的修订和调整。这包括对测量条目的表述和解释进行修改，以使其更符合中国组织的实际情况和员工的理解。

其次，在使用 OCAI 量表进行企业文化评估时，需要选取具有代表性的样本进行测量，以增加结果的可靠性和有效性。在中国，由于组织类型和特点的多样性，需要根据不同行业、地区和组织规模等因素，选择合适的样本。同时要选择合适的时机进行测量，如在组织变革、领导者更替或者市场环境变化等关键时刻进行测量。

再次，在数据收集和整理阶段，需要考虑如何处理数据和解释结果。这包括对数据的清洗和分析方法的选择，以及如何将结果与组织实际情况相结合，制定相应的改进策略。

最后，对修订后的 OCAI 量表需要进行实践验证，以评估其在中国文化背景下的可靠性和有效性。这可以通过实际应用和反馈收集来实现，不断对量表进行修订和完善，以满足组织的需求和目标。通过对数据进行仔细分析和处理，以便更好地了解企业文化的现状和问题，并制定相应的改进策略。

5.3.2 企业文化测量问卷

企业文化测量问卷（organizational culture questionnaire，OCQ）是一种专门用于测量和评估企业文化的强大工具，由美国学者丹尼森等构建。该量表采用了问卷调查的方式，通过一系列问题，对组织的文化现状和偏好进行深入评估，帮助组织更好地了解自身的文化类型和发展需求。

OCQ 量表采用了类似于对立价值模型的思路，通过两对维度——"外部关注—内部一致"和"灵活性—稳定性"将企业文化划分为 4 个象限，每个象限对应着一种特定的文化特质，如图 5.2 所示。

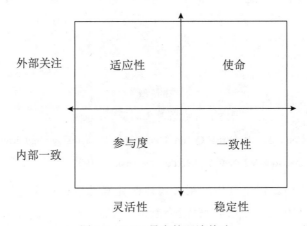

图 5.2 OCQ 量表的理论基础

资料来源：Denison D R, Mishra A K. Organizational Culture and Organizational Effectiveness: A Theory and Some Preliminary Empirical Evidence[J]. Academy of Management Annual Meeting Proceedings, 1989(1): 204-223.

这四种文化特质分别如下：

（1）适应性（adaptability）：这种文化特质强调组织对外部环境的敏感性和反应能力，以及适应变化和抓住机遇的能力。具有这种文化特质的组织通常能够迅速调整和适应市场变化，保持竞争领先地位。

（2）使命（mission）：这种文化特质强调组织的使命感和核心价值观，以及实现这些使命和价值观的动力。具有这种文化特质的组织通常具有明确的目标和愿景，能够鼓舞员工和利益相关者的士气，推动组织不断前进。

（3）一致性（consistency）：这种文化特质强调组织内部的协调性和一致性，以及员工之间的合作和信任关系。具有这种文化特质的组织通常能够提高工作效率和质量，同时促进员工的团队精神和职业发展。

（4）参与度（involvement）：这种文化特质强调员工参与和自主管理，以及员工的意见和建议能够得到重视和回应。具有这种文化特质的组织通常能够激发员工的创造力和创新精神，提高员工的工作满意度和忠诚度。

通过使用OCQ量表，组织可以了解自己的文化现状以及偏好程度，并确定最适合自己的文化特质和发展方向。

上述每种特质进一步对应3个方面的指标，从而构成了4个象限12个指标的测量模型。每个方面的指标又由5个更具体的条目来衡量，这样最终形成了以四种文化特质为核心、12个指标为中间环节、60个具体条目为最终考查对象的测量体系。图5.3仅显示了该量表的立体结构。量表每个条目都有5个选项，分别为"非常符合""比较符合""一般符合""不符合"和"非常不符合"，受访者需要按照实际情况进行回答。通过计算每个条目的得分，可以得出组织在各个维度上的分值（完整版量表见书后附录2）。

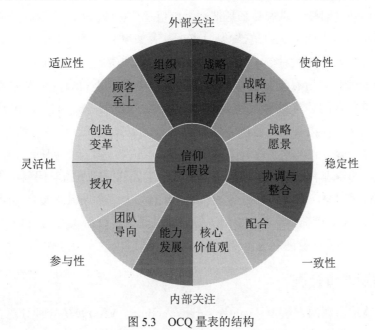

图5.3 OCQ量表的结构

资料来源：http://wwwsdenisonconsulting,com/dc/DenisonAdvantage/ResearchbasedModel/tabid/124/Defaultaspx.

此外，这个测量体系还根据数百个组织调查的结果构建了常模，受测对象可根据常模得到百分位数，进一步转化为四分位数，从而使受测对象企业文化的相对优势和不足直观地反映在所形成的模型中。

OCQ量表具有较高的可靠性和有效性，被广泛应用于各种类型的组织中，包括商业企业、公共机构和非营利组织等。通过使用OCQ量表，组织可以更好地了解自己的文化现状，发现文化中存在的问题，并制定相应的改进策略，从而促进组织的绩效和员工的工作体验。

5.3.3　企业文化概评量表

企业文化概评量表（organizational culture profile，OCP）是奥赖利和查特曼等（1991）

在个人与组织契合研究中提出来的，研究者通过对20世纪80年代的几份相关的重要研究的回顾总结中，按照3个标准（可以描述任一个人或组织、相互区别、易于理解）选取了110条组织价值观，构成了初始问卷。这就是最初的企业文化概评量表。在其后续的研究中，使用这份问卷，采用Q分类法对8家会计事务机构126名会计事务人员进行调查，最终确定了一份包含54条组织价值观陈述项目的问卷，从团队导向、注重细节、进取心、结果导向、尊重员工、稳定性、创新7个企业文化维度进行测量。

需要注意的是，测量价值观的工具一般采用两种方法，查特曼在其1989年和1991年的两项研究中将其称为标准方法和自模方法。在标准的方法中，回答者根据对题项认同的程度，用莱克特量表法测量，每个人的价值观是独立被测量的。在自模的方法中，测量对各种价值观的偏好，回答者要求要么是把一组价值观分等级排列，要么是选择一个价值观而以牺牲其他价值观为代价的强迫选择。OCP量表采用Q分类方法，是一种自模的强迫分配的形式。回答者分两次对54个题项分等级，一次是描述感知到的企业文化，一次是描述期望的企业文化。所有项目要求被分成从最符合到最不符合（或从最期望到最不期望）9类，每类包含的题项数量分别为2—4—6—9—12—9—6—4—2，被选择为第一等重视的两条计为9分，第二等重视的4条计为8分，以此类推。这种方法即是Q分类法。之所以采用这种计分方式，除了这种方法适合于做受试者测验分数间的关联分析之外，也是为了防止组织的管理者把绝大多数价值观都视为重视的倾向从而对问卷结果产生影响。

此后，Cable和Judge在1993—1997年间进行的关于"个人组织契合与组织选择决策"跟踪研究中，将OCP精简为包括40个测量项目的量表，Q分类按2—4—4—6—8—6—4—4—2分布（完整版量表见书后附录3）。

5.3.4 价值观调查量表

霍夫斯泰德价值观调查量表（values survey module，VSM）是一种针对企业文化的测量工具，它是通过调查问卷的方式收集员工对于企业文化的主观看法和态度。霍夫斯泰德和他的同事们在文化差异的研究中，提出了5个维度来描述和比较不同文化之间的差异：权力距离、不确定性回避、个人主义与集体主义、男性特征与女性特征、长期导向与短期导向。在这些维度上，霍夫斯泰德和他的同事们进一步开发了价值调查观量表，并相继出版了多个版本，在文化测量领域中享有盛名，被广泛使用。该量表中的题目多数与工作场所的感受有关，因此经常被用来直接测量企业文化。

VSM量表由一系列问题或陈述组成，涵盖了员工的价值观、组织的目标和使命、员工的工作满意度、组织中的沟通和决策方式等方面。其中：

员工的价值观维度，涉及员工个人的价值观、道德观和工作理念。这些问题试图了解员工是否认为组织的价值观与他们个人的价值观相吻合，以及他们是否感到在工作中被尊重和被重视。

组织的目标和使命维度，关注的是组织的目标、愿景和使命。这些问题或陈述要求员工表达他们对组织目标和使命的理解，以及他们是否认为这些目标和使命被有效地追求和实现。

员工的工作满意度维度，这部分问题试图了解员工对工作的满意度，包括他们对工作的挑战性、工作条件、薪资福利等方面的感受。

组织中的沟通和决策方式维度，这部分关注的是组织内部的沟通和决策过程。通过这些问题或陈述，可以了解员工是否认为组织的沟通渠道有效，决策过程公正透明，以及他们是否感到自己的意见被重视。

VSM量表通常采用莱克特量表的5级或7级制，评分通常从非常不同意（1分）到非常同意（5分）或非常不同意（1分）到非常同意（7分）不等，让员工对每个问题和陈述进行评分。这些评分反映了员工对于企业文化的看法和感受，通过对这些评分进行统计和分析，可以得出企业文化的一些特征和维度，帮助组织更好地了解自身的文化类型和发展需求。例如，可以使用平均分、标准差、最高分、最低分等指标来描述员工对于企业文化的整体看法。此外，还可以使用因子分析、聚类分析等方法来识别企业文化的潜在维度和特征。

VSM量表可以帮助组织了解员工对于企业文化的看法和态度，从而为组织改进和管理提供有益的指导。此外，VSM量表还可以提供关于企业文化如何影响员工行为和工作表现的见解，从而有助于提高组织的绩效和生产力（完整版量表见书后附录4）。

拓展阅读5.1
企业文化测量的常见误区

5.4 企业文化评估的概念

1. 企业文化评估的内涵

企业文化评估是一种对企业文化进行全面、系统评估的过程。它可以帮助组织理解其当前的文化状况，发现文化中存在的问题，并制定相应的策略来改进和优化企业文化。企业文化评估通常涉及多个方面，包括：评估组织的核心价值观是否与员工共享，这些价值观是否得到有效执行和遵循；评估组织的架构、工作流程和沟通渠道是否有利于工作目标的实现和员工的协作；评估各级领导是否具备正确的价值观、行为方式和领导风格，能否有效地引导和激励员工；评估员工对组织的文化认同度，了解员工对企业的满意度、归属感和工作动力；评估企业形象、品牌价值和声誉等，以了解组织在行业和市场中的竞争力等。

2. 企业文化测量与企业文化评估的区别与联系

企业文化测量强调使用各种方法来定量地衡量企业文化中的某些方面或特征。例如，可以使用问卷调查来测量员工对企业文化的看法或对企业价值观的认同程度，也可以通过观察和访谈来衡量企业文化对员工行为的影响。

相比之下，企业文化评估更侧重于对企业文化的整体评价，不仅包括定量的测量，还包括定性的评估。评估的内容可能包括企业文化的愿景、价值观、氛围、员工满意度、员工行为等多个方面。评估通常需要综合考虑企业的内部和外部环境，以及企业文化的历史和发展趋势等因素。

因此，企业文化测量和企业文化评估是两个不同的概念，前者是企业文化评估的一个方面，后者则更为全面。在进行企业文化工作时，常常需要根据具体的需要和目的来选择合适的方法和工具来进行测量或评估。

5.5 企业文化评估步骤

企业文化评估的步骤可以归纳为以下几个方面：

1. 明确评估目的和评估范围

明确评估目标和范围是进行企业文化评估的首要步骤。这有助于确保评估的焦点和目标集中，从而使得评估更为精准和有意义。具体来说，需要考虑以下一些关键问题：（1）希望通过这次评估了解什么？（2）希望解决什么问题或挑战？（3）是否需要对整个公司或组织的文化进行全面的了解，还是只需要了解某个特定部门或团队的文化？（4）希望评估的结果如何影响组织未来的战略、决策或变革？

2. 确定评估方法和指标

根据明确的目的和范围，选择适当的评估方法和指标，这些指标应该能够反映企业文化的关键特征和维度。具体来说，需要考虑以下几个因素：

第一，评估方法和指标应该与企业的评估目标和范围相匹配。例如，如果企业的目标是了解员工对企业文化的看法，那么问卷调查可能是一个合适的方法。

第二，不同的组织有不同的文化特点，因此需要选择能够反映出这些特点的评估方法和指标。例如，如果组织是一个创新驱动的企业，那么评估指标可能包括创新、灵活性等方面。

第三，在选择评估方法和指标时，需要考虑能够获得的数据的种类和质量。例如，如果评估人员已经拥有大量的员工调查数据，那么这些数据可能就可以被用来进行文化评估。

第四，不同的评估方法和指标需要不同的资源和成本。例如，聘请专业的文化评估机构可能需要花费大量的资金和时间，而自行进行评估则可能只需要少量的资源和时间。

第五，需要考虑评估方法和指标的可靠性和有效性。例如，一些评估工具已经被广泛使用并得到了验证，而另一些则可能只是新出现的、未经检验的工具。在这种情况下，选择被广泛使用和验证的工具可能更可靠。

3. 收集数据和信息

通过调查问卷、访谈、观察等方式收集数据和信息，样本要尽可能地覆盖公司内部的不同部门、级别和员工类型。这样可以确保数据的多样性和可靠性，同时也有助于发现不同员工群体之间的文化差异。在收集数据和信息时，需要注意以下几点：

（1）确保数据的真实性和准确性。如果员工担心他们的回答可能会对他们产生负面影响，他们可能会选择隐藏他们的真实想法或感受。在这种情况下，使用匿名调查问卷或访谈是一种好的选择。员工知道他们的回答不会被追踪到个人，因此他们更有可能提供准确和真实的反馈。

（2）员工的隐私权应得到充分尊重。这意味着不应收集可能识别出特定员工的敏感信息。例如，种族、性别、宗教信仰等个人信息应予以保护，以避免侵犯员工隐私权并引起麻烦。在收集和使用员工个人信息时，必须遵循相关的隐私法规和公司政策。

（3）在进行访谈或观察时，与员工建立信任关系。员工通常会对那些他们信任的人提供更真实和深入的反馈。这可以通过与员工建立良好的沟通和互动来实现。让他们感到企业是在帮助他们解决问题，而不是在批评他们的工作或组织。

（4）在收集数据和信息后，及时记录和分析数据。这可以帮助评估人员更深入地了解公司的文化，并识别出可能需要改进的领域。使用统计软件等工具可以帮助进行数据的分析和解读，以制定相应的改进措施。

（5）确保数据的多样性和可靠性。要确保样本尽可能覆盖公司内部的不同部门、级别和员工类型。这样能够获得更全面的数据和信息，同时也有助于发现不同员工群体之间的文化差异，为制定具有针对性的改进措施提供有力的支持。

4. 分析和解读数据

对收集到的数据进行分析和解读，以找出数据中的规律和趋势，是企业文化评估的核心步骤。在进行数据分析时，需要注意以下几点：

首先，数据清洗是数据分析的关键前置步骤。这涉及删除无效数据、处理缺失值、处理异常值等，以确保数据分析的准确性。例如，如果某些数据明显偏离正常范围或与整体数据不匹配，那么这些数据可能被视为异常值并需要处理。数据清洗能够避免这些异常值对数据分析结果产生不利影响。

其次，进行数据解释也是非常重要的。在计算和分析数据后，需要将结果以易于理解的方式呈现出来，包括图表、图形、文字解释等。这样做可以帮助企业更好地理解数据，发现其中的规律和趋势。例如，可以通过绘制柱状图或饼图来直观地展示不同类别的数据比例或变化趋势。

最后，我们需要验证分析结果的有效性和可靠性。这可以通过与其他团队或专家进行交流、分享结果来实现。通过与不同的利益相关者进行讨论和解释，可以更好地理解结果的合理性、准确性和可解释性，从而确保分析结果的有效性和可靠性。

5. 制定改进措施

根据分析结果，要制定相应的改进措施。

首先，需要通过数据分析或其他方法明确企业文化中存在的问题。这可以通过对收集到的数据和信息进行深入分析，识别出企业文化中的潜在维度和特征来实现。同时，也可以通过员工反馈或其他渠道获得信息，了解员工对于企业文化的看法和感受。这些信息可以帮助更好地理解企业文化，并发现其中的问题。

其次，需要确定改进的目标。这些目标应该是具体、可行，并且能够被广大员工接受和认同的。例如，可以通过员工的满意度、组织的创新能力、组织的绩效等具体指标来衡量改进的效果。

最后，在制定改进措施时，需要考虑多种方法，包括培训和教育、激励和奖励机制、组织结构调整等。例如，可以通过提供相关的培训和教育，提高员工的技能和能力，帮助他们更好地适应企业文化。同时，也可以通过建立激励和奖励机制，鼓励员工积极参与企业文化的建设和发展。此外，还可以通过调整组织结构、优化工作流程等方式来促进企业文化的改进。

6. 实施改进措施并监测效果

实施改进措施后，我们需要对效果进行监测和评估，以判断改进措施是否有效。如果效果不理想，我们不能简单地认为这些措施是无效的，而是需要重新审视评估方法和指标，看看它们是否准确地反映了企业文化的实际情况。如果评估方法和指标存在偏差，那么需要调整它们，以确保能够得到准确的结果。

同时，也需要认识到企业文化评估是一个动态的过程，它需要不断地进行。随着企业的发展和变化，企业文化也会不断地发生变化。因此，我们需要定期进行评估，以便及时发现新的问题并制定相应的改进措施。只有通过不断地评估和调整，才能确保企业文化与企业的战略和发展目标相一致。

此外，还需要注意企业文化与企业战略和发展目标的紧密相连。企业战略和发展目标是企业未来的规划和方向，而企业文化则是实现这些目标的重要基础。因此，我们需要确保企业文化的方向和价值观与企业战略和发展目标相一致，以便推动企业的可持续发展。

拓展阅读5.2
CGL信息公司
企业文化评估
流程

5.6 数智技术助力企业文化评估

数智化时代下，人工智能等技术可以为企业提供更全面、准确、高效的企业文化评估服务。通过自动化评估企业部门设置、人才储备、文化建设、创新能力等方面的情况，可以有效推动企业数字化转型。

首先，人工智能通过分析组织结构和人才数据，可以识别出部门冗余和人才浪费等问题，有助于企业进行组织架构调整。同时，通过聚类分析等方法，人工智能还可以发现组织结构和人才配置方面的潜在问题，为企业的组织架构调整和人才引进提供参考。这种自动化评估可以大大提高效率，减少人工评估的主观性和误差。

其次，人工智能的文本分析技术可以帮助我们从企业的内部文档、员工反馈、社交媒体等数据中提取文化特征，从而评估企业的价值观、团队氛围、员工满意度等情况。例如，我们可以通过分析企业内部文档中的关键词和短语，了解员工对于工作的态度和行为。如果文档中频繁出现负面词汇，如"压力大""工作量大"等，那么这可能说明员工的工作负担过重或者对工作感到不满意。同样，我们也可以通过分析员工反馈数据来了解员工对企业的满意度。如果大多数员工对企业的满意度较低，那么企业可能需要采取措施来改善员工的工作环境和待遇。此外，通过分析社交媒体数据，也可以了解员工对企业的态度和感受。如果在社交媒体上出现了大量负面言论，那么企业可能需要更加关注员工的需求和意见，及时进行相应的改进。

最后，对于创新能力，人工智能可以通过分析企业的研发数据、专利数量、技术投入等指标，评估企业的创新能力。同时，人工智能还可以通过自然语言处理等技术，分析市场需求和竞争态势，帮助企业把握市场机遇和提升竞争力。例如，人工智能可以通过分析消费者评论、社交媒体数据等，了解消费者需求和市场趋势，为企业提供更加精准的市场定位和产品开发方向。此外，人工智能还可以通过模拟仿真等技术，加速产品开发和实验过程，提高企业的研发效率和降低成本。例如，人工智能可以通过模拟产品在各种条件下的性能表现，为企业提供更加准确的产品设计和改进方案等。

【本章小结】

本章主要介绍了企业文化的测量与评估相关内容。企业文化的测量与评估是组织管理中重要的环节，通过对企业文化的测量，可以了解员工对企业文化的认知和态度，发现企业文化中存在的问题，为改进组织管理提供依据。通过对企业文化的评估，可以评估企业文化对组织绩效的影响，为企业文化的改进和提升提供支持。

常用的企业文化测量量表包括企业文化测评量表（OCAI）、企业文化测量问卷（OCQ）、企业文化概评量表（OCP）和价值观调查量表（VSM）。这些量表可以有效评估企业文化状况。

企业文化评估是对企业文化进行全面、系统、客观的评价。通过评估可以了解企业文化的优劣、强弱点以及影响因素等。企业文化评估的步骤，包括明确评估目的和范围、确定评估方法和指标、收集数据和信息、分析和解读数据、制定和实施改进措施并监测效果。在大数据、人工智能等数智技术的帮助下，企业可以更加客观、准确地进行企业文化评估，提高评估的效率和精度。

【案例分析】 JK 物业服务集团企业文化测评

1. 案例背景

（1）公司简史。JK 物业服务集团有限公司，简称 JK 公司，成立于 1998 年，是中国知名的物业服务商之一。公司注册资本为 5 000 万元，拥有全国在职员工 12 000 余人。凭借出色的企业综合管理实力和品牌影响力，JK 公司荣获"2019 中国物业服务百强企业""2019 中国物业服务质量领先企业"等多项荣誉。其优质的物业服务质量在行业中处于领先地位，第三方调查业主满意度连续 7 年超过 90%，管理 5 年以上项目满意度超过 95%，截至 2018 年 9 月，JK 公司品牌价值达到 34.66 亿元。

（2）服务范围。目前，JK 公司的服务已触达全国 24 个省份，进入中国城市达 135 个，管理规模约 2.2 亿平方米，管理项目 611 个。其物业服务形态涵盖住宅物业、商写物业、高校以及政府部门办公楼等诸多类型，同时提供开发商服务、资产管理服务、楼宇服务以及生活服务。管理方式从最初的委托管理转型为"全委服务、咨询服务、股权合作、专项合作"于一体的多样化发展。

（3）发展战略。在发展战略中，JK公司将逐步提高四大核心竞争力，着力打造"服务JK""创新JK""资本JK""产品JK"，争取及早进入全国房地产开发企业十强，并实现持续稳健的发展。

（4）人力资源与合作伙伴。JK公司凭借优秀的人力资源储备、高效率的集团管理架构，在业务所及的城市成功树立起优秀的品牌形象，为公司的未来发展提供了强劲动力。JK公司坚持"开放合作"的心态，与更多合作伙伴结盟同行，让更多用户体验到JK服务之美好，肩负起更多人群对品质生活的理想。

2. OCAI量表指标体系设计

运用OCAI量表法对JK公司的企业文化进行测评。通过选择能够反映企业文化内容的测评指标，即管理特征、领导风格、员工管理、公司凝聚力、战略重点和成功标准6个方面，对JK公司的企业文化进行综合评价。这些指标可以进一步细分为4个描述性陈述，每个陈述对应着四种类型的企业文化，包括家族型企业文化、官僚型企业文化、发展型企业文化和市场型企业文化。

根据OCAI量表，调查问卷设计了24个测评题目，每个题目对应着不同的指标。答题者需要对每个题目进行两次评价。第一次评价是根据题目描述的情况与企业文化目前现状的相近程度进行打分，第二次评价则是根据题目所期望的企业未来文化与答题者所期望的未来企业文化的程度进行打分，即两次打分分别对应着对企业文化现状和期望的评价。

在评分方面，采用李克特评分法。问卷中的选项依次为"很不同意""不同意""一般""同意""很同意"，分别计为1~5分。首先，将"现状"一栏中所有A选项的分数相加，然后得到平均值，再将平均值除以问卷数，得出A所代表的家族型文化的现状得分。同样方法可以得出A所代表的家族型文化的期望得分。按照同样的步骤，可以分别算出"现状"和"期望"两栏中其他类型文化的得分，其中B代表发展型企业文化，C代表市场型企业文化，D代表官僚型企业文化。这样，就得到了四类企业文化的8个得分。将这些得分按照"现状"和"期望"分别标记在坐标系中，并用实线和虚线连接起来，就可以得到该公司的企业文化模型，即对应企业文化现状与企业文化期望两个维度的四边形。对比这个四边形图形的实线部分和虚线部分，可以明确地看出企业文化的优化方向。

通过运用OCAI量表指标体系对JK公司的企业文化进行测评和分析，可以更全面地了解该公司的企业文化现状和期望，从而为企业的发展提供有力的指导和支持。同时，该方法也有助于企业了解员工的期望和需求，为改进和完善企业文化提供参考依据。

3. 企业文化整体测评结果

表5.2中的数据展示了JK公司的企业文化现状与未来期望的差异。当前，公司在四种主要的企业文化类型（包括家族型企业文化、发展型企业文化、市场型企业文化以及官

僚型企业文化）中都有相应的得分。但是，从员工的期望来看，与现状相比，员工们对于发展型企业文化的期望最为显著，得分提高了 0.73 分；市场型企业文化的期望也有所提高，增加了 0.52 分。相反，家族型企业文化的得分略微下降，减少了 0.16 分；官僚型企业文化的得分也有所下降，减少了 0.20 分。

表 5.2　JK 公司的企业文化现状与未来期望的差异

企业文化类型	现状得分	未来期望得分	变化分值	排　序
市场型企业文化	3.78	4.30	+0.52	1
家族型企业文化	4.41	4.25	−0.16	2
发展型企业文化	3.50	4.23	+0.73	3
官僚型企业文化	4.24	4.04	−0.20	4

根据最终期望值得分的排名，从高到低依次为：市场型企业文化、家族型企业文化、发展型企业文化和官僚型企业文化。这表明员工们更倾向于未来市场型企业文化成为公司的主导企业文化，同时希望发展型企业文化得到增强，而官僚型企业文化和家族型企业文化有所减弱。

将二者的轮廓示意图绘制到一个坐标系中，对比企业文化现状和期望的图形，可以更直观地观察到二者之间的变化差异，如图 5.4 所示。可以看出，JK 公司企业文化现状偏向于家族型企业文化和官僚型企业文化，未来需要加强发展型企业文化和市场型企业文化的培育。

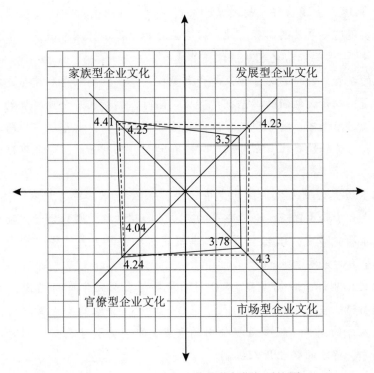

图 5.4　JK 公司企业文化现状与期望对比图

4. JK 公司企业文化建设优化建议

（1）延续家族型文化，深化以人为本的理念。在现有的四种类型企业文化中，JK 公司的家族型企业文化表现得最为突出。这种文化的核心理念在于强调团队的价值高于个人的价值，它深深烙印在公司的企业价值观中。在 JK 公司里，不论个人能力多么出众，都不会鼓励个人英雄主义，员工们都深知团队合作的重要性，并相信"一个篱笆三个桩，一个好汉三个帮"的道理。团队合作不仅是许多企业所强调的理念，更是企业发展的关键基石。

同样重要的是，团队的价值不仅体现在任务完成和项目实施上，更体现在日常工作的方方面面。在 JK 公司，员工们注重互相之间的沟通和协作，不断努力提升团队的凝聚力。正是在这种家族型企业文化的熏陶下，员工们形成了共同的目标和价值观，为公司的稳定发展奠定了坚实的基础。

然而，尽管家族型企业文化在 JK 公司占据着主导地位，但公司也需要在发展中不断调整和优化自身的企业文化。2017 年，JK 公司实施了企业文化的再造，将原有的"家文化"转变为"狼文化"，这是为了更好地适应市场变化和企业发展需要。然而，"家文化"在公司发展历程中占据着重要地位，对企业的发展产生了深刻的影响。因此，在企业文化重塑的过程中，JK 公司也需要权衡各种因素，尊重和传承历史传统，以此为基础塑造更加优秀的企业文化。

（2）培养敢于创新的精神，增强发展型文化。在现有的四种类型企业文化中，JK 公司的发展型企业文化相对较为薄弱，但员工们对该类型文化有着强烈的增强意识和愿望。为了实现"百年 JK，中国榜样"的愿景，公司秉承"创新高效"的发展理念，并将"持续创新"作为实现这一愿景的路径。此外，企业精神中强调"洞察敏锐、抓紧机遇，敢拼敢闯、全力搏斗"，这些都需要不断强化并落地。

随着时代的发展，创新的力量越来越受到重视。想要提高效率和质量，就必须克服创造力不足的问题，以开放创新的心态拥抱变化。同时，创新也是企业发展的重要动力。面对新形势，如果思想保守、安于现状、不敢冒险、不敢创新，就难以实现跨越式发展。因此，为了顺应新形势和新要求，必须敢于冒险和创新。只有如此，才能不断超越自己，取得更大的成就。

（3）强化市场型企业文化，提升竞争优势。JK 公司以"拼搏竞取"作为企业精神，其中"拼搏"代表了敢于冒险、全力奋斗的态度，而"竞取"则强调了主动出击、强势突破的精神。在市场竞争中，JK 公司需要不断提高市场竞争力，而强化市场型企业文化正是提升这一竞争力的重要途径。

通过企业文化测评，我们发现 JK 公司的市场型企业文化有待增强。为了提高市场竞争力，必须打造一支具备竞争力的人才队伍。为此，企业需要内育外引，不断培养内部高技能实用人才的同时，还要根据公司的重点需求大力引才引智。同时建立重才、聚才、用才、育才、留才的企业用人机制。

（4）优化工作氛围，调整企业文化势在必行。在 JK 公司现有的四种类型企业文化中，官僚型企业文化占据了一定地位，这也导致了公司的组织结构和管理模式相对较为严谨和规范化。然而，员工们对于这种文化形态的强度有一定的减弱诉求。官僚型企业文化作为一种传统的企业管理方式，有其积极的一面，如能够保证组织的稳定性、降低风险和提高效率。然而，如果企业文化过于强化，这可能会对企业的创新和灵活性产生负面影响。因此，调整企业文化，优化企业工作氛围，是 JK 公司需要关注的一个方面。

为了实现这一目标，企业可以采取一系列措施。首先，可以适当地简化决策流程和减少管理层级，以提高决策效率和反应速度。其次，可以加强内部沟通和团队协作，鼓励员工之间的交流、分享和合作，以提高员工的满意度和工作效率。最后，也可以采用灵活的工作制度、弹性工作时间和远程办公等方式来提高员工的自主权和自由度，从而提高员工的工作积极性和创新能力。

（5）加速智慧社区升级，打造"互联网＋文化"。随着移动互联网的迅猛发展，社区消费者的消费习惯逐渐从线下转向线上，对服务便利性的要求也越来越高。同时，随着 5G、云计算、大数据、物联网、人工智能等技术的不断进步，高端精致社区的物质层文化和行为层文化——互联网＋文化，需要进一步深入提升。

为了满足社区消费者的需求，JK 公司积极推动线上新服务的发展，并致力于"互联网＋文化"的打造，不断优化升级智慧社区。通过开发智能物业系统、投入智能化硬件、整合社区周边资源、升级服务模式等手段，形成了集物业基础服务、生活产品服务、智能化硬件设施服务于一体的智慧社区生态圈。同时，该智慧社区打通了享受全生态的优质智慧社区服务的"最后一公里"，提供了更便捷、高效、优质的服务。

资料来源：薛媛. JK 公司企业文化评价研究 [D]. 重庆：西南大学，2020.

【案例思考题】

1. JK 公司的企业文化测评结果显示，员工期望市场型企业文化成为公司的优势企业文化。这种期望背后的原因是什么？

2. 根据 OCAI 量表指标体系的分析结果，JK 公司未来期望减弱官僚型企业文化和家族型企业文化，您认为这对公司未来的发展和员工管理有何影响？

【课后思考题】

1. 为什么要进行企业文化测量？
2. 请简述企业文化测量量表的主要名称、发明者和主要特点。
3. 什么是企业文化评估？
4. 在进行企业文化评估时，你认为哪些步骤或要素是关键的？如何确保评估的准确性和有效性？

　　5. 数智技术对企业文化测量与评估带来了哪些改变或可能性？

【在线测试题】

　　扫描二维码，在线答题。

第6章 企业文化的形成与传承

【案例导入】　　工程勘察设计企业的发展周期与企业文化

根据经济学的研究，企业从初创到消亡分为初创期、成长期、成熟期和衰退期4个阶段。一部分企业在创业期就被淘汰了，大部分企业走不过成长期就消失了。到了成熟期，未来会出现两种情况：一种是快速衰落，另一种是超前布局、创新发展跨入第二曲线，使公司的发展再次进入创业期，延续公司的持续发展。总之，能使企业不断创新，跨过一个又一个第二曲线的企业，才是真正成功的企业。

中国改革开放40多年，给工程勘察设计提供了一个巨大的机会市场，也让工程勘察设计成为一个跨建设领域的重要服务行业。

初创期：改革开放初期，"企业资质＋市场＋技术劳动力"是工程勘察设计企业的基本要素，兼顾考虑技术推动的影响。要素和要素、系统和环境等之间的连接主要依靠关系主导下的"交易"。这一阶段企业创始人能应用的要素比较少、组合简单。虽然初创期市场机会较多，但还是有20%的企业走不过初创期。

成长期：这一阶段企业发展要素逐渐增多，要素的不同组合导致企业的成长路径不同。成长期分为两个阶段，即成长初期和扩张期。从初创期进入成长初期，"市场＋专业人才＋信息＋企业资质"是工程勘察设计企业的基本要素。在成长阶段，"企业家＋信息＋专业人才＋技术＋企业文化"是工程勘察设计企业的基本要素，这一时期要素和要素、系统和环境等之间的联结主要依靠"关系＋信用"，即关系不再保证能完成交易，还要看企业所能提供的客户价值和性价比。

当企业从成长初期进入扩张期后，"企业文化＋企业家＋资源＋信息化＋专业人才＋技术＋资本＋创新等"是勘察设计企业的基本要素，这一时期要素和要素、系统和环境等之间联结的主要关系是"品牌＋信用"，即交易需要靠"赋能＋价值创造"来完成。要保证成长期的成长性，要素和要素的组合、赋能和创造价值的企业文化对企业

> 的发展就会变得越来越重要。在扩张期，赋能和创造价值的企业文化体现为品牌价值创造、协同机制打造、基本要素组合等。
>
> 　　成熟期：进入成熟期，基本要素与成长期相比没有变化，关键是企业领导能对要素做什么样的组合，不同组合有不同的发展战略和不同的企业成长过程，这与企业领导、企业文化的核心理念、使命、愿景、价值观息息相关。
>
> 　　一个能够持续增长的工程勘察设计企业，一定具有强大的组织能力和高效的组织结构。只有用赋能和创造价值的文化才能把人凝聚在一起，只有把要素组合好才能进入持续发展期，实现永续经营的追求。
>
> 　　资料来源：赵卫忠，刘铮．明晰当下，洞见未来——工程勘察设计行业使命、愿景和价值观探讨[J]．中国勘察设计，2022（7）：48-51.

　　企业文化的形成与传承是一个长期过程，涉及企业的方方面面，不仅关乎企业的发展方向和员工的价值取向，更在一定程度上决定了企业的竞争力和社会影响力。因此，探讨企业文化的形成与传承对企业发展具有重要的现实意义和社会价值。在接下来的内容中，我们将从多个角度出发，全面阐述企业文化的形成机制、企业文化发展阶段和变化过程，以及数智时代如何进行企业文化动态管理。

6.1 企业文化的形成机制

6.1.1 企业文化的开端

　　企业文化的开端可以追溯到企业的创始人或早期领导者身上，往往由创始人或领导者的思想、觉悟以及理想而塑造。在企业的初创阶段，创始人的价值观、信仰、行为、处世方式以及理想等个人特征会被带入企业中，逐渐形成一种独特的企业文化。例如，如果一个企业的创始人或早期领导者非常注重创新和变革，那么这个企业往往也会形成一种注重创新和变革的企业文化。

　　企业文化的开端也会受到创始团队其他成员的影响。创始团队的成员一般会有相似的理念和价值观，这些理念和价值观在企业创立初期会得到强化，进而逐渐演变成一种独特的企业文化。而员工在加入企业后，也会受到企业文化的影响，并逐渐融入其中。

　　此外，企业文化的源头还会受到外部环境的影响，包括企业所处的行业、市场环境、政策法规等。外部环境条件对企业的经营策略和价值观念有约束作用，并且会影响企业文化的形成。例如，在互联网行业，这类企业的企业文化往往会强调创新、快速响应和用户至上，因为这些特点是这个行业的竞争特点和市场需求。而制造业的企业文化往往会强调质量、效率和标准化。企业文化开端的影响因素如图6.1所示。

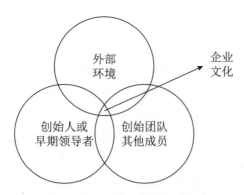

图 6.1　企业文化开端的影响因素

资料来源：陈春花，等 . 企业文化 [M]. 3 版 . 北京：机械工业出版社，2017.

6.1.2　企业文化的形成

企业文化的形成是一个复杂而长期的过程，涉及多个因素和环节。一个企业要追溯自身企业文化的形成过程，往往需要分析领导风格、员工参与和历史传统等因素。这些因素相互作用，共同影响着企业文化的形成和发展。

1. 领导垂范

企业领导者的思想观念、行为方式、管理风格等不仅是企业文化产生的源泉，而且是企业文化形成的关键因素之一。企业领导者的思想观念直接影响企业的经营理念和价值观念，企业领导者的行为方式和管理风格则是企业文化的具体体现。

在企业文化形成的过程中，企业领导者扮演着举足轻重的角色。他们不仅有着自己的价值观和信仰，而且通过自身的行为和决策，为员工树立了榜样。例如，如果一个企业的领导者非常注重诚信，那么企业文化往往也会强调诚信，员工也会在工作中恪守诚信。

企业领导者在企业文化形成的过程中具有引导和示范作用，往往会对员工产生深远的影响。员工往往会模仿企业领导者的行为和决策，从而影响企业文化的传承和发展。因此，企业领导者必须认真思考自己的价值观和信仰，以及自己的行为和管理风格对企业文化形成的影响，并积极引导员工形成正确的价值观念和工作方式，从而促进企业文化的传承和发展。

拓展阅读6.1
领导垂范对企业文化形成的影响

2. 员工参与

员工是企业文化的实践者和传播者，员工参与企业文化构建是企业文化得以稳定形成的重要因素。首先，员工对企业文化理念的认同和接受程度，将直接影响企业文化的特征呈现，他们的行为和决策会对企业文化的形成和发展产生影响。例如，员工在工作中的言谈举止、待人接物、完成任务等方面，都反映了企业的文化。如果员工在工作中表现出诚信、负责和高效的品质，那么这些品质就会成为企业文化的一部分，进一步影响企业形象和声誉。

其次，员工的思想和情感会对企业文化的形成产生重要影响。员工对企业文化的认同和信仰，以及对企业领导者的拥护和支持，都会对企业文化的形成产生积极作用。如果员工对企业文化的理念和价值观念持不同意见，就会导致企业文化的内部存在矛盾和分裂，从而影响企业的整体发展。

最后，员工与领导、同事之间的互动交流是企业文化形成和发展的重要环节。员工之间的交流和互动可以促进信息共享、经验传授和相互学习，有助于形成企业的共同价值观和行为规范。同时，员工与领导之间的交流可以促进沟通和理解，有助于调整企业的发展方向，从而形成更加符合企业发展需求的企业文化。

3. 历史传统

每个企业都有其独特的历史传统和文化背景，这些历史传统和文化背景会潜移默化地影响企业文化的形成。例如，一些历史悠久的家族企业可能会更加重视传承、尊重和家庭价值观，这些元素会渗透到企业的日常运营中，如员工关系、客户关怀以及社会责任等方面。

企业的历史传统和文化背景也会影响企业对于不同管理风格的看法和接受程度。例如，一些企业可能更倾向于传统的层级管理，而另一些企业可能更倾向于扁平化的管理方式。这些不同的管理风格也会影响企业文化的形成和发展。

拓展阅读6.2 历史传统对企业文化形成的影响

除了历史传统和文化背景之外，企业的历史事件和经历也会对企业文化的形成产生影响。例如，一些企业在经历了经济危机或者行业变革之后，可能会变得更加注重风险管理或者创新，这些价值观念也会融入企业文化中，影响企业文化的形成和发展。

6.1.3　企业文化的传承

1. 企业文化传承的内涵

企业文化传承是指将企业文化内涵和价值观念传递给下一代员工，并在企业中形成一种文化传承的模式。企业文化的传承是一个逐渐演变的过程，通常开始于企业的创始人或早期领导者的价值观和信仰，这些价值观和信仰在企业的日常运营中得到强化，并通过员工的行为和决策体现出来。

随着企业的发展，企业文化逐渐成熟，从而会形成一套独特的管理模式和处理问题的方式。这种管理模式和处理问题的方式可能包括一些惯例和流程，以及员工之间的默契和遵循的原则。这些元素构成了一个企业的文化传承体系，有助于指导员工的工作行为，以及塑造企业的整体氛围和形象。

2. 企业文化传承的渠道

（1）制度与规范。企业文化的传承并不仅是一种口头的传承或者个人的示范，而是一种有意识的、系统性的、规范化的过程。为了确保企业文化传承的有效性和持久性，企业需要制定一些特殊的规章制度和条例规定，以规范和引导员工的行为和态度。作为企业文化传承的根本力量，企业的规章制度和条例代表着企业的核心价值观和行为规范，也是企业文化传承的基础和保障。

为了使企业文化传承更加有效，企业需要通过文字来规范企业文化，形成共同的价值取向，并以固化的理念来指引企业文化的传承。例如，企业可以制订企业文化手册、行为准则、价值观声明等文件，以便员工认识和理解企业的文化传承。

此外，企业还需要通过各种方式来强化这些规章制度和条例规定的执行力度，如实施奖惩机制、加强监管等。只有这样，才能确保企业文化不断传承和发展。

（2）培训与宣传。为了让员工更好地理解和传承企业文化，企业需要通过培训、宣传等多种方式来强化员工的企业文化意识。企业可以邀请专业的培训师或公司内部优秀员工进行企业文化培训。通过讲解企业的核心价值观、使命与愿景、企业精神等内容，使员工能够快速了解并接受公司的企业文化。除了学习理论知识，企业还可以为员工安排拓展训练、团队建设活动、公益活动等，通过实践活动让员工更好地理解和体验企业文化的内涵。

（3）长期坚持与调整。企业文化的传承并非一蹴而就，而是一个长期坚持与调整的过程。在企业的日常工作中，企业文化应贯穿始终，且在不同的时期和环境下，根据企业的具体情况进行调整和完善。随着企业的发展和市场环境的变化，企业战略和目标也会随之改变，因此企业文化也需要随之调整。企业可以根据具体情况，调整企业文化的核心理念、价值观念和行为准则，以适应企业发展的需要和市场环境的变化。

6.2 企业文化的发展阶段

6.2.1 企业文化生命周期曲线

众所周知，对一家企业而言，其企业生命周期大体要经历初创期、成长期、成熟期和衰退期四个阶段。企业文化也有自己的生命周期，大致可以分为形成期、导入期、成长期、成熟期和衰退期五个阶段（如图6.2所示）。

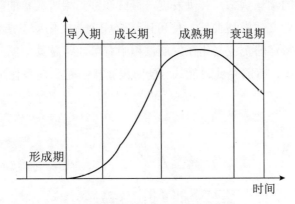

图6.2　企业文化生命周期曲线

资料来源：胡旭丰.企业文化的生命周期[EB/OL].（2023-12-10）. http://www.cm7158.com/news/achievement/industry_news/kjhgtr2143.html.

1. 形成期

在形成期，企业文化开始初步成形，这是对企业创始人的理念、价值观和行为方式的初创和尝试阶段。这一阶段，企业的创始人和关键领导者开始构建并传播他们对于企业的设想和理念，这些理念通常反映了他们的价值观和经营哲学。

2. 导入期

导入期是企业文化进入实质性发展的阶段，企业家将初步形成的理念和价值观通过一定的方式导入企业的日常经营活动中。这时，企业文化的表现形式开始逐渐明晰，包括企业的规章制度、员工的行为准则、工作氛围等都开始体现这些理念和价值观。

3. 成长期

成长期是指企业文化进一步发展和扩散的阶段。在这个阶段，企业文化的核心理念和价值观开始渗透到企业的各个部门和全体员工中，并通过各种方式进行传播和扩散。同时，企业文化的表现形式也开始更加丰富多元，逐渐形成具有企业特色的仪式、活动和故事等。

4. 成熟期

成熟期是企业文化相对稳定和持续的阶段。在这个阶段，企业文化已经形成了较为完整的体系，员工的行为和企业整体表现也与企业的核心理念和价值观高度一致。同时，企业文化也在不断地更新和发展，以适应新的环境和挑战。

5. 衰退期

在衰退期，企业文化可能开始出现与创始人的原始理念相背离的现象，或者无法适应新的市场环境和企业发展需求。在这个阶段，企业文化可能需要进行重新审视和调整，以重新激发其活力和竞争力。

6.2.2 企业文化动态演化阶段

与企业文化的发展周期相匹配，其自然状态下的动态演化过程也大致分为五个阶段：萌芽阶段、觉醒阶段、积累阶段、体系化阶段、成熟阶段。在企业有意识管理的行为之下，企业文化由最初的蒙昧状态，经过发展，最终演进到相对成熟的理想状态。这种企业文化演化，再辅以企业文化发展曲线，便可以综合成企业文化动态演化曲线，如图 6.3 所示。需要说明的是，特定的企业文化在发展过程中有可能跨越其中的几个阶段，并不一定都是循序渐进的。比如，有的企业可能从觉醒阶段直接跨越到体系化阶段。

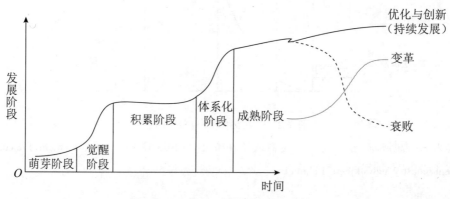

图 6.3 企业文化动态演化曲线

资料来源：陈春花，等. 企业文化 [M]. 3 版. 北京：机械工业出版社，2017.

同时应当指出，企业文化的演化到达了相对成熟的阶段，这并不意味着它的动态演化就会就此停止。相反，成熟后的企业文化仍然需要根据企业内部和外部环境的变化而不断演化。这个过程包括三种可能的变化：优化与创新、变革以及衰败。通过人们有意识的实践活动，可以使企业文化在优化和创新中得到持续的发展。

1. 优化与创新

企业可以定期评估和更新其现有的企业文化，以使其更加符合企业的战略目标和市场需求。这可能涉及对某些旧的、不再适应新环境的文化元素进行改变，同时加入新的、更具活力的元素。例如，企业可以更新其价值观、使命和愿景来反映市场的变化和新的业务需求。此外，企业还可以通过引入新的管理理念、工作方式和组织结构来促进文化的创新。

2. 变革

当企业面临重大的内部或外部变化时，可能需要对企业文化进行较大的变革。这种变革可能是由企业内部的管理者推动，也可能是由于外部的市场压力或技术变革所驱动。例如，当企业进行重大战略调整或合并时，可能需要调整或改变原有的企业文化，以适应新的业务需求和环境。在这种情况下，企业需要积极引导员工理解和接受新的文化元素，并逐渐将其融入日常工作中。

3. 衰败

如果企业没有有效地管理和更新其企业文化，那么企业文化可能会变得过时和僵化，这可能导致企业的竞争力下降。为了避免这种情况，企业需要密切关注市场和内部环境的变化，及时调整和更新其企业文化。例如，当员工对现有的企业文化产生不满或抵触情绪时，企业需要认真反思并找出问题所在，然后采取有效的措施进行改进。此外，企业还可以通过引入新的领导者和人才来促进文化的更新和变革。在这个过程中，人们需要认识到企业文化是一种动态的、需要持续管理和优化的资源。通过有意识的实践和管理，企业可以确保其文化始终保持活力和适应性，以支持企业的长期发展。

6.3 数智时代企业文化的动态管理

6.3.1 数智时代企业文化动态管理的策略

1. 监测数据，及时发现异常情况

在数智时代，大数据技术的运用已经成为企业运营和决策的重要支撑。通过大数据技术，企业可以实时监测和分析日常运营过程中产生的海量数据，从而发现异常情况或潜在问题，及时采取干预措施，确保企业运营的稳定性和效率。

首先，大数据技术的运用可以帮助企业实时监测运营数据。通过设置数据监控系统，企业可以及时获取关键指标和趋势分析，以便了解生产、销售、市场等各个方面的运营情况。一旦发现数据异常或波动，便可以迅速采取应对措施，避免问题的扩大和影响企业的正常运营。

其次,大数据技术的运用可以帮助企业优化资源配置和提高效益。通过分析数据,企业可以更加明确地了解各部门的运营情况和资源需求,从而优化资源配置和协同工作。这有助于提高企业的整体运营效率和效益,实现企业的可持续发展目标。

最后,大数据分析可以帮助企业预测市场趋势和挖掘潜在机会。通过运用大数据技术,企业可以对海量数据进行深入挖掘和分析,揭示出隐藏在数据中的规律和趋势。这有助于企业发现潜在的市场机会、客户需求等,从而提前作出调整和优化,提高运营效率和市场竞争力。

2. 定期评估企业文化的现状,根据需要调整管理策略

在数智时代,企业文化动态管理的重要性日益凸显。为了确保企业文化的有效性和适应性,企业应定期对其文化进行评估,了解企业文化的优势和不足之处。通过客观地评价企业文化,企业可以更好地认识自身优势和短板,进而制定有针对性的管理策略。

企业文化评估应从多个方面进行。企业首先应评估企业文化的优势,了解企业的核心价值观、团队协作精神、创新能力等方面的情况。同时,企业还需要关注市场环境的变化,评估企业文化的适应性和竞争力。在评估之后,企业应根据评估结果制定和调整企业文化的管理策略。根据企业的发展战略和市场环境的变化,实现灵活性和前瞻性的管理。

3. 建立快速反应机制,及时应对突发事件

在数智时代,企业的运营环境面临着日益复杂多变的挑战,从市场需求的变化、技术的革新,到供应链的波动等,各种突发事件随时可能发生。为了确保企业运营的稳定性和企业文化的持续性,企业应建立快速的反应机制。针对可能发生的各种突发事件,企业应制订详细的应急预案,包括应对措施、责任人、资源调配等。同时,企业还需要建立危机管理团队以及快速反应的决策机制,迅速调动相关资源,负责处理突发事件,并及时向相关部门和利益相关者报告进展情况。

4. 多渠道收集意见和建议,促进员工参与

员工是企业文化的主体,他们对企业文化的认知和感受最为直接和深刻。企业应利用多种数据采集渠道,积极听取员工的意见和建议,激励员工参与企业文化的建设和优化。例如,企业可以建立开放的企业文化交流平台。通过线上线下的交流渠道,鼓励员工分享自己的企业文化体验和感受,让更多的员工了解和参与到企业文化的建设中来。此外,企业还可以定期举办企业文化活动,让员工在轻松的氛围中了解和体验企业文化。

6.3.2 数智时代企业文化动态管理的挑战

1. 数据收集的难度

企业文化的动态管理也需要适应数智时代的要求。在数据的支持下,企业文化的管理可以更加精准地了解员工的需求和行为,从而更好地管理和引导员工。因此,数智时代,数据的收集和分析成为企业决策的重要依据。然而,海量的数据给企业的数据收集和分析带来了很大的难度和挑战。

首先，海量的数据给企业的数据收集带来了很大的难度。在企业的日常运营中，会产生大量的数据信息，包括员工的行为数据、工作表现数据、社交网络数据等。这些数据的收集需要耗费大量的人力和物力资源，而且需要采用不同的技术和工具进行整理和分析。

其次，数据的真实性和可靠性是企业文化动态管理需要关注的问题。在数据的收集过程中，可能会存在数据失真、数据造假等问题，这会对企业文化的管理造成很大的影响。因此，企业需要采取有效的措施来保证数据的真实性和可靠性，如建立数据质量管理体系、加强数据治理等。

2. 分析能力的制约

企业文化的动态评估和管理需要基于数据和分析的结果来进行。尽管许多企业已经积累了大量与经营管理相关的数据，却缺乏相应的数据分析能力，这也成为制约企业文化动态发展的瓶颈。由于缺乏高素质的数据分析人才和有效的数据分析方法，企业无法充分发挥数据的潜在价值，这会对企业文化的动态管理造成障碍。如果企业无法从数据中获取有用的信息，就无法准确地了解员工的需求和行为，也无法对企业文化进行精准的评估和优化。

3. 数据质量的控制

在大数据时代，数据的来源和类型都变得十分复杂和多样，这会导致数据的质量难以保证。低质量的数据不仅会影响数据分析的准确性，而且会增加数据处理的成本。因此，如何提高数据的质量，降低数据处理的成本，是企业文化动态管理在数据分析方面面临的重要挑战。

随着数据的快速增长，对数据的处理速度和精度也提出了更高的要求。快速、准确地对数据进行处理和分析，不仅可以提高企业的决策效率，而且能够降低数据处理成本。因此，如何提高数据处理速度和精度，是企业文化动态管理在数据分析方面需要解决的另一挑战。

【本章小结】

本章主要探讨了企业文化的形成机制、发展阶段以及数智时代企业文化的动态管理。

首先，企业文化的形成是一个复杂而多元的过程。企业文化的开端通常可以追溯到企业的创立之初。企业在创立之初的价值观、信念和习惯，尤其是创始人的言行和观念，往往可以反映出企业文化的雏形。随着企业的发展壮大，这些初始的价值观和信念逐渐得到强化和巩固，进而形成企业的核心价值体系。同时，企业文化在形成过程中，也会受到领导垂范、员工参与、历史积淀等因素影响，共同推动企业文化的形成。

其次，企业文化的发展包括生命周期曲线和动态演化。生命周期曲线表明了企业文化随着企业的发展而呈现出的一种曲线变化。企业在不同的发展阶段，其企业文化也会呈现出不同的特征和重点。动态演化阶段则表明了企业文化在不断发展和演化过程中，呈现出的一种动态、不断调整和完善的状态。这种动态演化可以通过人为干预来实现。

最后，数智时代企业文化的动态管理面临着新的挑战。随着数字化和智能化技术的发展，企业文化也需要适应这种新的变化，实现动态的企业文化管理。

【案例分析】　　同仁堂：企业文化的形成与传承

1. 同仁堂的起源和发展

同仁堂品牌始创于1669年（清康熙八年），至今已有350多年的历史，是名副其实的中华老字号。1989年，同仁堂被国家授予了全国第一个"中国驰名商标"称号。1997年，同仁堂走上了资本化的道路，并在上海证券交易所成功上市，募集资金3.42亿元。此后，同仁堂又分拆出同仁堂科技和同仁堂国药先后在香港上市，开创了"同仁堂模式"。

当前，同仁堂已从一家传统的中医药店铺发展出集制药工业、健康养生、医疗养老、商业零售、国际药业于一体的大健康产业链条，2022年总营收达153.72亿元人民币。在全球化的背景下，同仁堂已经在全球28个国家和地区设立经营服务终端，实现了从"北京的同仁堂""中国的同仁堂"向"世界的同仁堂"的跨越。

2. 同仁堂企业文化的形成

（1）同仁堂的企业使命和价值观。同仁堂的企业使命是"传承中华医药文化，造福人类健康"，这体现了同仁堂对中华医药文化的传承和发扬的决心，以及对人类健康的关注和贡献。同仁堂的核心价值观包括"诚信、创新、共赢、责任"，这是同仁堂员工共同遵循的价值观，也是企业发展的基石。

作为一家有着数百年历史的中医药企业，同仁堂一直秉持着"同心同德，仁术仁风"的管理信念，注重传承和创新，强调诚信、责任和共赢，这些理念构成了同仁堂独特的企业文化。正是这种企业文化，使得同仁堂在医药行业享有良好的声誉和信誉，成为国内最具影响力的医药品牌之一。

（2）创始人对企业文化形成的影响。同仁堂的创始人乐显扬是一位颇具传奇色彩的人物。他出生于1630年，祖籍浙江宁波府慈溪县（今浙江省慈城市），为北京同仁堂创始人，曾任清皇宫太医院的吏目。据记载，乐显扬从小就对医药产生了浓厚的兴趣，尤其是对铃医（当时一种走街串巷，行医卖药的人）特别崇拜。明朝永乐年间，他举家迁往北京，开始以铃医的身份行医。他在这一行当积累了丰富的经验，并收集了大量的宫廷秘方、古方、民间验方及祖传秘方。

康熙八年（1669年），乐显扬创建了同仁堂。同仁堂的名字来源于乐显扬"同仁二字可以命堂名，吾喜其公而雅，需志之"的思考，不仅寄托了他对于同仁堂未来发展的期望，也成为乐显扬所代表的中医药文化的一种象征。

乐显扬在创建同仁堂后，非常重视中医药技艺和文化的传承。他认识到，中医药事业的发展离不开人才的培养，因此决定采用以师带徒的方式，将自己在中医药领域的经验和心得传授给年轻的学子。乐显扬首先从自己的亲属和徒弟开始，将自己的中医药知识和技艺毫无保留地传授给他们。他要求徒弟们必须严格遵守中医药的炮制规范和配方，不得有丝毫马虎。同时，他还鼓励徒弟们发挥自己的创造性和团队合作精神，共同研究新的中医药理论和治疗方法。

乐显扬还注重与同行之间的交流和学习。他认为，中医药事业的发展需要不断地汲取新的知识和理念，而同行之间的交流和学习是实现这一目标的重要途径。因此，他经常邀请其他中医专家和药师来同仁堂交流和指导，共同探讨中医药的奥秘。

此外，乐显扬还非常注重实践和临床经验的积累。他认为，中医药的理论和方法只有在实践中才能得到真正的检验和完善。因此，他经常亲自前往药店和诊所，与患者和医生交流，了解中医药的实际应用情况，总结临床经验，不断完善和改进中医药理论和治疗方法。

在乐显扬的带领下，同仁堂逐渐形成了一套重视辨证施治、强调草药采集与炮制、坚持古法炮制与传承、推崇传统与创新药方相结合的中医药理论和方法。这些理论和方法不仅在当时备受赞誉，而且对后世的中医药发展产生了深远的影响。

（3）同仁堂的品牌形象塑造。同仁堂从品牌历史、现状和未来发展方向出发，明确品牌的定位和目标消费群体，为品牌发展制定战略规划。在品牌历史方面，同仁堂作为一家有着数百年历史的老字号中医药品牌，拥有着丰富的文化底蕴和历史传承。因此，在品牌战略规划中，同仁堂注重传承和发扬这一独特的历史文化传统。例如，通过在品牌形象中使用红黄相间的企业Logo，传递出品牌的尊贵和传统气息。同时，同仁堂在产品包装设计上，也注重凸显老字号企业历史上曾有的辉煌地位，让消费者感受到品牌的实力和信誉。

通过对当前市场的研究和分析，同仁堂了解到年轻消费者对于中医药的需求越来越大，对于健康养生的关注也越来越高。因此，在品牌战略规划中，同仁堂注重针对当前市场的需求和趋势，提供符合消费者需求的产品和服务。例如，通过在产品包装设计上使用风格清新的图案和色彩，吸引年轻消费者的注意。同仁堂针对年轻消费者市场推出了一款针对青春痘调理的产品，名为"痘痘清"。在产品包装设计上，同仁堂使用了简洁时尚的白色为主色调，搭配了清新的绿色和蓝色元素，使整个包装看起来非常清新自然。同时，在包装上使用了可爱的卡通形象，以更加轻松的方式向年轻消费者传达产品的特点和使用方法。这种包装设计风格不仅符合年轻消费者的审美喜好，更重要的是让他们对产品产生了浓厚的兴趣和好奇心。

此外，通过在品牌形象中使用古朴大气的国医国药馆，展示了中医药的独特魅力，让消费者感受到了品牌的实力和专业性。同时，通过在电视广告中使用定位准确的诉求点和服务方式，满足了消费者的健康养生需求。例如，通过生动活泼的MG动画展示企业产品，让消费者更加直观地了解产品的特点和优势。同时，同仁堂还通过在广告中使用简明扼要、易于理解的诉求点和服务方式，让消费者感受到品牌的贴心和关怀。

3. 同仁堂企业文化的传承

（1）同仁堂的师承文化。同仁堂的师承文化开始于创立之初。当时，同仁堂的创始人乐显扬便注重以师带徒，传承中医药技艺和文化。这种师承文化在同仁堂内部传了下来，成了其独特的文化传统。当新员工加入同仁堂后，他们会被分配给一位经验丰富的师傅，由师傅带领他们学习中医药理论和技艺。师傅会向新员工传授自己的经验和心得，以及中医药的独特技艺，如抓药、煎药等。在师傅的指导下，新员工可以快速掌握中医药知识和技能，更好地为患者服务。

同仁堂的师承文化不仅仅是一种技艺的传承，更是一种文化的传承。在同仁堂内部，师傅和徒弟之间不仅是师徒关系，更是亲情关系。师傅会关心徒弟的生活和工作，给予他们无微不至的关怀和支持。这种亲情关系的存在，使得同仁堂的师承文化更加深厚，也更加具有独特性。

同仁堂的师承文化不仅在内部传承，还扩展到了社会层面。同仁堂积极开展社会公益活动，向社会公众普及中医药文化和知识，提高公众对中医药的认知度和信任度。此外，同仁堂还与多所中医药院校建立了合作关系，共同培养中医药人才，将中医药文化传承给更多的人。

（2）同仁堂的员工发展。同仁堂非常重视员工的成长和发展，并为此提供了良好的工作环境和职业发展机会。同仁堂定期组织技能竞赛，激发员工学习技能的热情，通过竞赛，员工可以展示并提高自己的技能水平。此外，同仁堂鼓励员工参与中医药行业协会，以加强与同行的交流与合作，了解行业发展动态，学习其他企业的先进经验和技术。同仁堂还注重培养国际化的中医药人才，公司与多所国际知名大学合作，开展中医药学术交流和培训项目。同时，同仁堂还通过安排实践岗位和实践任务等方式，让员工在实际工作中积累经验，提高中医药技能和实践能力。

同仁堂还重视员工的社会保障和健康，建立了完善的社会保障和健康福利制度。员工可以享受到健全的社会保险、住房公积金、商业保险等福利待遇，还可以通过企业年金计划获得更多的养老保障。

（3）同仁堂的科技创新。同仁堂科技创新的核心理念是传承和发展。传承是创新的基础，只有传承好中医药文化，才能在此基础上进行创新发展。因此，同仁堂注重对传统中医药理论和技艺的研究和挖掘，以此为依据，结合现代科技手段，不断开发出独具特色的中医药产品。

首先，注重科技研发投入。同仁堂不断引进先进的科研设备和人才，以提升企业的研发能力。同仁堂通过不断研究新的中草药配方和生产工艺，以提高产品的疗效和品质。同时，同仁堂还与多所知名高校和科研机构建立了紧密的合作关系，共同开发新医药产品和技术。同仁堂在中药配方和生产工艺方面也积极探索和挖掘，引入了现代科技手段，对中药材进行科学筛选、炮制、提取等工艺处理，提高了中药材的利用率和药效。同时，同仁堂也注重对中药配方的优化和改良，以适应现代人的疾病谱和治疗需求。

其次，注重绿色环保。同仁堂认为，医药产品的品质和安全直接关系人们的健康和生命安全，因此一直致力于开发绿色、环保、无公害的医药产品。在生产过程中，同仁堂严格控制原料采集、生产工艺、材料包装等各个环节，确保产品符合环保和安全标准。例如，同仁堂研发的"同仁堂牌阿胶"，通过对传统阿胶的制作技艺和配方进行深入研究和挖掘，引入现代科技手段进行提纯、萃取、添加等工艺处理，提高了阿胶的纯度和营养价值，同时也优化了其口感和包装设计。这一创新产品受到了市场广泛认可和消费者好评，成为同仁堂众多明星产品之一。

最后，积极拓展海外市场。同仁堂以成为具有强大国际竞争力的医药产品集团为目标，通过参加国际医药展会、与国际合作伙伴进行技术交流等方式，旨在将中医药文化传播到世界各地，赢得众多国际消费者的认可和信任。例如，同仁堂每年都会定期参加全球各大医药展会，如德国的CPhI展会和美国的天然药展会等，向全球展示中医药产品和企业文化。通过这些展会，同仁堂不仅拓宽了国际市场，而且与众多国际医药企业建立了合作关系，为中医药行业的国际化发展作出了重要贡献。

4. 结语

同仁堂作为一家拥有数百年历史的企业，其企业文化的形成和传承是其持续发展的重要因素。同仁堂以师承文化为基础，形成了独特的品牌形象和文化传承方式，进一步传承和发扬了其企业文化。未来，同仁堂将继续履行企业社会责任，加强文化创新和发展。

资料来源：张吉洁. 同仁堂企业顺利发展数百年的影响因素研究——基于扎根理论[J]. 老字号品牌营销，2023（19）：3-6.

【案例思考题】

1. 同仁堂如何通过师承文化来传承中医药技艺和文化？
2. 同仁堂如何通过多元化的产品和服务来满足消费者的需求？
3. 结合案例，谈一谈创始人对企业文化形成的影响。

【课后思考题】

1. 简述企业文化形成的主要影响因素及其作用机制。
2. 简述企业文化传承的主要渠道。
3. 企业文化的生命周期分为哪几个阶段？
4. 企业文化的动态演化发展包含哪几个过程？
5. 在数智时代，企业文化动态管理会面临哪些挑战？应如何制定有效的策略来应对这些挑战？

【在线测试题】

扫描二维码，在线答题。

第7章 企业文化的变革

【案例导入】　　　　千金药业企业文化变革显成效

> 株洲千金药业股份有限公司是一家老牌医药国企,近年来,公司管理上存在的问题凸显,"规模情节""活力、动力不足"等弊病影响着企业的可持续发展。2010年,48岁的江端预从银行系统调入千金药业集团开始执掌"千金"。来到千金不久,江端预便毅然带领团队吹响了集团"二次创业"的号角。2015年启动的"千金药业企业文化变革"是集团二次创业进程中的重要举措,不仅化解了老牌医药国企的沉疴,更构建了坚实的新企业文化,为企业的可持续发展提供了持久的竞争力。
>
> 历经7年(2015—2022年)的探索,千金药业集团逐渐形成了一套独特的经营管理模式,也称之为"千金经营模式",指引着千金企业文化变革的推进。"千金经营模式"的核心思想是树立数字化经营理念,建立和细化相关制度,确保销区相对独立的经营主体地位,强化代表的经营个体地位,并通过设立内部市场的方式,鼓励各经营主体进行内部市场交易,建立以利润为核心的考核激励机制,从而激发组织和员工的活力。
>
> 2015年变革以来,千金药业集团在企业经营管理实践、企业文化变革与建设等方面受到了社会各界的肯定,先后获得了"国家技术创新示范企业""全国企业文化最佳实践企业""全国企业文化优秀成果一等奖""全国企业管理现代化创新成果奖"等诸多奖项和荣誉。作为变革领导者的董事长江端预也荣获"2019—2020年度全国优秀企业家"称号。
>
> 资料来源:陈浩博.基于价值观管理的企业文化变革案例研究[D].北京:北京交通大学,2022.

随着企业的发展和外部环境的变化,企业文化也需要不断地进行变革和调整。企业文化变革是为了适应新的市场环境、提高企业的竞争力和实现可持续发展而采取的重要措施。在当今数字化和智能化的时代背景下,企业文化变革也需要进行过程更新。本章将探讨企业文化变革的原因、企业文化变革的原则、企业文化变革的内容以及企业文化变革的程序,同时还将介绍数智驱动的企业文化变革的内涵和实践。通过这些内容的学习，读者可以深入了解企业文化变革的重要性和必要性，并为企业文化的创新和发展提供有益参考。

7.1 企业文化变革的定义与原因

7.1.1 企业文化变革的定义

企业文化变革是指企业为了适应外部环境的变化，对自身的文化进行改造和升级，以达到提高企业竞争力、实现可持续发展和提高员工满意度等目的的变革过程。它通常包括企业文化的整体结构、企业文化的特质、企业管理风格、员工的价值观和工作方式等方面的改变。企业文化变革既可以由企业内部主动发起，也可以由外部环境变化而推动。

7.1.2 企业文化变革的动因

1. 企业文化变革的外部动因

理解企业文化变革的原因是理解其内涵的驱动力。外部环境的变化，如政策法规的变化、经济环境的变化、行业竞争的加剧、技术的革新等，都会驱使企业进行相应的文化变革来应对和适应。

（1）政策法规的变化。随着社会发展和环境变化，政策法规也在不断调整和完善。企业必须密切关注政策法规的变化，以便及时调整自身的运营策略和业务范围，确保符合政策法规的要求。一方面，政策法规的变化可能会对企业的运营模式及业务范围等产生重大影响。例如，近年来环保法规不断加强，对企业的环保要求也越来越高。企业必须调整生产方式，采用更加环保的技术和设备，减少对环境的负面影响。否则，企业将面临环保违规和处罚，这会给企业的声誉带来不良影响。另一方面，政策法规的变化还会对企业的管理方式产生影响。例如，劳动法规的变化可能会影响企业用工制度的改革，企业需要调整员工招聘、培训、考核等方面的工作流程和制度，以确保符合新的劳动法规要求。

（2）经济环境的变化。经济上升期通常意味着市场需求的增加，企业可以借此机会扩大市场占有率；而当经济进入下行期时，消费者的购买能力可能会受到影响，这时企业可能面临销售额下降、利润减少甚至亏损的风险。当前，全球经济形势呈现出复杂多变的态势。经济复苏进程缓慢、贸易保护主义抬头、地缘政治风险加剧，这些因素都给全球经济带来了不确定性和挑战。虽然我国经济增长总体平稳，但也存在诸如传统产业的产能过剩、经济增长的结构性矛盾凸显等问题。因此，企业要根据这些外部经济环境的变化对企业文化进行相应变革，以更好地应对外部风险。

（3）行业竞争的加剧。行业竞争的加剧会促使企业改变其文化以适应更激烈的市场竞争。为了在竞争中获得优势，企业需要关注客户需求、提高产品质量和服务水平，同时还要建立良好的品牌形象。竞争环境的压力可以推动企业文化的转变，使其更注重市场和客户导向。例如，电商企业在市场竞争中面临着激烈的竞争，企业需要进行文化变革，更加注重市场和客户导向；加强市场研究，了解客户需求和市场趋势；提高产品质量和服务水平，提升用户体验；建立良好的品牌形象，增强消费者对品牌的信任度和忠诚度等。

（4）技术的革新。技术的快速发展促使企业的运营模式等各方面也需要不断革新。例如，互联网技术的进步推动了企业的数智化转型，要求企业具备更灵活的创新能力和更快的市场反应速度。为了适应技术的变化，企业文化需要包容、开放、创新。企业需要鼓励员工不断学习和掌握新技术，培养创新意识和能力，促进企业内部的知识共享和创意交流。同时，企业还需要鼓励员工技能提升，为员工提供持续的培训和职业发展机会，帮助员工不断提升自身的技能水平，以适应技术的变化和市场的需求。此外，企业还需要建立与技术发展相适应的管理模式，引入现代化的管理理念和方法，优化组织结构和管理流程，提高企业的管理效率和决策水平。

2. 企业文化变革的内在动因

（1）企业发展需要。随着企业的发展，企业需要不断调整和优化自身的文化来适应不断变化的发展方向。企业文化作为企业核心竞争力的重要组成部分，对于企业的发展具有重要的战略意义。企业需要积极调整自身的文化理念、管理制度和行为方式，以适应发展趋势。例如，一家制造企业在进行产品升级和多元化发展，从单一的制造企业向综合解决方案提供商转型时，就需要调整其企业文化以适应新的发展方向。需要更重视研发、创新和客户服务等新的能力和价值观，这将直接影响企业文化的理念和行为。

（2）企业战略调整。企业战略的调整需要相应的企业文化变革来支持，以使企业的战略更加有效和可行。企业的战略目标、市场定位和竞争策略等都需要与企业文化相互支持。企业文化的变革可以推动企业战略的实施和实现，提高企业的竞争力和绩效水平。例如，快时尚品牌公司 Zara、H&M 等纷纷因为市场竞争的加剧而调整其战略，从单纯的产品设计向全方位的时尚生活方式转变，包括线上线下融合、多元品牌合作等。这种战略调整需要企业文化在价值观、团队协作和运营模式等方面发生相应的变革，以支持新的战略目标。

（3）员工需求变化。随着员工队伍的年轻化和知识水平的提高，员工的需求也在不断变化，需要更加注重员工的价值和激励，以增强员工的归属感和凝聚力。员工对于企业的价值观、管理制度和工作环境等方面的需求也在不断变化。企业文化变革需要充分考虑员工的需求和期望，建立符合员工需求的企业文化，以提高员工的满意度和归属感。例如，如果一家公司的员工队伍逐渐年轻化，知识水平也在提高，他们对于工作环境、职业发展和社会责任等方面的需求就会发生变化。为了吸引和留住这些员工，企业需要关注这些需求，调整企业文化以适应这些变化，包括更加重视员工的个人发展和学习成长，更加关注企业的社会责任等。

（4）领导力变革。领导力的变革是企业文化变革的重要组成部分，需要通过建立新的领导风格和领导理念来推动企业文化的变革和发展。领导者的行为和管理风格对企业文化有着重要的影响，领导者需要积极推动文化变革，充分考虑员工的意见和建议，以实现企业文化的创新和发展。例如，一家公司的领导者要进行管理风格的转变，比如从专制型转向民主型，或者从业务导向转向员工导向，那么就需要推动企业文化的变革。领导者可以通过示范、倡导新的行为和解决问题的方式，来影响和塑造新的企业文化。这种领导力的变革可能会对员工的行为和态度产生深远的影响，进而推动企业文化的整体变革。

7.1.3 企业文化变革的阻力

1. 组织层面的阻力

企业文化变革在组织层面可能会遇到多种阻力，以下是一些主要的阻力来源：

（1）企业文化惯性。企业文化惯性是指组织成员习惯于现有的文化模式，不愿意轻易改变。当企业文化遭遇变革时，组织中的大多数成员可能认为这种变革不符合组织的传统和价值观，从而进行抵制。这些阻力包括维持现状的惯性、对未知的恐惧与变化的抵触，以及缺乏资源和能力来实施变革。

（2）组织上的山头主义。在某些情况下，组织中的某些部门或团队可能会形成自己的"山头"，并抵制那些可能威胁他们权力或利益的变革。这种山头主义可能导致组织内部的分裂和冲突，阻碍了变革的实施。例如，当企业进行跨部门整合或重组时，不同部门之间的文化差异和利益冲突可能会导致组织内部的分裂和抵制。这些部门可能只关注自己的利益和目标，而忽视了整个组织的战略目标和利益。

（3）业务能力和惯性。在长期运行过程中，企业形成了一套自己的业务能力和惯性，比如工作流程、业务模式、资源配置等。当面临新的变革需求时，往往需要重新设计或调整这些既定的业务模式和流程，这就可能会遭到业务人员的抵制，因为他们担心这可能会打破自身熟悉的工作方式。例如，当企业引入新的技术和业务模式时，可能需要员工掌握新的技能和知识，这就需要员工进行额外的培训和学习。同时，员工也需要适应新的工作流程和模式，这可能会打破他们长期形成的工作习惯和思维方式。这些变化可能会引起员工的抵触和不满。

（4）管理体系惯性。企业的管理体系往往是随着企业的业务能力和需求发展而逐步形成的。当企业面临新的变革需求时，往往需要对其管理体系进行调整。这种调整可能包括改变管理流程、调整人员配置、改变考核方式等，这些改变可能会受到管理人员的抵制。例如，当企业调整管理流程时，一些管理人员可能需要重新学习新的工作流程和工具，这可能需要花费更多的时间和精力。同时，如果调整涉及人员的变动，一些管理人员可能担心这会影响团队的合作和绩效。

（5）时间和耐力。企业文化变革是一项长期而艰巨的任务，需要时间和耐心以及不懈的努力。它不同于追逐短期收效和利润这种自然的企业本能，需要逐步推进并持续努力。大量的研究表明，企业要实现从旧文化向新文化的转变需要 5～10 年。在这个过程中，需要逐步改变员工的行为和思维方式，并且需要耐心地解释和沟通，让员工逐渐接受新的企业文化并逐渐适应新的工作方式。如果缺乏耐心和不懈努力，企业可能会在变革过程中遇到困难和挑战时轻易放弃或妥协，从而导致变革失败。

（6）缺乏理论指导。企业文化变革是一项复杂的任务，需要有一定的理论指导来确保变革的有效性和科学性。如果没有相关的理论作为指导，企业可能会走弯路或者走错路，导致变革失败。

2. 个体层面的阻力

（1）个人惯性思维。个人惯性思维是组织变革中最大的阻力之一，主要来自组织中个体的思想基本假定、价值导向和行为意向。个人惯性思维的形成往往与个体的认知和经验有关。人们往往习惯于自己熟悉的思维方式和行为模式，因为这可以带来安全感和舒适感。当面临变革时，个人可能会对自己的能力和适应性产生怀疑，从而不愿意或不敢尝试新的方法和方式。

当外部环境发生变化时，由于惯性的作用，个体往往会抵制改变原有的思维方式和行为模式。这种抵制可能来自组织的各个层面，包括高层管理人员、中层管理人员以及基层员工。对于高层管理人员来说，他们可能担心变革会打破他们现有的权力结构或影响自身的职业发展。对于中层管理人员来说，他们可能担心变革会打乱自身熟悉的工作流程和管理模式，影响团队稳定性和绩效。对于基层员工来说，他们可能担心变革会改变自身的工作方式和工作环境，导致工作负担加重或职业发展受阻。

（2）对既得利益的威胁。对既得利益的威胁是企业文化变革中常见的阻力之一。当企业文化变革涉及某些人的既得利益时，如改变工作流程、调整组织结构或者重新分配权力，这些变革可能会威胁某些人的地位、权力和利益。在这种情况下，个体可能会采取消极的态度，甚至抵制变革。例如，某个部门的领导可能不愿意将权力下放给其他部门，因为他们担心这会削弱自己的地位和影响力。

（3）管理者缺乏变革能力。一些管理者或变革领导者在面对外部环境的变化时，可能没有足够的资源和能力来实施企业文化变革。例如，缺乏必要的资金、技术支持或者人才资源，这可能导致他们无法推行新的战略或流程，从而错失了变革的机会。缺乏变革能力可能是由组织内部的管理问题、资源分配不合理或者信息不对称等原因所导致。为了克服这种阻力，企业需要采取有效的措施来提升管理者的变革能力和资源整合能力。

7.2 企业文化变革的程序

企业文化变革需要遵循一定的程序和步骤，以确保变革顺利进行和取得预期的效果。

1. 制订变革计划

制订变革计划是企业文化变革的第一步。在这个阶段，企业需要明确变革的目标、原则、策略和时间表等。这包括确定企业文化的核心理念、价值观和使命，以及如何在整个企业中实施这些新的理念和价值观。同时，还需要对企业的文化现状进行全面诊断和分析，包括员工的态度、行为和工作方式等方面，以便为后续的变革提供基础。制订变革计划清单包括：

第一，明确变革目标。在制订变革计划之前，首先需要明确变革的目标是什么，这可能涉及组织战略、运营模式、产品和服务等方面的变革。通过明确变革的目标，可以更好地引导和激励员工参与变革过程，并确保变革的方向和效果符合组织的期望。

第二，设定可衡量的指标。为了衡量变革的成功，需要设定一些具体的、可衡量的指标。这些指标可以是关于组织绩效的,如销售额、市场份额、客户满意度等,也可以是关于员工行为的,如员工离职率、工作满意度等。通过设定这些指标,可以更好地了解变革的效果,并及时调整变革计划。

第三,评估变革计划的可行性。在制订变革计划时,需要考虑变革的可行性。这包括评估变革所需的时间、资源、技术等方面的需求是否能够得到满足,以及变革可能对组织和个人产生的影响。通过评估变革计划的可行性,可以确保变革计划的科学性和可行性。

第四,预测可能遇到的阻碍并制订应对策略。在变革过程中,可能会遇到各种阻碍,如员工抵制、资源不足、技术难题等。因此,在制订变革计划时,需要对这些阻碍进行预测和分析,并制定相应的应对措施。这可以包括提供培训和教育、调整管理流程和工具、鼓励管理人员参与变革过程等。

针对可能遇到的阻碍,需要制定相应的应对策略,包括如何解决员工抵制问题、如何优化资源配置、如何应对技术难题等方面的策略。通过制订应对策略,可以更好地应对变革过程中可能遇到的问题,确保变革的顺利进行。

第五,制订实施计划。具体的实施计划,包括变革的具体步骤、时间安排、责任人等方面的内容。实施计划需要详细且全面,以便所有参与者了解并能够实施。同时,在实施过程中,需要及时跟进和调整计划,确保变革的顺利实施并取得预期的效果。

2. 组建变革团队

在企业文化变革过程中,组建变革团队是关键的一步。首先,领导是企业文化的塑造者,也是企业文化变革的推动者。因此,要强调领导在企业文化变革中的重要作用,鼓励领导以身作则、积极推动变革。其次,需要确定具有专业知识和经验、有号召力和影响力的团队成员,并确保团队成员背景和技能的多样性,以便更好地应对变革过程中可能出现的各种挑战。在团队组建初期,应注重培养信任和合作的文化,明确变革的目标和意义,并制订详细的变革计划,以确保每个成员都了解和认同变革计划。同时,在变革过程中,也需要保持开放和灵活的态度,及时调整计划和策略,以应对可能出现的问题。

3. 营造变革氛围

制订好变革计划后,企业需要对员工进行宣传和教育,让员工了解变革的意义、目的和计划等。这可以通过各种方式,如培训、讲座、员工手册等,以便让员工充分了解和接受新的文化理念和价值观等,掌握实施这些理念所需的技能和知识。例如,企业可以组织一次全体员工会议,由领导层介绍变革的背景、意义和具体的实施计划。此外,也可以通过内部通信、企业内部网站等方式持续进行宣传和教育。

4. 实施变革行动

在宣传和教育的基础上,企业开始实施变革计划。在这一阶段,企业需要根据计划逐步推行新的文化理念、价值观和规章制度等,并对变革过程中出现的问题进行及时反思和调整。这包括通过制订具体的实施步骤、指定负责人、明确责任分工等,确保变革计划的顺利实施。例如,对于一家大型制造企业,可能需要先从生产部门开始推行新的生产方式,并逐步扩展到其他部门。

5. 评估与反馈

评估与反馈阶段是确保变革取得预期效果的关键环节。通过对变革效果的评估和反馈，可以发现存在的问题和不足之处，并及时进行改进和完善。可以通过各种方式，如员工满意度调查、业绩考核等，以便了解员工对新文化的接受程度和变革对企业运营的影响。同时，也可以通过这种方式不断地优化和完善企业文化，确保企业文化变革的顺利进行。例如，企业可以在变革实施一段时间后，进行一次全面的评估。这不仅包括员工满意度调查，也包括管理层对变革成效的评估。根据评估的结果，进行必要的调整和改进，以进一步优化企业文化。

7.3 企业文化变革的内容

1. 物质文化变革

物质文化是企业文化的基础，它也需要随着企业理念、制度和员工行为的变革而改变。物质文化的变革可以包括企业标志、企业形象、产品包装等视觉形象的更新，以及企业环境的改善、办公条件的改善等物质条件的改变。例如，亚马逊公司的标志性"亚马逊微笑"图标和"一键购买"图标的设计简洁大方且易于识别，传达了公司友好、便捷的服务理念。此外，亚马逊也不断改善其办公环境，提供各种休闲设施和健康福利，以吸引和留住优秀的员工。

2. 行为文化变革

企业文化变革的另一个重要目标是改变员工的行为。在行为文化变革中，需要明确员工的职责和权利，制定清晰的工作流程和规则，使每个员工都能按照组织的规则和规范来约束自己的行为，从而形成统一、步调一致的战斗团队。例如，亚马逊公司以"零管理层级"为目标，希望通过高度扁平化的组织结构和自我驱动的工作模式来激发员工的创新精神和团队合作精神。这种组织行为变革使得亚马逊能够保持高效运转并快速响应市场的变化。

此外，还需要对员工的社交行为和自我管理行为等进行引导，通过培训和教育，引导员工的行为趋向组织的共同目标，让他们更加关注组织的未来发展。例如，微软公司在20世纪90年代初期，推出一系列员工行为变革计划，鼓励员工之间的合作、交流和创新，从而营造了开放、共享的企业文化，推动了公司产品的创新和市场扩张。

3. 制度文化变革

这是针对企业的制度文化进行的变革。企业的制度文化是由企业的法律形态、组织形态和管理形态构成的外显文化，它是企业文化的中坚和桥梁，能够把企业文化中的物质文化和理念文化有机结合成一个整体。在制度文化变革中，企业需要更新和完善各项制度和流程，以提升管理效率、促进创新和适应市场变化。例如，谷歌公司在20世纪末开始进行制度文化变革，引入了敏捷开发流程和内部创新机制，从而在全球范围内引领了科技创新潮流，成为全球最具创新力的公司之一。

4. 经营理念变革

这是针对企业的理念和文化进行的变革。通常，企业的经营理念是指导企业开展生产经营活动的群体意识和价值观念，对于企业的运营和发展有着至关重要的影响。在经营理念变革中，企业需要重新审视和调整其核心价值观念和战略，以确保它们与市场趋势和企业发展目标保持一致。例如，星巴克公司在20世纪80年代初期，重新定义了其经营理念，从只卖咖啡转向提供全方位的咖啡体验和独特的消费环境，从而引领了咖啡文化的流行潮流，成了全球知名的咖啡品牌。

应当注意的是，企业文化变革要遵循由易到难的原则。在制订变革计划时，企业应该先从较为容易变革的方面入手，如员工行为变革或物质文化变革。这些方面的变革相对较为简单，也更容易被员工接受和适应。随着变革的深入推进和员工的逐渐适应，企业可以逐步加大变革的难度，逐步涉及更核心的制度文化变革和经营理念变革。这些方面的变革需要更长时间的适应和磨合，同时也需要管理层更加坚定的决心和魄力。

7.4 企业文化变革的要点

企业文化变革需要遵循一定的原则，以确保变革的顺利进行和取得预期的效果。以下是企业文化变革应注意的要点：

1. 适应性与可操作性相结合

企业文化变革应该与企业的实际情况相结合，既要适应企业的发展阶段、市场定位和外部环境等因素，又要具有可操作性，以便于实施和推广。例如，对于一家初创期的企业，企业文化变革应该注重如何快速响应市场变化，提高企业的灵活性和创新性；而对于一家成熟期的企业，企业文化变革应该注重如何提高企业的规范化、流程化和精细化水平，加强企业的稳健性和竞争力。

2. 稳定性与灵活性相结合

企业文化变革应该保持稳定性和连续性，以确保企业文化的有效传承和发展。同时，也应该根据企业发展的需要，灵活地调整和优化企业文化，以适应不断变化的市场环境。例如，当企业面临市场变化时，应该及时调整企业文化中的要素，使其更加符合市场需求；当企业进行业务拓展时，应该及时完善企业文化中的制度和文化氛围，使其能够支持新业务的发展。

3. 整体规划与分步实施相结合

企业文化变革应该进行整体规划，明确变革的目标、步骤和时间表。同时，也应该根据企业的实际情况，分阶段、分步骤地实施变革计划，以确保变革的可行性和有效性。例如，在实施企业文化变革的过程中，应该先从比较容易改变的方面入手，如员工的行为规范和工作流程等，逐步推进到比较难以改变的方面，如价值观念和信仰等。

4. 领导推动与全员参与相结合

企业文化变革需要领导层的推动和引领，同时也需要员工的积极参与和支持。只有将领导层的引领作用与员工的参与相结合，才能使企业文化变革得以顺利实施。例如，领导可以通过自身的言行举止和示范作用来引领员工支持和参与文化变革；同时，员工也可以通过组织活动、提供反馈和参与决策等方式积极参与文化变革。

7.5 数智驱动的企业文化变革

在当今数字化和智能化的时代背景下，企业文化也需要进行数智化变革，以适应快速变化的市场环境并提升企业的竞争力。具体来说，数智驱动的企业文化变革应从以下几个方面着手：

1. 培育数字化思维

企业在生产经营活动中需要运用数字化思维，提高自身对数据价值的认识和利用能力，通过培养员工的数字化思维，增强他们对数据价值的认识和利用能力，用数据来指导企业决策，并运用数据驱动的决策来提高工作效率和创新能力。例如，星巴克公司通过数字化转型，将传统的咖啡店变成了一个充满科技感的体验式空间，它利用大数据和人工智能等技术来预测顾客的购买行为，并据此优化产品和服务。

拓展阅读7.1
星巴克的数字化转型

2. 推进智能化应用

企业应该推进智能化技术的应用，以提高生产效率、改善工作流程、减少人力成本，并为客户提供更优质的服务体验。智能化应用可以包括机器人、流程自动化、人工智能以及物联网等新兴技术，从而提升企业的运营效率和竞争力。比如，智能物流公司菜鸟网络利用物联网技术和人工智能等技术，提高物流效率和准确性，为客户提供更好的物流服务体验。

拓展阅读7.2
菜鸟网络的智能物流服务

3. 重塑组织架构

企业需要重塑组织架构，以适应数字化和智能化时代的要求。具体来说，企业需要建立灵活、高效的组织结构，打破传统的层级管理观念，实现组织内部的快速沟通和协作，以提高企业的创新能力。例如，阿里巴巴公司通过"大中台、小前台"的组织架构，将资源、能力和服务共享出来，使其能够被多个前台组织重复使用，从而实现更加快速和高效的业务响应。

4. 倡导创新创业文化

数智化时代企业的经营环境瞬息万变，企业应倡导创新创业文化，鼓励员工积极提出创新性的想法和建议，并将这些想法转化为实际的创新成果，以提高企业应对环境变化的能力。同时，企业也需要为内部创业团队提供必要的支持和资源，帮助他们实现创新目标。例如，苹果公司通过积极鼓励员工提出创新性的想法并支持他们将想法转化为实际的创新成果，不断提升公司的创新能力。这种创新创业文化不仅为苹果带来了巨大的商业价值，也为整个数智化时代的科技行业树立了榜样。

5. 加强网络安全文化

在数字化和智能化的时代背景下，网络安全成为重中之重。企业需要加强网络安全文化建设，培养员工的安全意识，建立健全网络安全管理制度和技术防范体系，以确保企业的信息安全和数据隐私。比如，微软公司建立了全面的网络安全文化，从安全意识培训到安全制度制定再到技术防范措施的应用，全面保障企业的网络安全。

【本章小结】

首先，本章介绍了企业文化变革的定义和动因，以及变革可能遇到的阻力。其次，详细介绍了企业文化变革的程序，包括制订变革计划、组建变革团队、营造变革氛围、实施变革行动以及评估和反馈。接着，从物质、行为、制度和理念文化等方面介绍了企业文化变革的内容。此外，总结了企业文化变革的要点，包括结合适应性与可操作性，保持稳定性与灵活性，整体规划与分步实施相结合，以及领导推动与全员参与相结合。最后，从培育数字化思维等五个方面提出了数智驱动的企业文化变革方法。

【案例分析】　　西门子：数智时代的企业文化变革

1. 企业背景

西门子公司是一家总部位于德国慕尼黑的全球领先的电子电气工程企业，创立于1847年，已有170多年的历史。

西门子的业务覆盖能源、医疗、工业、基础设施和城市等多个领域，并拥有全球范围内的客户和业务。在能源领域，西门子提供全球范围内的能源解决方案，包括发电、输电、储能和能源管理等。在医疗领域，西门子提供全球范围内的医疗解决方案，包括影像设备、实验室诊断设备、临床信息系统等。此外，西门子还在工业自动化、计算机技术等领域有众多领先产品。

除了硬件产品外，西门子还致力于为客户提供数字化工厂和智能制造等解决方案，帮助企业提高生产效率和质量。同时，西门子也是全球领先的数字化转型企业之一，不断推动数字化和创新。

西门子自1872年进入中国，以创新的技术、卓越的解决方案和产品坚持不懈地为中国的发展提供全面支持，并以出众的品质和令人信赖的可靠性、领先的技术成就、不懈的创新追求，确立了在中国市场的领先地位。在工业、基础设施和医疗等领域，西门子都积极参与并助力中国的社会和经济发展。

2. 数智化与企业文化变革

（1）唤醒文化变革观念。以数智技术推动企业文化变革为背景，西门子在唤醒文化变革观念方面采用了多种做法。

首先，公司高层领导积极倡导文化变革的观念，通过发表演讲和致员工的信件等方式，强调数智技术对企业文化变革的重要性。高层领导还身体力行，亲自参与数字化和智能化转型的各个环节，以激励员工积极拥抱变革。

其次，西门子通过内部沟通和培训，帮助员工认识和理解数智技术的潜力和价值。公司组织了各种形式的内部研讨会、培训课程和在线学习，让员工深入了解数字化和智能化技术的最新进展和实际应用案例。此外，公司还鼓励员工参加与外部数智技术相关的论坛和活动，以便更好地拓展视野和增长见识。

在具体实践中，西门子通过数智技术推动企业文化变革的案例来展示其可行性和价值。例如，公司推出了一系列基于人工智能技术的解决方案，如预测性维护和智能客户服务等，这些解决方案不仅提高了企业的生产效率和服务质量，而且改善了员工的工作体验和客户的服务体验。这些成功的案例和经验可以为其他企业提供参考和借鉴。

最后，西门子还通过建立与数智技术相关的奖励机制来进一步推动企业文化变革。公司设立了数智技术领域的最佳实践奖、创新奖以及卓越贡献奖等，以表彰那些在推动数智技术应用方面作出突出贡献的员工。这些奖励机制可以激励更多员工积极参与到数智技术的实践中来，进一步推动企业文化变革。

（2）倡导创新创业文化。为了使员工更好地参与数智技术推动的文化变革，西门子还鼓励员工积极提出创新性的想法和建议。

首先，西门子设立了创新奖项，定期评选出最佳创新项目和优秀创新个人，并给予相应的奖励和表彰。这些奖励不仅包括奖金和荣誉，还为员工提供更多的职业发展机会和资源支持。这种机制可以激励员工积极参与创新活动，并且有助于发掘和推广优秀的创新项目。

其次，西门子设立了内部创业基金，为员工提供必要的支持和资源，帮助他们实现创新目标。内部创业基金由公司出资，支持员工开展与公司业务相关的创新项目。这些项目可以是针对现有产品的改进和优化，也可以是开发全新的产品或服务。员工可以提出自己的想法和计划，并获得公司提供的资金和其他资源支持。这种内部创业基金机制有助于降低员工的创业风险，提高创新的成功率。

最后，西门子还与外部创新团队合作，共同开发前沿技术，以加快企业的创新步伐。公司积极与高校、研究机构以及初创企业合作，共同开展技术研究和开发。通过与外部团队的合作，西门子可以获得更多的技术资源和创新能力，加快技术创新的速度。同时，这种合作也有助于西门子拓展市场和业务领域，提高企业的竞争力和可持续发展能力。

除了以上措施，西门子还通过多种渠道来宣传创新创业文化。公司定期举办创新创业活动，如创新创业讲座、研讨会和创业比赛等，让员工了解创新创业的重要性和实践技巧。此外，西门子还搭建了内部创新创业平台，鼓励员工分享创新经验和资源，促进知识交流和创新合作。

（3）促进组织沟通。西门子在数智技术推动的文化变革中非常重视组织沟通的作用，并采取了多种措施来促进组织内部的沟通。

首先，西门子公司倡导开放、透明和包容的企业文化，鼓励员工积极提出自己的想法和建议，并将其纳入公司的决策和发展中。这种开放的企业文化可以增强员工的信任感和归属感，使他们更加积极地参与到公司的各项工作中来。

其次，西门子通过建立完善的沟通机制来促进组织沟通。公司设立了定期的内部会议和交流活动，鼓励员工积极参与讨论和交流。这些会议和活动可以是针对特定项目的讨论会，也可以是针对公司战略或业务发展方向的研讨会。通过这些会议和活动，员工可以自由发表自己的意见和建议，了解公司的发展情况和目标，增加对公司的认同感和归属感。

再次，西门子利用数智技术提高组织沟通的效率。公司引入了企业社交网络、即时通信工具和云平台等，让员工可以随时随地进行沟通和协作。这些工具可以提高沟通的效率和响应速度，让员工更好地协作和配合，从而更好地完成工作任务。

最后，西门子还通过培训和教育来提高员工的沟通技巧和能力。公司定期组织沟通技巧培训和团队协作研讨会，让员工学习和掌握有效的沟通技巧和团队协作方法。这些培训和教育活动可以帮助员工更好地理解和应用数智技术，提高沟通能力和合作意识。

（4）重塑组织架构。为了更好地适应数字化和智能化时代的要求，西门子对组织架构进行了重塑。首先，西门子打破了传统的部门壁垒，设立了一个跨部门的数据分析团队，该团队与各业务部门紧密合作，共同分析业务数据，为企业的决策提供数据支持。其次，公司还鼓励员工在跨部门之间进行交流和合作，以便更好地理解其他部门的需求和业务。最后，西门子引入了敏捷开发方法。敏捷开发是一种以人为核心、不断迭代、循序渐进的软件开发方法，鼓励团队成员之间的协作和沟通。西门子将敏捷开发方法应用于项目开发中，鼓励员工以跨部门团队的形式参与项目开发。这种跨部门团队的协作方式，能够促进知识的共享和技术的交流，进一步提高企业的创新能力。

（5）培育数字化思维。数字化思维已经成了现代企业运营和决策的重要基础。西门子在推动数字化转型的过程中，首先注重的是培育员工的数字化思维。为了帮助员工更好地理解和应用数据，培养他们用数据驱动决策的能力，西门子加大了对员工的数字化培训力度。例如，西门子安排了一系列数据分析和数据挖掘方面的课程，让员工学习和掌握相关技能。同时，公司还邀请了业内的专家和学者为员工进行深入浅出的讲解，分享最新的数字化技术和趋势。

除了培训之外，西门子还鼓励员工学习和掌握新技术，提升他们在智能化时代的技能和素质。例如，公司引入了在线学习平台，员工可以根据自己的需求选择不同的课程。此外，西门子还鼓励员工参加各种技术研讨会和峰会，以便更好地了解业界的最新动态和技术趋势。这些举措不仅有助于员工个人能力的提升，也有助于整个企业更好地理解和应用数字化技术，推动企业的数字化转型。

（6）推进智能化应用。西门子积极推进智能化应用，以提高生产效率、改善工作流程、减少人力成本并提升客户体验。公司引进人工智能、物联网等技术，将其应用于产品研发、生产、销售和客户服务等多个环节。在工业领域，西门子推出了基于人工智能的预测性维护解决方案。这一方案利用机器学习算法对设备的运行数据进行实时监测和分析，预测设备可能出现的故障，并提前采取措施进行维护和维修，从而降低生产中断的风险。同时，该方案还可以根据设备的历史运行数据和性能特点，提供针对性的维护计划和优化建议，进一步降低设备故障率和维护成本，提高生产效率。

除了工业领域，西门子还将智能化技术应用于其他领域。例如，在医疗领域，西门子推出了数字化病理学解决方案，通过人工智能技术辅助医生进行病理学诊断，提高了诊断的准确性和效率。同时，西门子还将智能化技术应用于客户服务领域，推出了智能客服系统，通过自然语言处理和语音识别等技术，自动回答客户的问题和需求，提高了客户服务的响应速度和质量。

3. 数智技术推动企业文化变革的成果

通过数智技术的推动，西门子的企业文化变革取得了显著的成果，公司的创新能力得到了提升，推出了一系列具有竞争力的产品和服务。例如，西门子在能源管理领域推出了基于人工智能的能源优化解决方案，帮助企业降低能源消耗并提高能源利用效率。同时，数字化转型也使得西门子的生产效率得到了大幅提高，客户满意度不断攀升，员工的跨界合作意识和创新能力也得到了加强。

4. 结论

西门子是全球领先的电子电气工程企业，在数智时代它积极推动企业文化变革以适应市场需求。为此，西门子采取了一系列措施，如唤醒文化变革观念、倡导创新创业文化、促进组织沟通、重塑组织架构、培育数字化思维和推进智能化应用等。西门子的成功经验可以为其他企业提供参考和借鉴，以推动数智时代的企业文化变革。

资料来源：根据"孟子杰. 数字化制造西门子：我们学什么、怎么学？[J]. 中国质量，2019，(6)：10-13."及"苏静怡，周禹. 员工参与：西门子的德式实践模式[J]. 新经济，2019，(Z1)：54-59"，由作者整理而得。

【案例思考题】

1. 西门子是如何将数智技术融入企业文化的重塑中的？
2. 请举例说明西门子如何在数智化转型中提高员工的创新能力。

【课后思考题】

1. 推动企业文化变革的内外部动因是什么？
2. 企业文化变革的内外部阻力通常有哪些？
3. 企业文化变革的程序是什么？
4. 概括企业文化变革的内容。
5. 企业文化变革过程中，有哪些需要注意的要点？

【在线测试题】

扫描二维码，在线答题。

第 8 章　企业文化的冲突与整合

【案例导入】　　　　联想并购 IBM：文化差异与整合

2004 年 12 月，联想集团在北京正式宣布收购 IBM 的全球 PC 业务。一个是国内 IT 新秀，另一个是世界 IT 巨头，二者在并购之后难免会面临来自国家和企业文化的巨大差异，文化融合成了决定并购能否成功的关键。总体来说，两个企业在文化方面存在如下几方面的差异：

第一，合法性方面。联想对于领导人的鉴定是基于其工作业绩，只有实实在在干出了业绩，才能被员工信任和追随。IBM 的管理者都是从内部晋升的，对于领导者来说，IBM 认为最重要的素质是经验。

第二，有效性方面。对于在公司内部如何解决问题，二者也是有差别的。联想属于概念型的做事风格——按体制程序办。然而在 IBM，"力争取胜、快速执行、团队精神"是其员工做事的最高准则。IBM 在做事风格方面以目标为导向，倡导立刻行动，属于实用型的做事风格。

第三，前瞻性方面。前瞻性是指公司目标如何在组织内部进行交流和传达，以获得员工的普遍认同。这涉及组织结构、战略目标以及传统因素，如企业的价值观和公司形象等。在联想，"战略"是经常被提及的一个词，因此在前瞻性维度上是概念型的企业文化类型。而 IBM 则是通过蓝色文化将企业的目标以一种细致入微的方式传播给员工，即选择传统方式，用企业的价值观来传递公司目标，其企业文化的类型倾向于关系型。因此，联想和 IBM 的企业文化类型在前瞻性方面也存在差异。

基于上述差异，并购前，联想集团专门成立了一个工作团队，对双方的企业文化进行了系统调查分析和评估，并对并购后的文化整合情况进行判断，最后再作出是否进行并购的决策，这大大降低了并购的风险。

并购后联想建立文化整合小组，对现有的公司文化、员工渴望的公司文化以及两者之间的差距进行评估分析,并在此基础上对新联想的文化进行新的诠释,提出沟通融合的六字方针"坦诚、尊重、妥协",同时认识到整合的关键在于彼此交流沟通。在这个过程中,文化整合小组发现联想和IBM的价值观有相同的地方,如客户至上、诚信、创新、更有竞争力、生活与工作的平衡。在高管的任命方面,为了尊重IBM"圈内人"的领导人选择观,联想尽量任用原IBM的高管。在具体的做事风格方面,联想虚心学习IBM企业文化中优秀的部分,比如注重效率,尊重员工的创新精神等。与此同时,加强双方员工之间的沟通和交流。当双方文化磨合到一定程度之后,新联想水到渠成地形成"成就客户、创业创新、精准求实、诚信正直"的价值观,并通过一系列后续的措施让员工了解新的企业文化。因此,在并购之后才能够做到有的放矢、各个击破,成功地整合了双方文化。

资料来源:孙孜文.中国企业跨国并购文化整合的案例研究[J].人民论坛,2012(5):94-95.

企业文化是企业的灵魂,它影响着企业员工的思维方式和行为规范。然而,不同的企业文化之间难免会存在差异,这种差异往往会导致企业内部的冲突。在本章中,我们将深入探讨企业文化的冲突及类型、企业文化冲突的形成及后果,以及如何应对企业文化冲突等问题。在企业文化整合方面,本章将着重介绍并购后企业文化整合的方法和注意事项等方面的内容,以及如何在数智化时代因时而异、因地制宜地进行企业文化整合。

8.1 企业文化冲突及类型

8.1.1 企业文化冲突的定义与特征

1. 企业文化冲突的定义

企业文化冲突是指不同的企业文化特质在相遇时,因彼此的价值取向、行为准则和习惯等不匹配而产生的相互抵触、排斥和难以融合的现象。这种现象常常会在企业并购和交叉文化环境中出现,给企业的运作和员工的工作带来负面影响。企业文化冲突不仅会增加企业的内耗和管理成本,影响企业的工作效率和员工的士气,严重时还可能导致企业的战略目标无法实现。因此,对于企业管理者来说,解决企业文化冲突是一个重要的挑战。

2. 企业文化冲突的特征

企业文化冲突的特征表现为以下几个方面:

(1)间接性。企业文化冲突通常不直接表现为明显的对抗或冲突行为,而是通过心理、情感、思想观念和精神等领域的相互作用来体现,是一系列的微妙变化和潜移默化的影响。这种冲突的结果往往需要经过较长的时间才能显现出来,因此具有间接性的特征。例如,不同企业文化之间的差异可能会导致员工之间的沟通障碍、价值观冲突、行为不一致等问题。这些问题可能不会立即显现出来,但随着时间的推移,它们可能会逐渐积累并导致更大的问题。

(2)全面性。企业文化冲突可能涵盖企业的各个层面。无论是企业的组织结构、领导方式，还是员工激励和决策过程，都可能因为文化差异而产生冲突。这些冲突不仅涉及企业的规章制度，还与员工的价值观、行为准则等方面密切相关。例如，不同企业的员工在合作时，可能会因为工作方式和决策方式的不同而产生矛盾。这些矛盾可能会影响团队的协作效率和企业的整体运营效果。

（3）客观性。企业文化冲突往往源于不同企业间客观存在的文化差异。这些差异可能体现在企业的使命、价值观、规范等方面。当不同文化在企业内部相遇时，由于理解和认同的差异，很可能会产生相互抵触和排斥的现象。例如，一家强调团队合作的企业文化可能与一家强调个人能力的企业文化存在冲突。这种客观存在的文化差异可能导致不同企业之间的合作不顺畅，甚至失败。

（4）非线性。不同的文化像不同的水域，几片或多片水域的冲突常常表现错综复杂的状态，因而具有非线性特征。文化冲突的表现形式和影响程度往往不是线性的，而是呈现出复杂多变的特征。例如，当两种企业文化发生冲突时，可能会出现一种文化逐渐占据主导地位的情况，但也可能出现相互交融、互相影响的情况。此外，文化冲突的影响也可能随着时间的推移而逐渐减弱或增强，表现出非线性的特征。

（5）持续性。文化冲突一般发生在心理、情感、思想观念等精神领域中，这种冲突的结果是人们会在不知不觉中发生变化。这种变化可能需要较长的时间才能真正体现出来，因此，在解决企业文化冲突的过程中，我们需要持续关注和努力。不能期待一次性的解决方案能永久地解决文化冲突问题。相反，需要持续地投入精力和资源，通过长期的努力，才能真正实现企业文化的和谐与稳定。

（6）内在性。文化是以思想观念为核心的，因此，解决文化冲突需要从思想观念上进行调整和转化。这种内在性的特征意味着解决企业文化冲突需要深入了解每一种文化的核心价值观和内在逻辑，在此基础上进行引导和调整。这需要我们透过表面现象，深入挖掘企业文化的内在本质，从源头抓起，才能有效地解决文化冲突问题。同时，这也要求我们在解决文化冲突的过程中保持耐心和细心，不能急于求成，而是要循序渐进地解决问题。

（7）自发性。企业文化冲突何时开始、何时结束以及如何发展变化，往往超出了人的主观控制范围，这是由外在客观条件和文化内在因素的变化所引起的。一方面，企业文化冲突的自发性源于企业内部和外部环境的复杂性和动态性，其开始和结束时间往往难以确定；另一方面，企业文化冲突的发展变化也具有不确定性。这种冲突可能随着企业内部和外部环境的变化而发生转移或演变。

8.1.2 企业文化冲突的类型

企业文化冲突的类型可以分为企业旧文化与新文化的冲突、群体文化与个体文化的冲突以及企业主文化与亚文化的冲突。

1. 企业旧文化与新文化的冲突

随着企业的发展和成长，新旧文化之间的差异和摩擦是难以避免的。这种冲突可能源于对企业管理方式、员工行为准则、价值观等方面的不同理解。例如，在家族企业中，传统的企业文化可能强调家长制的管理方式，注重经验和资历。然而，随着企业规模的扩大和外部环境的变化，这种管理方式可能会变得低效和不适应。因此，企业可能需要引入新的管理理念和方式，如注重制度化、规范化的管理，以及更注重年轻化和创新等。但这种新的管理方式可能会与旧的企业文化产生冲突。新的管理方式可能要求员工更多地参与决策过程，更注重团队合作和沟通，而传统的企业文化可能更强调领导者的权威和决策的集中化。此外，新的管理方式可能要求员工具备更高的素质和能力，这可能会导致一些老员工感到压力和不适应。

2. 群体文化与个体文化的冲突

在企业的运营过程中，群体和个体的相互作用是不可避免的。不同的文化在企业内部相遇时，很可能会因为文化差异而产生冲突。这些冲突可能源于对工作方式、决策方式、价值观念等方面的不同理解。例如，一些员工可能更喜欢团队合作的工作方式，他们相信团队的力量是无穷的，通过协作和沟通可以更好地完成任务和实现目标。然而，另一些员工则更喜欢独立思考和自主行动，他们认为这样可以更好地发挥个人能力和创造力。这些不同的文化观念可能会在员工之间产生冲突，影响他们的工作协调和合作。如果员工之间的文化冲突不能得到有效的解决，可能会导致团队合作的不顺畅，甚至出现工作停滞和资源浪费的情况。这不仅会影响企业的短期运营，而且可能对企业长期的战略发展和竞争力产生负面影响。

3. 企业主文化与亚文化的冲突

每个企业都有自己的主文化，但在某些情况下，企业的各个部门或团队可能会形成自己的亚文化。例如，有的部门可能更注重技术和专业性，强调规范和精细化管理，而有的部门则可能更注重市场和客户，强调灵活和创新。当亚文化与主文化发生冲突时，可能会影响企业的整体协调性和工作效率。例如，有的部门可能不愿意接受其他部门的工作方式和要求，认为自己的方式才是最好的，而有的部门则可能认为其他部门的要求是多余和不必要的。这些冲突不仅可能影响企业内部的协调和合作，还可能影响企业的整体战略和目标的实现。

8.2 企业文化冲突的根源和表现

8.2.1 企业文化冲突的根源

1. 文化差异

每个企业都有其独特的文化，包括企业的使命、价值观、行为准则等。当两种或多种不同文化在企业内部相遇时，可能会因为理解和认同的差异而产生冲突。这种文化差异不仅体现在企业的经营理念上，还体现在员工的行为习惯和处事原则上。

2. 外部环境因素

企业的生存发展不仅受到内部环境的影响，也受到外部环境的影响。例如，国家政策、行业发展、地域文化等都可能成为企业文化冲突的根源。例如，在不同国家和地区的分公司或子公司，由于受到当地政治、经济、社会等因素的影响，可能会形成不同的企业文化，当这些文化在企业内部相遇时，可能会因为理解和认同的差异而产生冲突。

3. 组织结构和机制

企业的组织结构、管理方式和工作流程等都可能成为文化冲突的根源。例如，有的企业强调规范和精细化管理，而有的企业则更注重灵活和创新；有的企业强调团队合作，而有的企业则更注重个人能力和竞争。这些组织和机制方面的差异可能会导致员工在工作中产生冲突。

4. 个人因素

员工个人在性格、职业素养、教育背景等方面都可能存在差异。当这些个体在企业内部相遇时，可能会因为理解和认同的差异而产生冲突。例如，有的员工更注重细节和规范，而有的员工则更注重结果和效率，这种在处事原则上的差异可能会导致他们在工作中产生冲突。

8.2.2 企业文化冲突的表现

1. 价值观冲突

每个企业都有其独特的价值观和经营理念，当不同文化在企业内部相遇时，可能会因为理解和认同的差异而产生价值观冲突。这种价值观冲突可能表现为对企业的使命、目标、社会责任等方面的不同看法和优先级设定。例如，有的企业更注重长远规划和诚信经营，强调可持续发展和社会责任，而有的企业则更注重短期利益和竞争意识，强调市场份额和利润最大化。这种价值观冲突可能会导致员工在工作中产生分歧和矛盾。

2. 工作方式和习惯冲突

不同文化背景下的员工在工作中可能表现出不同的工作方式和习惯，这可能导致他们在工作中出现冲突。例如，一些员工可能更注重计划和条理性，喜欢按照预先安排的计划和步骤进行工作，而另一些员工可能更注重灵活性和创新性，喜欢根据实际情况和需要随时调整工作计划和方式。当这些不同的工作方式和习惯在企业内部相遇时，可能会引发矛盾，导致工作效率低下。

3. 领导风格上的冲突

企业文化冲突可能表现为不同文化背景下的领导风格差异。例如，一些文化背景下的领导可能更注重个人能力和权威，喜欢以自己的经验和判断来进行决策和指导员工；而另一些文化背景下的领导可能更注重团队合作和共识，喜欢与员工协商和合作来作出决策。当这些不同的领导风格在企业内部相遇时，可能会导致领导之间的冲突和企业战略的不协调。

4. 思维方式的冲突

不同文化背景下的员工的思维模式和处事原则的差异也会导致冲突。例如，一些文化背景下的员工可能更注重细节和规范，喜欢把每个细节都考虑周到再采取行动；而另一些文化背景下的员工可能更注重宏观和大局,喜欢从整体和长远的角度来看待问题。当这些不同的思维方式在企业内部相遇时,可能会导致工作效率低下和企业战略的不确定性。

5. 制度文化冲突

制度文化冲突是指不同文化背景下的员工对组织制度的理解和执行方式存在差异,导致在跨国企业、并购企业或组织内部不同部门之间产生冲突。这种冲突通常源于不同文化背景下对法律、规则和制度的认知和遵循程度的不同。在跨国企业中,来自不同国家和地区的员工通常有着不同的法律和文化背景,他们对于企业制度和规范的理解和执行方式可能存在较大差异。例如,来自西方国家的员工通常注重法律和规则的遵守,他们倾向于严格按照法律条文和企业制度办事,而来自亚洲国家的员工则可能更注重人情世故和人际关系,对于制度的遵守程度可能相对较低。这种差异可能导致制度文化冲突的产生。此外,在并购企业或组织内部不同部门之间,由于历史、文化、管理风格等方面的差异,也可能存在制度文化冲突。例如,一些部门可能更注重流程和规范化管理,而另一些部门则可能更注重灵活性和创新性。这种制度文化的差异可能导致员工之间的合作和协调出现问题,影响企业的运营和发展。

8.2.3 企业文化冲突的过程

根据卡勒弗·奥伯格(Kalervo Oberg)对企业文化冲突的研究,企业文化冲突通常要经历 4 个阶段,这 4 个阶段具体如下:

1. 蜜月阶段

在这个阶段,来自不同文化背景的人们刚刚开始接触和相互了解。他们对彼此的文化和习惯抱着新奇和好奇的态度,充满着探索和发现的乐趣。这是一个建立初步了解和互信的阶段,人们倾向于积极地发现和强调彼此的相似之处,对于差异也持有开放和接纳的态度。在这个阶段,人们往往忽略文化差异,对新的经验和观点充满好奇和热情。

2. 冲突阶段

随着时间的推移,不同文化背景的人们可能会开始出现冲突。这可能是由于他们无法理解或不同意对方的行为、价值观或信仰。这是一个挑战和困难的阶段,出现冲突的原因可能来源于语言理解、沟通方式、工作习惯、管理风格等多方面的因素。在这个阶段,需要有效的沟通和谈判技巧来解决这些差异和冲突以避免问题升级。

3. 适应阶段

在适应阶段,人们开始学习如何共存并找到解决问题的方法。他们逐渐理解并接受彼此的差异,学习如何在差异中寻找共同点。这可能涉及学习新的工作方式、接受不同的管理风格或是寻找共同的目标和价值观。这是一个创新和学习的阶段,需要开放的心态和愿意妥协的精神。通过适应阶段,人们能够更好地理解并尊重彼此的文化和习惯,从而更好地合作。

4. 稳定阶段

在稳定阶段,企业文化冲突已经得到了解决或管理。企业或团队已经形成了共同的价值观和行为准则，不同文化背景的人们也能够和谐共处。在这个阶段，冲突逐渐弱化，人和人之间能够互相理解和支持，他们可能形成了一种独特的合作方式，既包含各自的文化特色，又能够高效地协同工作。

这些阶段是文化冲突的一般过程，但实际的情况可能会因为具体情境和个体的差异而有所不同。在企业文化冲突阶段与个体情感反应曲线中（见图8.1），纵轴表示企业文化冲突水平和情绪的情感反应，横轴表示时间。其中，纵轴与横轴连接点为起点，此时不同文化相互接触的时间和企业文化冲突水平都为0，人们无任何有关情绪的情感反应。但随着企业文化冲突的加剧，人们的负面情绪反应逐渐增强。这表明企业文化的冲突会对人们产生心理和情感上的影响。当企业文化冲突减少时，人们的负面情绪反应也随之减少，而正面情绪反应则增加。这进一步说明企业文化冲突是人与人之间的冲突，是因企业文化的差异导致的心理和行为对抗。

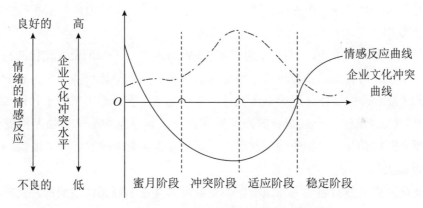

图 8.1　企业文化冲突阶段与个体情感反应曲线

资料来源：刘永中，金才兵.冲突管理[M].广州：广东经济出版社，2004.

这种情感反应的变化表明，企业文化冲突不仅是一种客观的存在，而且是一种主观的感受。人们对于企业文化冲突的认知和情感反应是受到多种因素的影响的，如文化背景、个人经历、职业角色、组织氛围等。因此，在解决企业文化冲突时，需要考虑人们的情感和心理需求，以及不同文化背景下的价值观和信仰体系，从而制定更加合理和有效的管理策略。

8.2.4　企业文化冲突的后果

企业文化冲突会给企业带来许多不利的后果。决策困难、沟通不畅、组织涣散、声誉受损以及人才流失等问题都可能成为企业面临的严重挑战。

1. 决策困难

当企业内部不同文化之间存在冲突时，决策的制定可能会变得更加困难。这主要是因为不同文化背景下的员工在决策理念、思维模式、决策依据等方面可能存在差异，从而导致难以达成共识。例如，一些企业可能更注重集体决策，而另一些企业则可能更倾向于分层决策或个人负责的模式。当这些不同的决策机制在企业内部相遇时，可能会产生摩擦和冲突，导致决策过程变得缓慢甚至停滞不前。

2. 沟通不畅

不同文化背景下的员工可能有不同的沟通方式和表达习惯，这可能导致他们在工作中出现沟通不畅的情况。例如，一些文化可能更注重正式和规范的沟通方式，而另一些文化则可能更喜欢非正式和灵活的沟通方式。当这些不同的沟通习惯在企业内部相遇时，可能会导致沟通障碍和误解。员工之间可能不愿意相互交流或者理解对方的行为和观点，这会阻碍信息的流通和知识的共享，从而影响企业的创新和发展。

3. 组织涣散

企业文化冲突可能会导致组织涣散。如果员工之间存在文化冲突，他们可能会不愿意与其他部门的员工合作，或者在工作中故意制造障碍。这可能会严重影响企业的整体运作，导致工作效率下降、资源浪费和协同合作困难等问题。当企业内部的文化冲突得不到及时解决时，可能会形成组织内部的紧张局势，甚至引发员工的消极怠工和离职潮。

4. 声誉受损

声誉是企业无形的资产，也是企业成功的关键因素之一。如果企业文化冲突无法得到妥善解决，可能会对企业的声誉造成不可逆转的损害。这种损害可能是因为企业内部不同文化之间的矛盾和冲突被媒体或公众所关注，也可能是由于企业内部的不和谐氛围导致客户或合作伙伴失去信任。一旦企业的声誉受到损害，其形象和品牌价值都将受到负面影响。这不仅会影响企业的销售业绩和利润，而且会对企业未来的发展产生限制。

5. 人才流失

企业文化冲突可能会导致人才流失。当企业内部存在不同文化之间的冲突时，一些员工可能会感到不安和不满，他们可能会考虑寻找其他的工作机会。特别是当企业中的一些管理者或关键员工受到文化冲突的影响时，他们可能会选择离开企业，从而造成人才流失。这不仅会对企业的业务产生影响，还会对企业的长远发展产生负面影响。

8.3 企业文化冲突的化解

1. 提供培训和教育

针对不同文化背景下的员工，企业可以提供相关的培训和教育，帮助他们更好地了解彼此的工作方式和习惯，从而减少误解和冲突。这些培训和教育可以包括文化敏感性训练、沟通技巧培训、团队合作培训等，以提高员工之间的互信和合作能力。例如，可以为来自不同国家的员工提供语言培训。当不同国家的员工进行交流和合作时，语言是他们之间沟通的桥梁。通过提供语言培训，可以帮助员工更好地理解和沟通，从而减少因语言障碍引起的冲突。此外，还可以为来自不同国家的员工提供跨文化沟通技巧培训，帮助他们更好地理解和适应对方的工作方式和习惯。

2. 建立合作团队

企业可以建立合作团队，让不同文化背景下的员工在一起工作，促进相互了解和学习,从而减少工作方式和习惯的冲突。这些合作团队可以包括跨部门团队、跨国团队等,通过合作和协作来共同完成企业的任务和目标。在建立合作团队时,企业应该注重团队的多样性和包容性。这意味着在团队中应该有来自不同文化背景的员工,他们可以共同合作、交流和分享经验。通过这种方式,员工可以更好地了解彼此的文化和工作方式,从而减少文化冲突的可能性。

3. 尊重个体差异

企业应该尊重每个员工的个性、工作方式和习惯,不要试图改变他们的工作方式和习惯,而是要让他们在自己的工作方式和习惯的基础上发挥最大的潜力。这需要企业领导者具备开放的心态和包容的态度,鼓励员工发挥自己的创造性和团队合作精神,从而实现共同发展和成长。同时,企业应该关注员工的情感和需求。每个员工都有自己的情感和工作需求,企业应该关注员工的情感状态和需求,并提供支持和帮助,从而提高员工的工作积极性和满意度。

4. 制定清晰的战略目标

企业可以制定清晰的战略目标,明确企业的整体发展方向和每个员工的任务和职责,从而让每个员工都能从全局和长远的角度来看待问题。这些战略目标应当考虑到各个文化背景下的员工的需求和利益,从而避免战略目标的不一致性和冲突。在制定战略目标时,企业应该注重目标的可衡量性和可达成性。这意味着目标应该明确、具体、可衡量,并且能够被实现。同时,企业应该注重目标的可持续性和长期效益,避免为了追求短期利益而牺牲长期发展。

5. 制定明确的规章制度

企业可以制定明确的规章制度,明确每个员工的工作职责、工作流程和工作标准,让每个员工都清楚自己的工作任务和要求,从而减少工作方式和习惯的冲突。这些规章制度应当是公平公正的,考虑到各个文化背景下的员工的需求和利益,从而避免不必要的冲突。在制定规章制度时,企业应该注重制度的合理性。这意味着制度应该符合企业的实际情况和员工的利益需求,同时应该避免制度的不公平性和歧视性。此外,企业应该注重制度的执行和监督,确保制度的贯彻执行和企业运营的规范化。

6. 鼓励交流和沟通

企业应该鼓励员工之间进行交流和沟通,分享彼此的想法和观点,从而促进相互了解和学习。同时企业应该畅通沟通渠道,让每个领导都清楚其他领导的意图和企业战略目标,从而在决策上保持一致性和协调性。通过定期的会议、团队讨论、内部社交活动等方式,可以营造一个积极向上、和谐的企业文化氛围。同时,企业应该注重方式的多样性和有效性。这意味着企业可以采用多种方式来鼓励员工进行交流和沟通,如举办员工座谈会、成立员工协会、开展团队建设活动等。同时企业应该注重沟通的有效性和及时性,及时回应员工的问题和建议,从而建立企业与员工之间良好的关系。

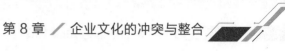

拓展阅读8.1
三一重工并购德国普茨迈斯特:企业文化冲突与化解之道

8.4 企业文化整合

8.4.1 企业文化整合的定义

企业文化整合既是一个文化变迁的过程，又是一个文化再造和文化创新的过程。简单来说，企业文化整合就是对企业文化的各个要素和环节进行整合的过程，是调整和再造企业人群的文化观念系统的过程，是指不同或矛盾的文化特质在相互适应和彼此认同后，形成的一种和谐协调的文化体系。这个整合过程不是简单地联合或混合，而是根据企业自身文化的弱点和优缺点，吸取其他文化的优点，从而形成一种新的、更加适应企业发展需求的文化体系。

企业文化的整合是一个相对复杂的过程，因为它涉及企业长期形成的共同价值体系，具有个性化、一贯性和隐含控制性等特点。相对于其他方面的整合，企业文化的整合更加柔性，同时也更加复杂。它不仅体现在企业的发展战略、经营思想、管理哲学等方面，还深刻地渗透到企业员工的精神风貌、行为准则以及对企业的认同感等方面。

8.4.2 企业文化整合的内容

1. 对内文化整合

企业文化整合首先关注的是企业内部的文化整合。这包括个体意识与群体意识的协调化，即让员工理解并接受企业的共同价值观和行为准则，形成一致的企业文化意识。同时，我们也需要解决企业内部不同亚文化的冲突与碰撞，促进不同文化之间的融合与共生。此外，在主文化与亚文化之间也需要形成相互协调的关系。主文化是企业整体的文化价值观和行为准则，而亚文化则是在某些特定部门或情境下形成的文化价值观和行为准则。在企业文化整合中，需要确保主文化的核心价值得到广泛的认同和执行，同时也需要尊重和容纳亚文化中的合理成分，促进不同文化之间的交流与融合。

企业文化整合需要关注四个层面（精神文化、行为文化、制度文化和物质文化）的贯穿一致。这四个层面是企业文化的重要组成部分，彼此相互联系、相互影响。在企业文化整合中，需要确保这四个层面的文化内容相互协调一致，形成完整的企业文化体系。

2. 对外文化整合

对外文化整合是指企业在兼并、收购、合作等对外扩张过程中，对目标企业的文化进行整合和融入，使之与企业整体文化相一致。这种整合不仅包括对所兼并企业的文化整合，还包括对上下游企业的文化整合以及对其他优秀企业的文化因子的吸纳整合。

对于所兼并企业的文化整合，企业需要采取一系列措施，将自身的文化理念、价值观、行为规范等逐渐融入被兼并企业中。这可以通过对被兼并企业员工进行培训、宣传、引导等方式实现。在这个过程中，企业需要充分了解被兼并企业的文化特点和文化背景，尊重和包容不同的文化差异，以便更好地实现文化整合。

同时，对于上下游企业的文化整合，企业需要与上下游企业建立良好的合作关系，共同制订和执行符合整体利益的文化整合计划。这需要企业与上下游企业进行充分沟通和协商，共同确定合作协议和行为规范，以实现企业产业链的协同发展。

此外，企业还可以通过学习借鉴其他优秀企业的文化因子，丰富和完善自身的企业文化。这需要企业关注其他企业的优秀文化成果和文化创新，通过交流合作、参观考察等方式进行学习和借鉴，并将其融入自身的企业文化中。

8.4.3 企业文化整合的原则

1. 系统性原则

系统性原则是指将企业文化看作一个系统，在整合过程中要考虑各个方面的因素。这包括从制订整合计划、实施整合计划到评估整合效果等各个方面。要系统性地进行文化整合，才能确保企业文化整合的有效性。

在制订整合计划时，要全面考虑企业的历史、现状和未来发展目标，结合企业的战略规划、组织架构和业务流程等因素，制订出具有可行性的整合计划。在实施整合时，要注重整体推进，协调各个部门和员工之间的合作，确保整合工作的顺利进行。在评估整合效果时，要建立科学的评价体系，通过定性和定量的评价方法，对整合结果进行全面、客观的评价。

2. 兼容性原则

兼容性原则要求在进行企业文化整合时，应尊重和包容不同企业文化的差异性和特点，寻找不同文化之间的共同点。这需要深入了解不同文化之间的差异，避免产生文化冲突和矛盾。同时，要充分考虑企业的总体发展和整体利益。这涉及各部门、各环节以及所有成员的利益，需要兼顾各方。

在并购过程中，企业面临着不同地域、不同行业、不同规模的企业文化差异，应该充分了解和尊重这些差异，寻找兼容点。例如，可以通过开展文化交流活动、跨部门合作项目等方式，促进不同文化之间的理解和交流。在制订整合计划时，要充分考虑各方面的利益诉求和文化特点，寻找最佳的平衡点，实现企业整体利益的最大化。

3. 导向性原则

导向性原则要求在进行企业文化整合时，以企业的发展方向和目标为指导，坚持企业文化的导向性。企业文化是企业的灵魂，是企业发展的指南针。因此，在进行企业文化整合时，要紧紧围绕企业的发展方向和目标，制订符合企业发展需求的文化整合计划和策略。

例如，某企业在并购过程中，制订了清晰的企业文化整合计划和战略目标。通过明确企业的发展方向和目标，将各个部门和成员有效地整合在一起，形成了强大的合力，推动了企业的快速发展和转型升级。在这个过程中，企业文化的导向性作用得到了充分体现。

4. 人本性原则

人本性原则要求在进行企业文化整合时，充分体现员工的主体地位和人性化管理，关注来自不同层面的员工。这需要尊重员工的个性差异和需求，关注员工的情感体验和职业发展。同时，也需要注重员工的参与和反馈，让员工参与到企业文化整合的过程中，发挥他们的智慧和力量，共同推动企业的发展。

5. 长期性原则

长期性原则是指企业文化整合是一个长期的过程，无法一蹴而就，需要长期且持续的努力才能不断完善和提升。因此，在整合过程中，要制订长期计划，坚持不懈地推进文化整合。

6. 可持续性原则

可持续性原则是指企业文化整合不仅要考虑当前的需要，而且要注重企业文化的长远发展和可持续性。实现可持续发展是企业的重要使命之一，也是企业文化整合的重要目标之一。因此，在进行企业文化整合时，必须注重可持续性原则的运用，考虑企业文化的长远发展目标和未来发展方向，制订出具有可持续性的整合计划和策略，不断推进企业文化的创新和发展，为企业的长期发展提供有力的支撑和保障，同时也能提升企业的品牌形象和社会影响力，促进企业的全面发展，实现可持续发展目标。

8.4.4 企业文化整合的策略

1. 明确企业文化愿景和价值观

在进行企业文化整合时，首先需要明确企业的使命、愿景和价值观。因为这些是企业的核心，也是企业文化整合的基础。企业的使命定义了企业的目标和责任，愿景则是企业长期的奋斗目标，而价值观则是企业及其员工行为准则的总称。要确保所有部门和员工都理解并认同这些核心价值，从而形成一个统一的企业文化体系，以便更好地推动企业的发展。例如，阿里巴巴的愿景是"让天下没有难做的生意"，其价值观包括客户第一、团队合作、拥抱变化等。这些明确的愿景和价值观为阿里巴巴在全球范围内的快速扩张提供了有力的支持。它们不仅为每个员工提供了明确的工作目标和方向，还激发了员工的积极性和创造力，从而推动了企业的快速发展和成功。

2. 制订合理的整合计划

制订合理的整合计划是企业文化整合成功的关键。这个计划应该充分考虑企业的具体情况，包括企业的目标、员工的期望以及企业的战略方向等。在制订计划时，需要对企业进行深入的分析和研究，识别出企业的优势和劣势，以及员工的期望和需求。合理的整合计划应该包括具体的步骤、时间表以及预期的结果。每个步骤应该明确责任人、实施时间和完成标准，以确保计划的可行性和顺利实施。同时，在制订计划时，还需要充分考虑员工的需求和期望，制订出符合员工利益的措施和方案，以激发员工的积极性和创造力。

例如，联想公司在收购IBM个人电脑业务后，制订了详细的整合计划，包括文化整合、组织架构调整、人员配置等。在该计划中，联想充分考虑了IBM个人电脑业务的优势和劣势，以及员工的需求和期望。通过有序的计划执行，联想成功地将IBM个人电脑业务整合到自身的企业体系中，实现了快速发展。

3. 尊重和包容不同的文化差异

不同背景下的企业文化具有其独特的价值观和行为方式。这些文化的形成往往受到企业所在地区的法律法规、社会环境、历史传统、员工构成等多种因素的影响。因此，在进行文化整合时，要充分认识到不同文化之间的差异，尊重这些差异的存在，并努力寻找不同文化之间的共同点，以便更好地进行融合。这需要企业采取开放的态度和多元化的思维方式，充分了解和认识不同文化的特点和优劣，促进不同文化之间的理解和相互欣赏。同时，也要让员工理解和接受这种差异，以实现更好地协作和发展。

例如，吉利集团在全球范围内扩张时，充分认识到不同国家和地区的文化差异，并尊重这些差异的存在。它采取了适应当地文化的策略，与当地的文化和法律法规相结合，使其企业文化在不同的国家和地区都能够得到良好的发展和融合。这种包容性的企业文化为其并购后的企业文化整合提供了保障，也为吉利集团在全球范围内的快速发展提供了有力的支持。

拓展阅读8.2
吉利并购沃尔沃的企业文化整合策略

4. 加强企业内部沟通与协作

有效的沟通是企业文化整合的关键。要建立良好的内部沟通机制，鼓励员工之间的交流和协作，消除内部障碍。通过各种渠道和形式，如定期的会议、员工培训、内部交流平台等，加强员工之间的了解和信任，可以形成企业内部良好的合作氛围。比如，谷歌在收购摩托罗拉移动公司后，就面临了企业文化整合的问题。谷歌采用的是多元化和开放的企业文化，而摩托罗拉移动公司的企业文化则相对保守和集中化。为了解决沟通难题，谷歌首先给摩托罗拉移动公司的员工发放了一份调查问卷，了解他们对于企业文化的看法和期望；然后安排了一系列的研讨会和培训课程，让员工了解谷歌的企业文化，同时也让谷歌的员工了解摩托罗拉移动公司的企业文化。此外，谷歌还鼓励员工积极参与企业文化整合的过程，让员工提出自己的想法和建议。通过这些措施，谷歌成功地将两家公司的文化进行了整合。

5. 建立有效的激励机制

在企业文化整合过程中，建立有效的激励机制是非常重要的。激励机制不仅可以鼓励员工积极参与到企业文化整合中来，而且可以通过奖励和晋升机制来激励员工更好地完成工作任务和实现个人价值。首先，激励机制可以激发员工的积极性和创造力。通过给予员工适当的奖励和晋升机会，企业可以激励员工在整合过程中更加努力地工作，提高工作效率和质量。同时，这也可以促进员工对企业文化整合的参与度和认同感，推动企业文化的传播和发展。

6. 坚持长期而系统的过程

企业文化整合是一个长期而系统的过程，需要持续不断地努力和改进。不能期望短期内就能达到理想的结果，也不能急功近利。例如，宝洁公司在企业文化整合中注重长期规划，将企业文化变革分为多个阶段，每个阶段都有具体的目标和计划。通过持续不断地推进企业文化变革，宝洁保持了长期的竞争优势。

8.5 数智化时代企业文化整合新要义

数智化时代，企业需要重新审视其文化价值观，以适应新的时代要求和挑战，而数智化对企业文化整合的认知革命也是一种从利己单赢文化向利他共生文化的转变。

在传统的线性思维模式下，企业往往关注自身的利益，追求零和博弈，即每个个体的利益是独立的，首先是利己，然后再利他。然而，在数智化时代，企业需要转变这种思维方式，树立生态思维，即关注整个生态体系的利益，建立利他共生文化。这种利他共生文化的核心是相互借势、相互成就。企业不再是单纯追求自身利益，而是通过相互合作、相互支持，实现共同发展和增长。这种文化强调平等、交互和共生，企业需要具备包容性增长的心态，与合作伙伴共同发展，形成共赢的生态文化。

在利他共生文化中，企业不再将员工视为工具或资源，而是将其视为企业发展的重要驱动力。员工不再是被动的执行者，而是具有创造力和主动性的参与者。这种文化激发了员工的创造力和潜能，促进了企业的创新和发展。同时，利他共生文化也强调社会责任和可持续发展的重要性。企业不仅关注自身的利益，而且关注社会问题和环境问题，积极参与社会公益事业，推动可持续发展。这种文化有助于提升企业的品牌形象和社会影响力，实现企业与社会的和谐发展。

1. 开放与包容

数智化时代企业文化整合需要具备开放和包容的精神，以适应市场的快速变化和技术的不断创新。开放式企业文化可以促进信息的交流和共享，打破部门之间的壁垒，为员工提供更多的机会和平台。这种文化鼓励员工积极表达自己的意见和建议，促进信息的流动和共享，提高企业的反应速度和创新能力。包容性企业文化可以接纳不同的观点和背景，鼓励员工积极参与和创新，为企业带来更多的活力和创造力。这种文化尊重员工的差异和多样性，允许员工在尊重他人的前提下发表自己的看法和意见，营造一个和谐、包容的工作环境。通过开放和包容的企业文化，企业可以吸引更多优秀的人才，提高员工的归属感和忠诚度，为企业的长期发展奠定坚实的基础。

2. 跨界合作与共享

数智化时代企业文化整合需要具备跨界合作的能力和共享精神。通过与其他企业、机构，甚至竞争对手进行合作，共同创造价值，实现共赢。这种跨界合作可以为企业带来新的思路、资源和机会，提升其竞争力和创新能力。跨界合作可以促进企业之间的信息共享和资源整合，实现优势互补和协同发展。同时，跨界合作还可以促进企业之间的学习和交流，推动技术的创新和发展。共享精神鼓励员工积极参与和贡献自己的知识和技能，可以促进企业内部和外部的协作与交流，实现信息和资源的共享。总之，通过跨界合作和共享，企业可以构建一个良好的生态系统，实现共同发展和进步。

【本章小结】

企业文化冲突是指企业在发展过程中，由于各种内外因素引起的不利于企业发展的文化碰撞和摩擦。这些冲突具有客观存在性和多层次性等特点，可能存在于企业内部和企业之间，甚至在全球化背景下，不同国家和地区的文化差异也可能导致企业文化冲突。而企业文化整合则是指将两种或多种不同形态的文化有机地融合在一起，形成一个具有共同价值观和行为准则的新的企业文化的过程。在兼并、联合、重组等过程中，企业需要面对如何化解企业文化冲突和如何进行企业文化整合的问题。化解企业文化冲突需要采取多种措施，包括建立良好的沟通机制和渠道、加强团队合作、完善管理制度以及制订有针对性的培训计划等。而进行企业文化整合则需要遵循系统性、兼容性、导向性、人本性、长期性和可持续性等原则，制订合理的整合计划，以确保企业文化整合的成功实施。

【案例分析】 荣事达：企业并购过程中的文化冲突与融合

合肥荣事达电子电器集团是一家集研发、生产、销售于一体的中国著名家电企业。随着市场的变迁以及业务的拓展，特别是在多次合资、并购及重组后，其企业文化经历了不断的冲突与融合，既积累了成功的经验，也吸取了失败的教训。

（1）荣事达三洋合资公司：成功的文化融合。1994年是荣事达创牌成功后的爆发增长期。在这个阶段，荣事达集团与日本的三洋电机株式会社合资成立了合肥三洋公司。该合资公司是双方企业文化、运营理念和专业技术相互融合的产物。

合肥三洋公司从成立之初就注重企业文化的建设，尤其是在面对中日两国文化差异时，选择了积极的态度和渗透式的管理策略。

日本文化可概括为"和、忠、同"，即注重团队合作，强调忠诚敬业，追求目标一致。这些文化因子在日本三洋公司的企业管理方式和生产活动中也得到了明显的体现，如强调严格的等级制度，注重流程的细致和严谨，整体上呈现出一种相对保守的风格。

荣事达的和商理念与三洋公司的企业文化存在共同因子，这为两种文化的相融奠定了基础。此外，荣事达在合肥三洋公司的管理过程中也采取了一种开放和包容的态度。尽管公司的大多数员工来自荣事达，但荣事达并未将自己的文化强加于这个新的企业。相反，其借鉴了日本企业的年功工资制度，结合荣事达的考核制度，形成了独具特色的考核体系。同时，合肥三洋公司的管理者也充分认识到了兼容双方文化的重要性，他们没有选择直接替代或忽视任何一方的文化元素，而是选择了相互融合和渗透的方式。

在合肥三洋公司的成功运作中，良好的文化沟通起着至关重要的作用。长年驻在合肥的日方管理人员，能够运用汉语与中方员工进行有效交流。此外，每年合肥三洋都会派遣大批员工到日本三洋进行学习交流，促进双方的相互了解。

合肥三洋公司的成功还得益于其健全的培训制度。所有员工在上岗前，必须经过一系列培训，让员工能够快速接受并适应三洋严谨、规范的日式行为风格，进一步强化了员工对企业文化的理解。

（2）荣事达中美合资公司：文化的冲突。1996年8月，荣事达集团和美国美泰克公司共同出资7 000万美元，组建了合资企业。该合资公司在短短几年内经历了从辉煌巅峰到严重亏损的急剧转变。从文化的角度来看待这段历史，我们可以更加清楚地看到文化整合在并购中的重要性。

美泰克的企业文化是典型的美国市场文化，强调自由和个人价值，主张创新和冒险。这种文化使得美泰克在并购和重组中注重短期利益，一旦发现风险，就会立即售出。在同荣事达合作的8年间，美泰克方的董事、经营管理层频繁变动，这与荣事达的和商文化产生了巨大的冲突。此外，荣事达中美合资公司的管理团队在文化整合方面缺乏经验和技能，他们没有能够有效地解决文化差异带来的矛盾和冲突，也没有建立一种适应多元文化的新企业文化。这种情况进一步加剧了企业的困境，最终导致了企业的巨额亏损和重组。具体来说，问题表现在以下几个方面：

首先，荣事达中美合资公司的员工全部来自荣事达集团，他们以企业为家，对企业怀有深厚的感情，认为自己是企业的主人。然而，美方的高管和总裁对员工和营销人员的态度和看法却与中方存在巨大的差异，对员工的工作年限表示不屑，对营销人员为联络客户而产生的费用不能理解。这种文化差异引发的冲突颠覆了长期以来员工的价值观念，使员工陷入迷茫，内部协调与经营管理的难度加大，企业市场竞争力大大削弱。

其次，荣事达中美合资公司在前期文化建设上采取的是完全分隔式策略，中方的文化影响占据主导地位，美方的文化影响相对较小。然而在后期，公司突然直接高压注入美方的文化，没有使用任何的文化导入和融合作为铺垫。这种违背文化发展规律的决策，使得企业内部的文化生态平衡被打破，产生了严重的文化冲突。

再次，人事和薪酬制度的变动也引起了不小的震动。在2000年至2004年间，中美合资公司大量招聘海归派担任公司高管，而原先参与荣事达创业的人员被大量撤换。空降部队与原企业干部员工之间的不理解和冲突十分突出，导致公司经营管理团队和公司中层频繁大换血，在公司内部引起了普遍不安情绪。

在薪酬制度上，公司董事会给新聘请的高管以远高于员工的薪资，这种不公平的待遇引起了众多员工的不满，导致大批工程技术人员、市场营销骨干、中层经营管理干部等人才陆续流失。

最后，沟通不畅也是该合资公司走向失败的重要因素。由于美方的管理者缺乏直接的沟通，中层和员工往往无法理解高层管理者的意图和决策，而美方管理者也难以了解中方员工的想法和需求。由于缺乏正式的沟通渠道，企业内部的信息传递变得非常混乱。小道消息和谣言在员工之间流传，加剧了企业内部的紧张气氛和不信任感。更为严重的是，由于沟通不畅，企业内部的决策往往会出现失误和不合理的情况。员工对决策的理解和执行也受到了很大的影响，最终导致运营失败。

（3）荣事达美的合资公司：文化的逐步转型。2004年，美的集团在境外获得了原属美泰克公司在合资公司中50.15%的股权。经政府部门协调，2005年，荣事达集团出让了在合资公司的24.15%股权给美的公司。2007年，由政府主导，美的集团获得了荣事达中美合资公司的全部股权。

美的集团具有鲜明的企业文化特点。

首先，创始地广东的地区文化对美的产生了深远影响，主要表现出两大特点：一是开放，乐于接受新鲜事物，不拘泥于传统，思维活跃；二是市场观念浓厚，这与作为中国最早的开放港口的历史背景息息相关。

其次，美的集团的企业文化以目标为导向。员工在明确的目标下，感受到压力与动力并存。每年董事会都会下达经营目标，这些目标被层层分解并具体到个人，每个员工都清楚自己的职责和使命。在严格的考核制度下，结果导向的评价方式使得成功成为衡量员工价值的主要标准。

再次，美的集团有着强有力的制度支撑其核心价值观。明确且完善的目标管理体系使得每个员工都清楚自己的职责和义务。此外，严格的考核制度也确保了员工的工作表现与收入紧密相连，从而激发了员工的工作积极性。

最后，美的集团敢于用人，也舍得投入资源进行员工培训。以派驻荣事达合资公司的经营团队为例，他们的平均年龄仅为30岁，充分体现了美的集团敢于使用年轻人才的特点。同时，美的集团经常邀请资深讲师来为员工提供培训，培训工作制度化且定期进行。

总体来说，相比荣事达文化，美的文化显得更为强大和具有攻击性。美的集团对中美合资公司的文化也采取了逐步渗透的方式，首先确保员工能够适应新的文化，然后逐步注入新的元素和价值观，较为巧妙地实现了公司文化的转型和发展。

刚开始并购的时候，美的集团非常细致地了解了荣事达的企业文化，并对其做了专门的分析。集团首先派出了5人工作组进驻合资公司，对公司各方面的情况进行全面调查，发现荣事达和美的在企业文化上存在明显的差异，于是结合股权分期转让，采取了分步走的策略：

第一阶段是适应阶段。美的集团取得了合资公司50.15%的股权，并开始逐步将美的管理团队引入公司。在这个阶段，管理团队基本上是按照荣事达的方式来进行管理，但同时开始向公司员工介绍美的的制度和文化。让员工逐渐开始了解和接受美的文化，同时逐渐适应新的管理方式和工作环境。

第二阶段是导入阶段。当美的集团取得合资公司75%的股权后，便开始加大力度推广美的文化和制度。通过加大培训力度，向员工传递了美的的核心价值观和经营理念，并通过人员的交流和制度变革，逐步将美的文化导入合资公司。在这个阶段，美的集团注重倾听员工的意见和建议，并不断改进和完善文化导入的方式和手段。

第三阶段是塑造定型阶段。美的在取得合资公司100%的股权后，通过前两个阶段的铺垫和准备，员工已经对美的文化有了一定的了解和认同，此时可以全面整合公司架构，强化美的文化在公司中的地位。美的通过企业集体身份买断、管理层的调整、新员工的大力引入等方式，强势注入美的文化。在这个阶段，美的集团注重文化的深度融合和创新发展，不仅将美的文化融入公司的各个层面，而且鼓励员工发挥创造力，不断丰富和拓展美的文化的内涵和表现形式。

这种分步走的策略降低了员工的对立情绪，使得文化的整合更加顺畅和稳定。长达两三年的导入给了员工一个适应过程和认识转变的时间，让他们逐渐接受和认同新的文化，进而通过制度的变革为文化扎根打下了基础。

资料来源：夏淑梅，汪利民. 企业并购重组过程中文化的冲突与融合——荣事达集团企业文化案例研究 [J]. 华东经济管理，2009，23（2）：116-120.

【案例思考题】

1. 你认为造成并购重组后文化冲突的主要因素有哪些？
2. 总结荣事达三次并购案例，你认为在实践中可以采取哪些做法来削弱和化解并购中企业文化的冲突，并且促进企业文化的融合？

【课后思考题】

1. 简述企业文化冲突的类型。
2. 简述企业文化冲突的形成过程。
3. 在企业并购过程中，如何评估和预防潜在的企业文化冲突，并制定相应的应对策略？
4. 简述企业文化整合应遵循的原则。
5. 请从企业实践的角度出发，举例说明企业文化整合的具体策略。

【在线测试题】

扫描二维码，在线答题。

第 9 章 企业文化的传播

【案例导入】　　中国平安新品牌 Logo 设计理念

中国平安保险集团的新品牌 Logo 旨在创造一个融中国传统文化及现代品牌理念于一体的新标识。新字标设计采用了中国传统文化中"外圆内方"的哲学思想，结合了明快、简洁的国际品牌设计潮流，既具传统特色，又具现代时尚风范。

"A"字形的等边三角造型，令人联想起中西方的各式小屋，寓意呵护、关爱及家的形象。绿色方块中的绿色象征着生命、生机、活力，方块形象契合家庭，也暗合中国传统"孔方"钱币造型，有财富、瑰宝的象征。将生命、财富、瑰宝藏于家中，是一种安心的感觉，一种可以安坐家中、幸福平安的感觉。

通过品牌名称、字标的设计，以及在文字和视觉上的体现，"中国平安"希望表达对股东、客户、员工及社会负责的企业使命，凸显中国平安努力成为现代中国人首选的综合金融集团，融保险、银行、投资服务于一身的品牌形象。

资料来源：中国平安保险集团官网 [EB/OL]. (2023-11-10). https://www.pingan.cn/about/brand-spirit.shtml.

企业文化是企业的灵魂，它不仅代表着企业的形象和价值观，还影响着员工的工作态度和行为表现。因此，如何有效地传播企业文化对于企业的发展至关重要。本章将探讨企业文化的传播过程，包括传播者、受众、内容、媒介和效果等关键要素；企业文化传播的渠道以及不同传播渠道适用的不同时机等。通过了解这些企业文化传播的要素、时机和渠道，企业可以更好地管理和促进企业文化的传播，从而提升企业整体的凝聚力、形象和竞争力。

9.1 企业文化传播的内涵

9.1.1 企业文化与传播的关系

1985年，沙因出版了《组织文化与领导》一书，明确强调了企业文化的传播意义。当组织成员进入组织后，他们需要学习并理解价值认同的主要内容。这种活动通常在成员加入组织之前就已经开始了。员工在申请某公司职位时，需要了解一些基本信息，如工资待遇、工作条件、公司主营业务、企业精神等。进入该公司后，员工还需要对原来的初步认识加以强化，这些都是通过企业文化的学习和传播来实现的。

由此可见，在企业文化的产生与发展过程中，传播处于基础地位。从这个意义上说，传播才是企业文化的根本。在一定历史条件下，某个企业在发展过程中形成的共同价值观、精神行为准则以及在规章制度、行为方式和物质设施中外在表现出来的企业文化，必然要围绕着相应的组织目标在企业内部成员之间和企业与外部环境之间进行信息的传播和协调，以促进企业内外各种关系的和谐发展。

9.1.2 企业文化传播的定义

传播是指人们为实现某种目的，凭借各种象征意义的符号，进行相互作用、相互影响，以达成信息交流的沟通与活动。组织传播是指围绕相应的组织目标，组织成员之间以及组织与外部环境之间所进行的信息传播，以达到组织关系协调的活动。这一定义揭示了组织传播不同于其他传播活动，包含了人际传播、组织团体传播以及组织整体传播，但又不只是这些传播的简单叠加。组织存在于特定的环境之中，因此传播是其内部与外部的综合行为。

企业文化传播是一种组织传播。在实践中，按照传播范围的不同，企业文化的传播可分为企业内部传播和企业外部传播。其中，企业内部传播是指企业通过各种媒介和渠道，向内部员工传递自己的企业价值观、企业精神、行为准则等信息的过程，旨在让员工了解并接受企业文化。而企业外部传播则是全面、准确地对外展示、传播本企业的文化，塑造集文明度、知名度和美誉度于一体的企业形象，促使企业与其他组织关系及行为的协调，从而保证企业具有良好的运作环境。

总体来说，企业文化传播是组织传播的重要部分，通过有效的传播，可以建立、塑造和传播企业的价值观和企业文化，提升员工和企业整体的凝聚力、形象和竞争力，从而为企业的发展和成功提供有力的支持和保障。

9.1.3 企业文化传播的特点

企业文化传播是企业发展的重要组成部分，具有双向性、目标明确性、多样性、可衡量性、长期性、层次性、动态性和协同性等特点。

1. 双向性

企业文化的传播沟通不是单方面的信息提供或信息传播，而是企业与公众双方的信息交流。这种双向的交流过程不仅包括企业向公众传递信息，而且包括公众向企业反馈

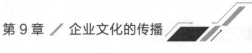

信息，如员工和客户的意见和建议等。例如，耐克公司非常注重"Just Do It"（只管去做）的理念，鼓励员工和消费者追求自己的梦想和目标。耐克通过各种渠道向员工和消费者传递其企业文化和价值观，通过制作宣传片和广告，强调运动的力量和健康的生活方式。此外，还通过社交媒体、线下活动等方式积极与员工和消费者互动，鼓励他们分享和传播耐克的文化。同时，耐克也重视员工的反馈和建议，设置了许多反馈渠道，鼓励员工提出意见和建议，以便改进产品、服务和工作环境。此外，耐克还通过客户满意度调查等方式收集消费者的反馈，以便了解他们对产品的需求和期望，并改进企业文化传播策略。

2. 目标明确性

企业文化传播的目的明确，旨在让员工和社会公众了解、认同和接受企业的文化理念和价值观，以提高企业的社会形象和市场竞争力。例如，IBM公司通过各种方式向员工和公众明确传递其企业文化和价值观。在招聘新员工时，IBM会向他们介绍公司的愿景、价值观和原则，并且希望员工理解并接受这些理念，从而形成一致的工作态度和行为。

3. 多样性

企业文化传播的方式和渠道多种多样。它可以通过企业内部的培训、沟通、活动等方式进行传播，也可以通过外部的广告、公关活动、社交媒体等渠道进行传播。同时，还可以通过员工、客户等人群进行口碑传播。例如，星巴克公司非常注重企业文化的传播。星巴克不仅通过内部培训和交流活动向员工传达企业文化，而且利用社交媒体、官方网站、宣传材料、品牌故事等多种方式和渠道，将企业文化理念和价值观传递给员工和社会公众。此外，星巴克还会举办各种公益活动，如咖啡种植者支持中心、社区服务项目等，以实际行动践行其社会责任和环保承诺，从而吸引更多的消费者参与并传播其企业文化。

4. 可衡量性

企业文化传播的效果可以通过各种指标进行衡量，如员工满意度、客户忠诚度、品牌知名度等。通过对这些指标的评估和分析，可以不断优化企业文化传播策略，增强传播效果。例如，麦当劳注重企业文化传播，通过对员工满意度、客户忠诚度、品牌知名度和市场占有率等进行分析和优化，不断改进企业文化传播策略和传播效果。

5. 长期性

企业文化传播是一个长期的过程，需要持续不断地向员工和社会公众传递企业的价值观和文化理念，以塑造共同的行为规范和价值观念。这个过程需要企业持续不断地投入精力和资源，不断地优化传播策略，提高传播效果。例如，微软公司推出员工体验平台Microsoft Viva，将员工从入职、协作，到持续学习和成长的过程进行平台化整合，从而帮助他们不断进取。

6. 层次性

企业文化传播是一个多层次的过程，涵盖了物质文化传播、行为文化传播、制度文化传播和精神文化传播四个方面。物质文化传播作为最外层，通过企业的产品和环境等直观展现企业的形象；行为文化传播则通过员工和组织的行为传递企业的价值观和精神风貌；

制度文化传播可保障、规范员工的行为和组织运作，确保企业文化的传承；精神文化传播可以通过塑造企业文化氛围，影响员工的思想和行为。这四个层次相互关联、相互作用，通过有效的传播手段，将企业的文化内涵和价值观传递给员工和公众。

7. 动态性

企业文化传播是一个动态的过程，需要根据企业的不同发展阶段和市场需求进行调整和优化。比如，企业在不同的发展阶段需要传递不同的价值观和文化理念，以适应市场的变化和员工的需求。例如，随着时代的变迁和社会的发展，阿里巴巴的企业文化也在不断调整和优化。在早期的创业阶段，阿里巴巴强调的是"让天下没有难做的生意"的使命；随着企业的发展和市场的变化，它逐渐形成了"客户第一、员工第二、股东第三"等经营理念；而在全球化阶段，它又提出了"家国情怀，世界担当"的文化理念。

8. 协同性

企业文化传播需要企业内部各个部门之间的协同合作，形成一致的声音和行动。这种协同性的传播方式可以增强企业文化的整体效果，提高企业的凝聚力和竞争力。例如，华为从公司最高层的领导团队到基层的工程师和设计师，每个人都积极参与企业文化的传播和实践。不同部门之间相互支持和协作，共同传递着企业的价值观和文化理念。这种协同合作的文化传播方式不仅增强了企业文化的整体效果，而且提高了企业的凝聚力和竞争力。

9.2 企业文化传播的要素

9.2.1 传播者：谁在传播企业文化

传播者是企业文化传播的首要要素之一，包括企业领导者、管理者、员工以及代表企业形象的品牌形象大使等。在企业文化的传播中，传播者是信息的发出者，也是信息的传递者。传播者需要清晰地了解企业的文化理念、价值观和愿景，并能够将其转化为易于理解的语言和形式进行传播。

1. 企业领导者

企业领导者通常是企业文化传播的核心人物，他们通过自身的言行、决策和领导风格来传递企业文化。例如，特斯拉的创始人埃隆·马斯克就强调企业的使命和价值观，并以此来引领企业员工的理念和行为。他曾表示，特斯拉的愿景是"让全世界相信电动汽车比汽油车更好"，并致力于推动全球汽车业向可持续能源转型。

2. 员工

员工是企业文化的直接体现者，他们通过日常工作中的言行举止来传递企业文化。例如，谷歌公司的员工经常通过社交媒体分享他们的工作体验和创意，以及在项目中如何贯彻谷歌的价值观和企业文化。这种员工自发的传播方式往往比企业的正式宣传更具说服力。

3. 英雄人物

英雄人物是企业文化建设成就的具体体现，也是企业文化传播进一步深入开展的关键所在。通过企业英雄人物这个特定的角色，可以向员工展示企业精神和企业价值观念体系的具体内容，同时也可以发挥规范员工行为、凝聚员工力量和塑造企业形象等多重作用。

（1）具象化作用。企业英雄人物是企业文化价值观和理念的体现者，他们通过自身的行为和表现向全体员工展示企业精神和价值观的具体内涵和要求，帮助职工更好地理解和接受这些理念和精神。

（2）品质化作用。企业英雄人物通过自身的品质和行为将企业价值观念体系和企业精神内化为自身的品质，从而使得这些价值观念和精神得以保存、积累并传递下去。

（3）规范化作用。企业英雄人物的出现为全体员工树立了榜样和规范。通过学习企业英雄的事迹和行为，职工可以明确自己应当怎样行动，从而规范了职工的行为。这种规范不是生硬的而是自然的，是通过学习英雄事迹、感受英雄精神而形成的文化规范。

（4）导向化作用。企业英雄人物具有引领作用，他们能够吸引和感召一批人。通过围绕一个或多个英雄人物，全体员工可以紧密团结在一起，形成一个有文明竞争力的组织。

4. 品牌形象大使

品牌形象大使通常是企业选择的代表其品牌形象的人物或动物等形象，他们通过自身的形象和言行来传递企业文化。例如，肯德基的"老爷爷"形象就是其品牌形象大使之一，代表着肯德基一直以来所坚持的家庭和友好的价值观和文化。

5. 专门负责文化传播的宣传机构和部门

（1）广告部门和公关部门。广告部门主要通过产品介绍等方式提高企业产品的知名度，从而扩大企业在社会上的影响力。公关部门则以组织形象塑造为核心内容，通过协调企业内部关系、对外宣传等方式，为企业成员增强凝聚力，使得企业的传播活动展现出企业独特的形象。

（2）传播顾问和解说者。传播顾问是企业内部专门从事传播策略规划和执行的专业人员，在企业文化传播中扮演着重要的角色。解说者负责解释企业政策和宣传工作，在文化传播中也起到了不可或缺的作用。在传播活动中，只要传播者露面、增加受众与接触次数和信息互动的频率，就会使受众产生"熟人"印象，形成亲近的倾向。让受众经常看到传播者可以增强熟知性，直接地与公众接触更有助于增强熟知性。当然，这并不意味着无限度地增加接触就一定能带来好感程度的不断增加。传播学研究表明，传播者与受众保持一定的接触限度才会有好的效果，接触一旦超出限度，受众就会产生厌烦的感觉。此外，如果第一印象十分恶劣，以后无论怎样频繁接触也难以奏效。

另外，传播者的权威性主要表现在专业技能和信息掌握上。研究表明，如果传播者在受众心目中是有关于特定问题的专家，那么在特定问题上这位传播者就会比不具有专门知识的人更容易取得较好的传播效果。

拓展阅读9.1
同仁堂的企业
文化传播

9.2.2 受众：企业文化传播的目标受众

受众是信息传播的译码者，他们是企业文化传播活动的参与者，也是传播效果的反馈者。企业的文化传播目标是为了满足受众的需要，这体现了受众需要的重要性。企业文化传播的目标受众是企业文化的潜在接收者或已有接收者，包括企业内部员工、外部投资者、合作伙伴以及广大消费者等。针对不同的受众，企业文化传播的方式和内容也会有所不同。

例如，对于谷歌公司来说，其企业文化传播的目标受众既包括内部的员工，又包括外部的用户和投资者。谷歌会通过内部员工培训、员工社交活动以及官方网站、社交媒体等多种渠道向员工传递其企业文化。同时，谷歌也会通过广告、公关活动和社交媒体等渠道向外部用户和投资者传递其创新、开放、包容的企业文化。

9.2.3 内容：企业文化传播的信息

企业文化传播的内容是多种多样的，包括企业使命和价值观、企业愿景、品牌形象等。

1. 企业使命和价值观

企业应该明确自己的使命和价值观，并通过各种渠道向员工和社会传递这些信息。企业使命是指企业存在的意义和目的，是企业为了实现社会责任和目标而不断努力的方向。企业价值观是指企业在经营和管理中所遵循的一系列基本原则和理念，包括对客户、员工、社会等方面的态度和行为准则。

2. 企业愿景

企业愿景是指企业未来的发展目标和战略规划，是企业向员工和社会传递未来发展方向和战略的重要途径。企业应该通过制定明确、可行的愿景，并通过各种渠道向员工和社会传递这些信息，以激发员工的工作热情和社会责任感。

3. 品牌形象

品牌形象是指企业在市场中所建立的品牌声誉、形象和文化价值，是企业向消费者传递产品或服务特点和文化价值的重要途径。企业应该通过广告、公关活动、社交媒体等渠道建立和维护自己的品牌形象，并通过这些渠道向消费者传递品牌的特点和文化价值。

9.2.4 媒介：企业文化传播的渠道和工具

企业文化传播的渠道和工具也是多种多样的，从形式上可以分为正式渠道、非正式渠道。其中，正式渠道包括企业内部的组织架构和制度、媒体渠道和公共关系活动等，非正式渠道则包括员工之间的社交网络和口碑传播等。企业可以根据不同的受众和传播内容选择不同的渠道和工具进行传播。

1. 正式渠道

（1）物质载体传播。这包括了企业的文化室、俱乐部、图书馆、企业刊物、企业网站、企业制服、企业宣传栏等。这些物质文化载体是企业文化传播的重要渠道，通过这些渠道，企业向员工和社会传递企业的文化理念、价值观和品牌形象。

（2）视觉、听觉传播。这主要是指通过制作与建设视觉标识、文字宣传资料、视频资料、荣誉室等，经由视觉、听觉系统传播企业标识、文化理念、案例故事与企业形象。

领导人演讲是传递企业文化的重要方式之一。企业领导人可以通过定期的演讲、讲座、分享会等方式，向员工传递企业的使命、价值观、愿景等核心信息。同时，领导人的言传身教也可以向员工传递企业的价值观和行为准则，从而更好地推动企业文化的传播。

广告也是一种常见的传递企业文化的方式。企业可以通过广告向消费者传递企业的品牌形象、产品特点、企业文化等信息。通过精心设计的广告，企业可以吸引消费者的关注，提高品牌知名度和美誉度，从而进一步增强企业的竞争力。

（3）活动传播。企业可以通过组织各种形式的员工活动和社会活动，向员工和社会传递企业的文化理念和品牌形象。在员工活动方面，企业可以组织员工参加文化培训、体育比赛、文艺表演等活动，以及参加各种社会公益活动，提高员工的社会责任感和企业归属感。此外，内部培训也是向员工传播企业文化的重要途径。企业可以通过定期企业文化培训活动，向员工介绍企业的使命、价值观、愿景等核心信息。通过这种方式，企业可以确保员工对企业文化有统一的认知和理解，从而更好地传播企业文化。

公关活动是另一种传播企业文化的方式。企业可以通过参与社会公益活动、赞助活动、合作项目等方式，向社会展示企业的价值观和品牌形象。通过公关活动，企业可以增强社会责任感和品牌形象，同时也可以与各个利益相关者建立良好的关系。

（4）外部媒体传播。外部媒体包括新闻媒体、社交媒体等外部渠道。其中，新闻媒体包括报纸、电视、广播等传统媒体，以及网络新媒体等。一方面，企业可以与网络媒体合作，通过发布新闻稿、接受采访、组织专题报道等方式，将企业的文化理念、品牌形象、产品特点等信息传递给受众。例如，企业可以发布年度报告、社会责任报告等文件，展示企业的价值观和经营理念；或者组织一些专题活动，如企业文化周、品牌推介会等，邀请媒体进行报道和采访。另一方面，社交媒体也是一种当下流行的企业文化外部传播渠道，包括微博、微信、抖音等平台。企业可以通过建立官方账号、发布动态、组织线上活动等方式，与受众进行互动和交流，传递企业的文化理念、品牌形象等信息。例如，企业可以在社交媒体平台上发布企业文化宣传片、员工工作瞬间等，展示企业的价值观和团队精神；或者发布客户评价、行业案例等，提升企业的专业形象和市场认知度。

（5）外部合作伙伴传播。企业的外部合作伙伴，如供应商、销售渠道等，也可以成为企业文化传播的重要渠道之一。企业可以通过与外部合作伙伴的沟通和交流，将企业的文化理念、品牌形象等信息传递给更广泛的受众。例如，企业可以与供应商进行合作，将企业的文化理念和品牌形象融入供应商的产品和服务中，通过供应商的市场推广活动，将企业的文化理念传递给更广泛的受众；或者与销售渠道合作，在销售点展示企业的宣传资料、广告等，提升企业的品牌知名度和美誉度。

2. 非正式渠道

非正式渠道的企业文化传播包括线下口碑传播和社交网络口碑传播，前者是指企业的员工和社会人士可以通过口口相传的方式传递出企业的文化理念和品牌形象。例如，员工可以向家人和朋友介绍企业的文化和品牌形象，社会人士可以通过分享自己的消费体验和企业经历来传递企业的文化理念和品牌形象。此外，企业员工或外部利益相关者在社交媒体上对企业的评价也是企业文化传播的重要渠道之一。

非正式渠道的传播对企业的形象树立和品牌价值传递有重要影响，其作用包括：

第一，树立企业形象。企业员工或外部利益相关者在各种非正式场合对企业的评价可以让消费者更好地了解企业的产品、服务和文化内涵，提高消费者对企业的认知度和信任感，从而增强企业的形象。例如，消费者可以通过了解员工对企业的评价，从而判断企业的价值观和文化氛围。

第二，提升品牌影响力。企业员工或外部利益相关者对企业的评价可以影响消费者的购买决策，从而提升企业的品牌影响力。例如，如果一个消费者在社交媒体上看到很多关于该企业的正面评价，那么他可能会更倾向于选择该企业的产品或服务。

第三，促进企业改进。企业员工或外部利益相关者对企业的评价可以为企业提供反馈和建议，帮助企业了解自己的不足和改进方向。例如，如果消费者在社交媒体上反映企业的售后服务不够好，那么企业可以针对这个问题进行改进，提高消费者的满意度。

9.2.5　反馈：企业文化传播的效果评估

企业文化传播的效果评估是整个传播过程中最为关键的一环。企业文化传播中的反馈机制包括内部反馈和外部反馈。一方面，企业员工对企业文化的认同度和执行力会有所不同，他们会将接受或不接受的情况反馈给传播者，以便进行调整和优化企业文化的传播。另一方面，当顾客通过产品、服务等方式感知企业文化时，会产生认同或不认同的意识，并通过购买行为等体现出来。这些反馈不仅包括不满的反馈，也包括满意的反馈，如美誉和口碑等。

企业可以通过一些定性和定量的方法对企业文化传播效果进行评估，如员工和公众的反馈调查、品牌知名度和美誉度的评估等。通过评估，可以及时了解传播活动的成果和不足，从而进行调整和完善。

（1）员工反馈调查。企业可以定期向员工发送问卷调查，了解员工对企业文化的认知和感受，以及对企业文化传播的建议和意见。通过分析调查结果，企业可以了解员工对企业文化的认可程度，以及需要改进的方面。

（2）员工行为观察。企业可以通过观察员工的行为来了解企业文化的传播效果。如果员工能够积极践行企业的价值观和文化理念，则说明企业文化的传播效果良好。

（3）内部氛围评估。企业可以通过评估内部氛围来了解企业文化的传播效果。内部氛围是指企业内部员工之间的互动和合作氛围，如果企业内部氛围良好，员工之间能够相互支持、合作共赢，那么说明企业文化的传播效果良好。

（4）决策效率评估。企业可以通过评估决策效率来了解企业文化的传播效果。决策效率是指企业内部决策的效率和执行力，如果企业内部决策效率高、执行力强，那么说明企业文化的内部传播效果良好。

(5)公众反馈调查。企业可以通过公众反馈调查,了解公众对企业文化的认知和感受,以及对企业文化的建议和意见。通过分析调查结果,企业可以了解企业文化在公众中的认可程度,以及需要改进的方面。

(6)品牌知名度和美誉度评估。企业可以通过评估品牌知名度和美誉度来了解企业文化的传播效果。品牌知名度是指消费者对品牌的认知程度,品牌美誉度是指消费者对品牌的正面评价和信任程度,二者都可以通过市场调研等方式来衡量。

9.3 企业文化传播的时机

时机并不是一直存在的,它具有稀缺性、短暂性的特点。在企业文化的传播过程中,如果能够找准并抓住时机,对于提高企业文化传播实效具有重要意义。

9.3.1 招聘新员工时

企业文化传播是一个持续的过程,而招聘新员工时是一个重要的传播时机。通过制定明确的招聘标准,建立多种宣传渠道,提供培训和教育,安排导师制度,组织团队建设活动以及鼓励员工参与等措施,可以有效地向新员工和外界提供了解企业文化的途径。

(1)制定招聘标准。在招聘新员工时,企业应该制定明确的招聘标准,包括对候选人的职业素养、专业技能和企业文化适应性等方面的要求。通过在招聘过程中传递这些标准,企业可以向潜在候选人展示自己的企业文化,从而吸引那些与企业文化价值观相符的候选人。

(2)建立宣传渠道。企业可以建立多种渠道来宣传和传播企业文化,如官方网站、员工手册、内部通信、社交媒体等。这些渠道可以向新员工提供关于企业文化的信息,使他们更快地了解和适应企业的价值观和氛围。

(3)提供培训和教育。为了帮助新员工更好地了解和适应企业文化,企业可以提供相关的培训和教育活动。这些培训可以包括公司历史、愿景、使命、价值观等方面的介绍,以及针对具体岗位所需的技能和要求的培训。

(4)建立导师制度。企业可以为新员工安排一名经验丰富的导师,帮助他们更快地适应工作环境和企业文化的特点。导师可以从老员工中选出,也可以是专门负责新员工培训的人员。通过导师的指导和帮助,新员工可以更快地融入企业文化并开始工作。

(5)利用团建活动。团队建设活动可以帮助新员工更好地了解彼此,增强团队凝聚力。企业可以组织一些有趣的团队建设活动,如户外拓展、聚餐、座谈会等,让新员工在轻松愉快的氛围中相互了解和交流。

9.3.2 兼并或收购时

在兼并或收购时,进行企业文化传播是一项极其重要的任务。

首先,企业需要确定整合后的企业文化,这需要考虑到双方企业的文化特点,以及合并后的企业愿景和战略。新的企业文化应该能够激发员工的激情，同时也能使客户感受到新的企业形象。其次，使企业文化"可视化"。将企业文化以简单生动的方式反复传递，并通过会议、备忘录、企业内刊、网络平台来传达。同时，也需要在企业的办公室、会议室、宣传栏等地方张贴有关企业文化的海报、标语等。最后，兼并或收购后，需要建立新的沟通机制，如定期的会议、员工反馈机制等，使员工能够畅所欲言，发表自己的观点和建议。

9.3.3 危机处理时

企业生存、发展的过程中肯定会遇到一些困难，面临一些危机。然而，危机却也有可能刺激真善美的觉醒与回归，能够增强人与人之间的凝聚力，促使人的行为和意识往好的方向转变。不过，这种转变具有暂时性，想让它更加持久和深刻，需要企业做好引领工作。如果企业能够处乱不惊，在处理危机事件时坚持自己的企业文化并使企业成功地度过危机，也就能够成功地传播自己的企业文化。

拓展阅读9.2
华为：沉着应对危机挑战

9.3.4 热点事件发生时

当某件事或某项活动引起受众的特别关注时，会在受众的思想上产生兴奋点；当人们处于兴奋状态时，思维更加活跃，思维能力和理解力也会随之增强。兴奋点可能是由小事引起的，也可能是由大事引起的，企业可以有意识地通过热点事件制造兴奋点。及时把握兴奋点对企业文化的传播是很有利的。

拓展阅读9.3
"酱香拿铁"：咖啡与酒的碰撞

9.4 企业文化传播的过程

9.4.1 企业文化的内部传播过程

在企业文化的内部传播中，通常由企业领导、中层干部和意见领袖充当传播者，他们首先需要接受并成为企业文化的忠实践行者，然后通过各种渠道向员工灌输企业价值观和企业精神，全方位地传播企业文化。这些渠道包括企业内部的角色分工、正规的教育体系等。通过这些渠道将企业文化的思想体系，即企业的共有价值观和理念等传递给员工。

在这个传播过程中，"噪声"是时刻存在的，主要体现为渠道简单、传播者个人素质差异等问题。企业反馈机制是降低"噪声"的重要渠道。由于员工对企业文化的认同度和执行度不完全相同，可通过将态度和行为传递给传播者，从而使企业文化内部传播以闭合形式呈现，形成一个小循环。这个过程使得企业文化在企业内部不断改进和传播，形成了一个连续的、循环的过程，有利于企业文化在企业内部的不断传播和发展。

9.4.2 企业文化的外部传播过程

在企业文化的外部传播中,宣传部门和员工充当传播者,将企业文化信息传达给主要受传者,即顾客。这些信息通过企业文化语录、标志、口号等传播途径传递给顾客,同时企业也通过产品、服务等方式向顾客传播企业文化。

信息在传递过程中可能会因为理解、认知等个人接受的不同而产生偏差,而顾客接受企业文化时会产生不同的意识,如提出意见、不购买行为或者美誉、口碑等正反两方面的传播效果信息将反馈给传播者。这一过程将企业文化的外部传播贯穿为一个闭合的循环系统,也就是第二个循环。

企业文化的外部传播效果取决于企业外部形象塑造的成功与否。有效的企业文化传播是创建优秀品牌的外在推动力。企业通过各种方式的外部有效传播,无疑将推动用户加强对品牌核心价值的认知、理解和信任。

企业文化的传播可以拥有专门的栏目,还可以通过网站平面设计、广告、客户服务等方式进行隐式传播。沃尔玛网站的"关于我们"栏目图文并茂地介绍了企业发展历程、企业文化、经营信息等;"新闻中心"栏目提供了许多珍贵视频的采访资料,反映了沃尔玛公司在环保、食品安全等方面的理念。同时,企业不仅可以利用互联网进行企业文化传播,而且可以利用手机彩信、微信等形式向会员进行传播。卖场里一般都设有闭路电视、电子显示屏等媒介进行企业文化传播。新媒介与新技术的出现要求企业在文化传播过程中既要兼顾传统方式,又要与时俱进,具有创新进取的精神。

9.4.3 企业文化的内部传播与外部传播循环过程

企业文化的内部传播与外部传播循环是这样的一个过程:企业文化的外部传播者——企业员工,首先是作为企业文化内部传播的受传者。在接受、认同企业文化后,员工将企业文化内化为一种信念和行为准则,通过提供符合企业要求标准的产品或服务,或与顾客进行直接或间接的接触等渠道,将企业文化信息传递给顾客。而顾客对这一传播的反馈又会通过多种方式,如直接反馈给员工或反馈给企业的其他外部部门,从而形成一个循环。

在企业文化的内部传播循环中,受传者——员工向企业文化外部传播循环中的受传者——顾客进行传播,形成新的传播主客体关系。因此,企业文化的内部传播效果还作用于企业文化外部传播的效果。这两条线索使企业文化内部传播系统和企业文化外部传播系统有机地联系起来,从而成为一个整体系统。

9.5 数智技术助力企业文化传播

当今时代,数智化技术为企业文化传播提供了新的工具。人工智能、大数据、云计算等数智化技术的应用,使得企业文化传播更加精准、高效和智能化。这些技术的应用不仅可以提高传播的精准度和效率,而且可以帮助企业更好地了解员工和受众的需求,从而更好地调整和优化传播策略。

9.5.1 利用人工智能进行个性化传播

人工智能（AI）在企业文化传播中的应用已经成为一个热门话题。通过 AI 技术，企业可以更精准、更高效地传播企业文化，提高员工的认同感和满意度。

1. AI 技术在企业文化传播中的应用

AI 技术在企业文化传播中的应用主要体现在以下几个方面：

（1）个性化传播。AI 技术可以通过对传播对象的行为、喜好和需求进行深度分析，为企业提供个性化的传播内容和方式，从而提高传播效果。例如，企业可以通过 AI 分析员工的行为和兴趣，向他们推送个性化的企业新闻、活动信息和学习资料等，使传播更加精准和有效。

（2）智能推荐。AI 技术可以根据员工的兴趣和需求，智能推荐相关的学习资料、业务资讯等，帮助员工更好地了解和发展自己的职业技能。例如，企业可以通过 AI 技术为员工推荐相关的培训课程、行业动态和业务知识等，以促进员工的个人成长和职业发展。

（3）监测评估。AI 技术可以监测企业文化的传播效果，评估员工对企业文化的认同程度，为企业文化的改进提供数据支持。例如，企业可以通过 AI 技术收集员工对企业文化传播的反馈和建议，分析传播效果和员工认同度，为企业文化的改进和优化提供参考和指导。通过分析社交媒体上的数据和趋势，企业可以及时发现员工对某些话题的关注度和态度变化，从而调整企业文化传播的方向和策略。此外，AI 技术还可以通过自然语言处理等方式，自动提取和整理企业文化相关的信息，提高企业文化管理的效率和准确性。

2. AI 技术如何提升传播的精准度和效率

AI 技术可以通过以下几个方面提升企业文化传播的精准度和效率：

（1）数据分析。AI 技术可以自动化处理大量的数据和信息，并对传播对象数据进行深入分析，帮助企业了解传播对象的需求和行为特征，从而精准地制定传播内容。这种数据分析可以为企业提供更全面、深入的洞察，提高传播内容的吸引力和针对性。

（2）自动分类。基于数据分析的结果，AI 技术可以根据传播对象的特征将其分成不同的群体。企业可以根据不同的群体制定不同的传播策略，并为每个群体提供相应的传播内容和方式。这种自动分类可以更好地满足不同员工的需求和偏好，提高传播效率。

（3）实时调整。AI 技术可以根据传播对象的反馈和数据表现，实时调整传播内容和方式，确保传播效果的最大化。这种实时调整可以确保企业文化传播的针对性和有效性，从而使企业能够及时适应市场和员工需求的变化。

（4）降低成本。通过 AI 技术，企业可以减少传统传播方式所需的成本，并提高传播效果。例如，AI 技术可以自动生成个性化的传播内容，降低传统广告和宣传的成本；同时，AI 技术还可以通过数据分析优化传播策略，提高传播效果，从而降低营销成本。

3. AI 技术在企业文化传播中的局限

（1）数据隐私和安全问题。在使用 AI 技术时，企业需要收集受传者的各种数据，这可能会涉及受传者的隐私和数据安全问题。如果数据泄露或被滥用，可能会对受传者的个人隐私和企业的声誉造成不良影响。因此，在使用 AI 技术时，企业需要确保数据的安全性和隐私保护。

（2）技术门槛高。AI 技术的使用需要专业的技术人员进行开发和维护，技术门槛较高。对于一些中小企业或文化部门而言，可能缺乏足够的技术资源和能力来开发和使用 AI 技术。此外，AI 技术的投入成本较高，也需要一定的资金和人力资源的投入。

（3）缺乏情感和人际互动。AI 技术虽然可以模拟人类的对话和行为，但是在情感表达和人际互动方面仍然存在局限性。企业文化传播中的人际互动是非常重要的，通过面对面的交流和情感表达可以更好地传递企业的价值观和文化理念。而 AI 技术缺乏情感和人际互动的能力，这可能会限制其在企业文化传播中的应用。

（4）难以适应文化差异。AI 技术在企业文化传播中可能难以适应不同的文化差异。不同国家和地区的文化背景、语言习惯和价值观等方面存在差异，而 AI 技术的训练数据和学习模型可能无法涵盖所有文化背景下的员工和企业需求。这可能导致 AI 技术在某些地区或文化背景下的适用性和效果不佳。

综上所述，AI 技术在企业文化传播中具有很大的优势，但也存在一些局限。企业需要根据实际情况和需求进行决策，合理利用 AI 技术提高企业文化传播的精准度和效率。

9.5.2　利用大数据优化传播策略

随着企业文化的概念越来越受到重视，如何有效地传播企业文化成了许多企业关注的焦点。大数据作为一种信息处理技术，能够在海量数据中提取有价值的信息，为企业文化传播策略的优化提供了新的思路。

1. 大数据在企业文化传播中的应用

大数据技术可以收集来自各种渠道的信息，包括员工行为、客户反馈、社交媒体等，这些信息经过处理和分析，可以为企业提供更全面的视角，帮助企业更好地把握市场和客户需求。例如，企业可以通过对员工的工作行为和言论进行分析，了解员工对企业的认知和态度，从而制定更加精准的员工培训计划和激励机制；同时，企业可以通过对客户的反馈进行分析，了解客户对产品和服务的满意度和需求，从而改进产品和服务，提升客户体验。

2. 大数据如何帮助调整和优化传播策略

大数据可以帮助企业了解市场和客户的真实需求，从而调整和优化企业文化传播策略。例如，企业可以通过对市场趋势进行分析，制定更加符合市场需求的传播策略。

另外，大数据还可以帮助企业监测企业文化传播的效果，从而不断优化传播策略。例如，企业可以通过对员工的工作效率和客户满意度等指标进行分析，了解企业文化传播的效果，从而及时调整和优化传播策略。

3. 大数据在企业文化传播中的挑战和解决方案

虽然大数据为企业文化传播提供了新的思路和方法，但也面临着一些挑战，如数据安全和隐私保护等。因此，企业需要加强数据安全管理和隐私保护措施，确保数据的安全性和可靠性；同时，企业需要建立科学的数据分析方法和规范，保证数据的准确性和客观性。

另外，大数据的应用也需要企业具备一定的技术和管理能力。因此，企业需要加强技术和管理人才的培养和引进，提高企业的数据分析和处理能力；同时，企业可以寻求外部合作伙伴或专业的数据分析机构来帮助其进行数据处理和分析。

9.5.3 云计算在企业文化传播中的创新应用

随着技术的不断发展，云计算正在逐渐渗透到企业文化传播的各个方面。通过云计算，企业可以更加灵活地整合和共享各种文化资源，提高传播效率和质量，从而更好地传递企业文化。

1. 云计算在企业文化传播中的应用

云计算的普及和应用为企业提供了一种全新的文化传播方式。通过云计算，企业可以集中管理文化资源，包括计算、存储、数据等，并将其作为一项服务提供给员工、客户和合作伙伴。这种服务模式使得企业可以更高效地管理和传播企业文化，同时提高文化传播的灵活性和可扩展性。

具体来说，企业可以利用云计算技术构建一个文化传播平台，通过该平台，员工可以轻松地获取公司新闻、内部社交网络、知识管理等各种文化资源。此外，企业还可以利用云计算技术开发各种文化应用程序，如企业宣传、内部社交、知识管理等，以适应不同部门和员工的需求。这些应用程序可以增强企业文化传播的效率和效果，提高员工的归属感和凝聚力。

2. 云计算如何促进跨地域、跨部门的协同传播

随着全球化的发展和企业规模的扩大，跨地域和跨部门的协同传播变得越来越重要。云计算技术的出现为企业提供了一种实现这种协同传播的有效方式。通过云计算，企业可以轻松地实现不同地区、不同部门之间的数据共享和协作，从而更好地推广企业文化。

具体来说，企业可以利用云计算技术建立全球性的宣传平台，让不同地区和部门的员工可以共同参与宣传内容的策划和制作。这种协同传播方式可以增强各部门之间的沟通和协作，提高企业文化的传播效率和影响力。此外，云计算还可以提供各种虚拟会议和虚拟活动的方式，打破时间和空间的限制，让企业可以进行更广泛的传播。

3. 云计算在企业文化传播中的安全性和可靠性问题及解决方案

在利用云计算进行企业文化传播时，安全性是一个必须考虑的问题。为了确保数据的安全性和可靠性，企业需要采取以下措施：

首先，选择可信赖的云计算服务提供商。大型的云计算服务提供商或知名企业开发的云计算服务通常具有更完善的安全保障措施和更高的服务质量。在选择云计算服务提供商时，企业应该考虑其信誉、技术实力和服务质量等因素，以确保数据的安全性和可靠性。

其次，对数据进行加密和备份。企业应该对重要的数据进行加密和备份，以避免数据泄露和意外损失。同时，企业还应该制定严格的管理制度和技术规范，确保数据的真实性和完整性。此外，建立虚拟安全环境也是必要的。企业应该建立一个虚拟安全环境，以避免未经授权的访问和数据泄露。

最后，定期进行安全审计和检查。企业应该定期对云计算服务进行安全审计和检查，以发现潜在的安全隐患并及时采取措施加以解决。同时，企业还应该加强对员工的培训和教育，提高员工的安全意识和防范能力。

9.5.4　5G 等新技术的应用与企业文化传播的融合发展

随着 5G 和物联网等新技术的不断发展和普及，它们在企业文化传播中也将扮演越来越重要的角色。这些技术的应用将为企业文化传播带来无限的可能性，同时也需要企业适应新技术带来的挑战，制定相应的应对策略。

1. 5G 和物联网等新技术在企业文化传播中的应用前景

5G 和物联网技术的应用将企业文化传播推向了一个新的高度。例如，5G 技术的高速度、大带宽和低延迟特性，使得企业可以在全球范围内快速、高效地传递企业文化和信息。同时，物联网技术可以通过各种设备之间的互联互通，将企业员工紧密地联系在一起，促进信息的共享和交流。

具体而言，5G 和物联网技术在企业文化传播中的应用包括但不限于以下几个方面：

（1）实时远程传播。通过 5G 网络，企业可以实现全球范围内的实时远程传播，让员工和客户可以同步接收和参与企业文化活动，如远程会议、在线培训等。这种应用可以打破时间和空间的限制，让员工和客户随时随地参与企业文化活动，增强企业文化的传播效果和影响力。

（2）智能展馆。物联网技术可以应用于企业展馆，通过智能化设备和传感器，实时感知和记录参观者的行为和反馈，从而为企业提供更精准的文化传播途径。通过智能展馆，企业可以更好地展示自身的文化形象和价值观，同时根据参观者的反馈和行为数据进行调整和优化，使企业文化传播更加精准和有效。

（3）内部沟通与协作。5G 和物联网技术可以促进企业内部员工之间的沟通和协作，如通过智能办公系统实现自动化管理、信息共享和协同工作。这种应用可以提高企业内部沟通和协作的效率和质量，同时为企业文化的传播提供更好的支持和促进。

2. 新技术与企业文化传播的融合发展所面临的挑战及应对策略

虽然新技术为企业文化传播带来了无限的可能性，但也面临着一些挑战和风险。例如，5G 和物联网技术的应用需要大量的投资和技术支持，同时需要解决一系列的技术和管理问题。此外，新技术的快速迭代更新也将给企业带来一定的风险和不确定性。为了应对这些挑战和风险，企业需要采取以下措施：

（1）深入了解新技术。企业需要深入了解 5G、物联网等新技术的特性和应用场景，结合自身实际情况制订可行的实施方案。这包括了解新技术的优势、局限性和应用范围，以及相关的技术标准和规范。通过深入了解新技术，企业可以更好地把握机遇，制定科的发展战略。

（2）制定科学的管理策略。企业需要制定科学的管理策略，包括对员工的教育培训、技术支持、安全管理等方面，以确保新技术的顺利应用和融合发展。在员工培训方面，企业可以提供相关的技术培训和职业发展课程，提高员工的技术水平和适应能力。在技术支持方面，企业需要建立完善的技术支持体系，提供及时的技术服务和解决方案。在安全管理方面，企业需要制定严格的安全管理制度，保障企业信息和数据的安全。

（3）加强合作创新。企业可以与科研机构、其他企业等合作伙伴共同推动新技术的研发和应用，共享资源和经验，降低成本和风险。通过合作创新，企业可以借助外部资源和技术力量，加速新技术的研发和应用进程，降低自身的风险和成本。此外，合作创新还可以促进企业之间的技术交流和合作，推动整个行业的发展和进步。

【本章小结】

首先，本章介绍了企业文化传播的定义及其重要性。企业文化传播的要素，包括传播者、受众、内容、媒介和反馈等。企业文化传播的时机，包括招聘新员工时、兼并或收购时、危机处理时以及热点事件发生时等，并介绍了如何把握好时机，以及采取相应的措施。其次，本章介绍了企业文化传播的过程，包括企业文化的内部传播和外部传播过程，以及二者的循环过程。最后，本章还详细探讨了数智技术助力企业文化传播的相关内容，包括利用人工智能进行个性化传播、利用大数据优化企业文化传播策略、云计算在企业文化传播中的创新应用以及5G等新技术的应用与企业文化传播的融合发展等。

【案例分析】　　　　　小米：企业文化传播

1. 企业介绍

小米公司成立于2010年，是一家以智能手机、智能硬件为核心的消费电子及智能制造企业。小米以"始终坚持做感动人心、价格厚道的好产品，让全球每个人都能享受科技带来的美好生活"为使命，崇尚"极客"精神，追求高效、创新、卓越，不断追求极致的用户体验和运营效率，通过核心技术的研发和创新，为用户打造出更加高品质、高性价比的产品。在初创期，小米凭借线上销售、口碑传播以及粉丝内部会员制等新型营销方式，快速打开市场。当前，小米产品遍布全球100多个国家和地区，连续多年上榜《财富》全球500强。

2. 企业文化理念

小米始终秉持"创新与品质并重，不断追求极致的用户体验和运营效率"的理念，强调用户互动、参与和共建。小米相信"和用户交朋友，获得用户的信任和喜爱，才是企业长远发展的基石"。因此，注重创新、品质、用户至上，这些理念贯穿于小米的产品和服务中。在产品设计上，小米坚持"实用、美观、高品质"的理念，追求极简、高效、人性化,让用户在使用过程中感受科技带来的愉悦感。

3. 企业文化传播

(1) 深耕用户需求。在智能手机市场,小米公司通过深入了解用户需求,逐步推出了一系列具有差异化竞争力的产品。自2010年成立以来,小米意识到移动互联网将成为下一个风口,因此其创始团队首先对安卓系统进行了优化,并推出了广受追捧的MIUI,解决了当时手机系统运行不流畅等痛点,成功地打造了当时中国智能手机市场的高性价比产品。

之后,小米公司逐步引进高素质研发人才,建立全球研发网络。针对用户对手机性能的需求,通过自主创新和技术研发,不断优化其操作系统和硬件配置,为用户提供流畅、稳定的手机体验。同时,小米公司还注重产品设计和用户体验,推出了一系列外观时尚、操作简便的智能手机,吸引了众多年轻用户,尤其是女性用户的青睐。

此外,为了进一步提高产品性能和知名度,小米公司还积极引导用户参与开发。通过社区互动、用户反馈等方式,及时了解用户需求和反馈,并据此对产品进行调整和优化。

除了手机产品外,小米公司还通过搭建生态链和拓展智能家居市场,为用户提供更加便捷、智能的生活体验。通过与多家智能家居厂商合作,小米公司推出了涵盖智能家居、智能出行、健康医疗等领域的多款智能产品。这些产品不仅具备高效、便捷的特点,还与小米手机等核心产品实现无缝连接,为用户带来更加完善的智能生活体验。

(2) 品牌宣传与粉丝文化宣传。为了提高产品的知名度和口碑,小米公司积极开展品牌营销和粉丝文化建设。小米品牌宣传口号"为发烧而生"充分体现了其极客精神和产品定位。这个口号不仅传达了一种对技术的热爱和追求的态度,还向用户展示了小米产品的性能强劲、品质优良。在品牌宣传过程中,"让每个人都享受科技的乐趣"成为小米的全新口号,进一步拉近了与大众的距离。

首先,小米公司通过操作系统MIUI的研发,赢得了广大手机发烧友的青睐。随后,小米通过操作系统搭建粉丝专属社群,进一步造势。2011年,正式推出了首款小米手机。这款手机作为行业的搅局者,以高性价比为卖点,提出了"为发烧而生"的品牌口号,打破了原有的行业模式,得到了市场的巨大认同。这为小米公司的前期发展奠定了良好的口碑。

其次,通过各类社交媒体和线下活动,小米公司与用户保持紧密互动。例如,小米在推出新款手机时,会提前在社区发布招募帖,邀请用户参与新机的试用和评测,并积极收集用户的反馈和建议,从而不断优化产品和服务。

此外,小米公司的广告策略倡导"性价比"和"真诚透明"的宣传方式。通过举办新品发布会、营销活动等方式,吸引用户关注和参与。小米公司的新品发布会是其向消费者展示最新产品和技术的一项重要活动。例如,在2021年小米MIX 4的发布会上,小米向全球消费者展示了其最新的屏下摄像头技术和一体化的陶瓷机身等创新设计。同时,在宣传渠道上,小米公司充分利用微博、抖音等社交媒体平台进行产品推广和营销。例如,小米公司会在微博、抖音等平台上发布新品预告、产品介绍和用户评价等内容,吸引用户的关注和参与。在宣传形式上，小米公司将线上媒体造势与各类线下活动结合起来，如定期举办"米粉节"活动，向用户提供优惠折扣和赠品，吸引用户购买和参与；通过新品体验会、技术研讨会等，让用户更加深入地了解小米的产品和技术，进一步提升品牌影响力和用户黏性。

在合作伙伴推广方面，小米公司还与多家合作伙伴合作，共同推广小米的产品。例如，小米与顺丰快递合作，推出"顺丰速运＋小米商城"的购物模式，让用户在小米商城下单后可以享受顺丰快递的快速配送服务。2023年5月31日，顺丰供应链宣布与小米集团进一步达成合作，为其打造原料中央仓库。通过全方位的供应链解决方案，为小米提供终端产品原材料的收货、存货、发货管理以及中港运输及配送到下游工厂的端到端物流服务，包括保税仓管理、故障品逆向物流、库内贴标等一系列增值操作业务。这一合作响应了新生代群体消费需求的升级，实现了顺丰同城近场电商服务优势与小米全场景新零售模式的深度融合。

（3）国际化战略进一步提升品牌影响力。值得一提的是小米公司的国际化战略。自成立以来，小米一直积极拓展海外市场，逐步将其业务拓展至全球。通过在海外市场建立分支机构、与当地合作伙伴建立战略联盟以及积极参与国际展会等方式，小米公司成功打入了全球市场并获得了一定的市场份额。这种国际化战略不仅扩大了小米公司的业务范围，还提升了其在全球范围内的影响力和竞争力。

通过多年的努力，小米的企业文化传播取得了显著的效果。在品牌知名度方面，小米已经成为全球知名的科技品牌，拥有庞大的粉丝群体和忠实的用户群体。在市场份额方面，小米在多个国家市场占有率位居前列，成为全球领先的智能手机制造商之一。

4. 结语

通过上述分析可以看出，小米公司与用户紧密合作的方式不仅提高了产品的针对性和实用性，而且增强了用户对品牌的认同感和忠诚度。小米通过对智能产品的重塑赢得了消费者的口碑，而良好的口碑又吸引了更多的消费者购买小米产品，形成了良性的循环。首先，以用户为中心的理念是企业文化传播的关键，只有真正关心用户需求，才能获得用户的信任和支持；其次，要不断进行技术创新和产品升级以满足用户的需求；最后，品牌宣传和广告策略要切合品牌定位和用户群体特征，用真诚透明的宣传方式赢得用户的信任和喜爱。

资料来源：根据"郝旭光，李彬，李强．社群经济下互联网创业公司文化体系建设研究：以小米公司为例[J]．中国人力资源开发，2017，（10）：99-109"，整理而得．

【案例思考题】

1. 小米公司如何通过深耕用户需求进行产品设计？这反映出何种企业文化？
2. 简述小米公司的企业文化传播途径与传播策略。

【课后思考题】

1. 什么是企业文化传播？它对企业的重要性是什么？
2. 企业文化传播的要素有哪些？它们之间是如何相互联系和影响的？
3. 在企业发展过程中，应该如何选择合适的时机进行企业文化传播？
4. 什么是内部传播和外部传播？它们之间有什么区别和联系？
5. 在当今数字化时代，数智技术如何助力企业文化传播？

【在线测试题】

扫描二维码，在线答题。

第 10 章　数智时代下传统文化与企业文化建设

【案例导入】　　　　海尔集团的"三易"思想

> 随着近年国学热的兴起,越来越多的中国企业家从优秀的传统文化中吸取养料来指引管理实践。中国古代典籍《周易》中的"三易"理念,即"变易、简易、不易"被反复提及,但真正能将其融会贯通并成功运用于企业管理实践的并不多。海尔集团董事局名誉主席张瑞敏先生对中国传统文化有很深的研究,在 2023 年的新年演讲《海尔文化纵横谈》中,他用《周易》的"三易"理念来论述海尔的文化变革,而这也确实概括了海尔和张瑞敏本人的心路历程。
>
> "变易",可以用张瑞敏的金句进行解释:"没有永远的企业,只有时代的企业。"所以企业一定要变,在经营管理的每一个方面都要与时俱进,企业唯一不变的就是变化。
>
> "简易",可以用原通用电气 CEO 杰克·韦尔奇的一句话来进行解释:"将复杂事情简单化,将简单事情规范化。"海尔实施巨大的组织变革,裁减 12 000 名中层管理者,减少企业层级,在"人单合一"理念指导下,将员工和市场、客户之间链接,就是将复杂的管理活动简单化。每个员工通过价值创造来实现价值分享,同时实施自我管理。
>
> "不易",则是"万变不离其宗",即企业秉持基本发展理念不变。2005 年海尔提出"人单合一"理念,在此后的 17 年中,随着时代变迁、社会变化,海尔集团的管理方式和组织形式也有所变化,但"实现人的价值最大化"这一基本信念不变,打造企业生态圈的追求不变,坚持场景自裂变的做法不变。在此基础上,海尔实现了企业的不断发展和超越,成为中国卓越企业的代表。
>
> 资料来源:苏勇.企业文化的"易"与"不易"[J].企业管理,2022(3):27-29.

随着全球化的不断深入，企业在跨文化环境中的运营已成为常态。在这个背景下，中国传统文化的精髓和特色越来越受到关注。中国传统文化源远流长，其中蕴含着丰富的哲学思想、道德规范和艺术表现。这些元素对于现代企业发展具有重要的指导意义。如何将传统文化融入企业文化，并推动企业创新发展，是一项具有挑战性和实用价值的课题。

本章旨在探讨传统文化如何影响现代企业发展，以及如何在传承与创新中找到新的企业文化发展路径。通过深入了解传统文化，我们可以为企业文化建设提供一种独特的思考视角。同时，传承与创新是传统文化在现代企业中发挥作用的两个关键因素。通过对传统文化进行创造性转化，我们可以为企业带来新的竞争优势和创新动力。本章将从数智技术运用的角度探讨传统文化与现代企业文化建设的关系，通过关注数智技术的崛起和发展趋势，重点探讨数智技术如何促进传统文化的传承和创新，并为企业提供具体的实践方法和案例分析。

10.1 中国传统文化概述

10.1.1 传统文化的定义与内涵

传统文化是指在长期历史演变过程中，被某一社会或民族广泛接受并代代相传的一种文化形态。它表现在社会或民族的思想、信仰、价值观念、礼仪制度、行为规范、文化艺术等方面，具有稳定性和延续性。传统文化通常是在特定地理环境、历史背景下形成的，与当地的社会结构、经济基础和意识形态密切相关。

在中国，传统文化是指在长期的历史发展过程中，以华夏文明为核心，融合了儒、道、墨、法等众多思想流派的一种文化体系。这一文化体系不仅影响着中国社会的各个方面，而且对于中国企业的管理理念和企业文化产生了深远影响。

10.1.2 中国传统文化的特点与精髓

1. 厚重的历史文化底蕴

中华优秀传统文化源远流长，具有悠久的历史和深厚的文化底蕴，包括了中国五千余年的历史、哲学、文学、艺术、道德、法律等方面的内容。例如，在中国历史上，儒家思想、道家思想、法家思想等都得到了广泛的传承和发展，这些思想流派对中国的文化、政治、社会和道德等方面都产生了深远的影响。虽然传统文化在某些短暂的历史时期内有所中断，在不同的历史时期或多或少地有所改变，但是大体上保持了良好传承，总体来说变化不大。例如，在中国的古代文化中，诗歌、散文、绘画等艺术形式都有着悠久的历史和传统，尽管在不同历史时期有着不同的风格和特点，但是它们都是中国文化的重要组成部分。

2. 人文关怀和深邃思想

中华优秀传统文化中的人文关怀和深邃思想，是其核心的精神内涵之一。其中，人文关怀强调的是人与人之间的关系和道德规范，让人们更加关注自身的内心世界和精神追求。这一点在诸多思想家和哲学家的理论中得到了体现，如孔子的仁爱思想和孟子的性善思想等。

孔子的仁爱思想主张以仁心待人，推己及人。这种思想强调了人与人之间的相互关爱和尊重，倡导建立和谐的人际关系和社会秩序。同时，孔子的思想也强调了个人内在的修养和道德完善，追求人的精神世界的提升和超越。

而孟子的性善思想则认为，人的本性是善良的，人们通过修养和教育，可以不断提升自身的品德和善性，实现自身的完善和发展。这种思想强调了人性的尊严和价值，倡导人们注重道德修养和内在的品质，从而形成了一种追求内在美的人文精神。

除了儒家思想外，道家思想中的无为而治也是人文关怀和深邃思想的重要体现。道家认为，自然界的运行规律是不受外界干扰的，万物自然生长，自然消亡。人类社会也应遵循这种自然规律，以"无为"为治，即不干预、不强制、不约束，让人们自由发展。这种思想主张尊重人的自由和天性，强调个人和社会的和谐共处，体现了对人类生存状态的人文关怀。

3. 独特的审美价值和艺术表现形式

中华优秀传统文化具有独特的审美价值和艺术表现形式，如诗词、书法、绘画、音乐、舞蹈、戏曲等，这些艺术形式以其独特的风格和内涵，表现了中华民族的审美情趣和文化特色。例如，国画注重笔墨和气韵的表现，强调画面的意境和神韵；书法则注重笔法和章法的表现，强调文字的形态和神态；传统戏曲则注重唱、做、念、打的表现，强调舞台的表演和音乐的美感。这些艺术形式不仅具有极高的审美价值，也蕴含着深刻的文化内涵和社会意义。

4. 包容多元的中华文化共同体格局

在长期的历史发展中，中国形成了多元一体的中华文化格局。作为统一的多民族国家，中国不仅形成了以儒家思想为核心的多元文化体系，而且尊重和保护不同文化的多样性，积极推动各民族之间的和谐共处和共同发展，促进不同文化之间的交流与融合。例如，对于少数民族的语言、文字、传统艺术和习俗等文化遗产，政府给予了大力支持和保护。此外，政府还积极推动不同地区和不同民族之间的文化交流项目，以加深相互了解和促进文化交融。这种多元一体的文化格局不仅有助于促进中华民族的团结和发展，而且有利于推动世界文化的多元化与和谐共处。

10.1.3　传统管理思想及其对企业文化塑造的影响

1. 中国传统管理思想概述

与传统思想和文化的发展历程类似，中国传统管理思想的发展也有着非常久远的历史，最早可以追溯到夏、商、周时期。在长期的发展过程中，出现了许多杰出的管理思想家和学说，涉及国家管理、军事管理、经济管理等多个领域。

在国家管理方面，中国古代著名的思想家孔子、孟子、老子、管仲、韩非子等都提出了自己的管理思想。孔子强调"为政以德"，认为君主仁德是管理国家的根本；孟子则重视"仁政",主张以仁爱之心治理国家;老子则主张"无为而治",强调管理国家的最高境界是"无为";管仲则强调"以法治国",主张以法治手段管理国家;韩非子则主张"法主德辅",将法治和德治结合起来。

在军事管理方面,中国古代著名的军事家孙武、吴起、孙膑等也提出了自己的管理思想。孙武强调"兵者,诡道也",主张灵活多变的军事策略;吴起则强调"内修文德,外治武备",主张对内加强道德修养,提高人民的道德水平,对外加强军事准备,提高军队的战斗力;孙膑则强调"贵势",主张在战争中注重利用形势和兵力优势。

在经济管理方面,中国古代著名的经济学家管仲、商鞅等也提出了自己的管理思想。管仲主张以经济手段管理国家,认为发展经济是国家强大的根本;商鞅则主张"重农抑商",认为大力发展农业是增强封建制的经济基础。

此外,中国古代还有许多杰出的政治家和思想家,如汉朝的贾谊、唐朝的魏徵等,也提出了许多具有代表性的管理思想。这些管理思想涉及国家治理、政治制度、文化教育等多个领域,为中国传统管理思想的发展作出了重要的贡献。

2. 传统管理思想对企业文化建设的启示

上述这些管理思想对企业管理和企业文化建设有着非常重要的启示,深远影响了中国近现代以来的企业管理实践和企业发展历程,具体包括:

(1)人本管理。中国传统管理思想强调人的重要性。无论是孔子的"仁德"还是孟子的"仁政",都强调了人的价值。在现代企业管理中,也应该强调人的重要性,关注员工的成长、发展和需求,以员工为中心,充分发挥员工的积极性和创造力。

(2)道德引导。中国的传统管理思想强调道德的重要性。例如,孔子强调"诚信"的重要性,认为人们应该以诚信为本,言行一致,不欺骗他人,不违背诺言。这种道德观念被广泛应用于现代企业管理中,强调企业应注重道德引导,培养员工的道德观念和价值观,使其能自我约束和自我管理。

(3)知人善任。中国的传统管理思想强调知人善任。老子在《道德经》中提到"知人者智,自知者明",强调了了解和合理使用人才的重要性。现代企业管理也应该是以人为本,注重人才的选拔、任用和培养,充分发挥员工的才能和潜力。

(4)战略管理。孙武的"兵者,诡道也"思想启示了战略管理的重要性。在企业中,领导者需要制定灵活多变的战略来应对不断变化的市场环境和竞争态势。同时,战略管理还需要关注员工的反馈和参与,以确保战略的有效性和可持续性。

(5)用户至上。曾国藩"兵为民之卫"的思想启示了用户至上的观念。在企业中,应该始终将用户的需求和反馈置于首位,积极倾听用户的声音,不断改进产品和服务,提升用户满意度和忠诚度。

(6)经济发展。管仲的"以经济手段管理国家"思想强调了经济发展的重要性。在企业中,领导者需要关注经济发展和市场需求,制订合理的经济计划和经营策略,以提高企业的经济效益和市场竞争力。

(7)法治精神。管仲的"以法治国"思想启示了法治精神的重要性。在企业中,应该建立完善的制度和规章，遵循市场规则和法律法规，加强企业内部的规范和约束，提升企业的规范化和透明度。

（8）文化传承。贾谊、魏徵等古代政治家和思想家的管理思想强调了文化传承的重要性。在企业中，应该注重企业文化的传承和发展，营造良好的企业文化氛围，发挥企业文化的引导作用，激发员工的凝聚力和创造力。

（9）和谐共赢。中国的传统管理思想强调和谐共赢。无论是孟子的"仁者爱人"，还是老子的"无为而治"，都强调了和谐共处的思想。现代企业管理也应该注重和谐共赢，营造良好的企业氛围和员工关系，实现企业和员工的共同发展。

（10）社会责任。中国传统管理思想强调社会责任。无论是孔子强调的"君子人格"，还是孟子的"兼济天下"思想，都强调了社会责任的重要性。现代企业管理也应该注重社会责任，关注企业发展的可持续性，促进企业的社会责任和形象的提升。

10.2　文化传承与企业文化传播

10.2.1　传统文化传承与创新的辩证关系

传统文化传承与创新之间存在着辩证关系。传承是创新的基础，而创新则是传承的延续和发展。

首先，传统文化需要得到充分的传承和发扬。传统文化是一个民族、一个社会在长期的历史演进中形成的，它包含了民族的智慧、经验和价值观念，对于维护国家的稳定和繁荣具有重要的作用。因此，传承传统文化不仅是为了保存和发扬文化的多样性，而且是为了延续和弘扬民族的优秀传统和精神。但是，传承并不意味着一成不变地保留传统文化。文化需要在传承中不断创新和发展，以适应时代的变化和社会的发展。传统文化也需要与时俱进，吸纳新的元素和思想，以保持其活力和时代性。

其次，创新是传承传统文化的重要途径。创新是在传统文化的基础上进行的，它是对传统文化的延续和发展。创新可以通过多种形式实现，如文化产品的创新、文化传播方式的创新、文化观念的创新等。这些创新可以促进传统文化的现代化和多样化，使其更具有吸引力和竞争力。

最后，创新也需要在传承传统文化的基础上进行。创新并不是简单地颠覆传统文化，而是在传统的基础上进行改造和发展。没有传统文化作为基础，创新就会失去方向和根基，难以取得真正的进展和成果。

因此，传统文化传承与创新之间需要相互促进、相互补充。传承是为了更好地延续和弘扬传统文化的精髓和价值，而创新则是为了更好地适应时代的发展和社会的变革。只有在传承和创新相互促进、相互补充的基础上，才能使传统文化得到更好的发扬和推广。

10.2.2　传统文化传承与企业文化传播的相互影响

传统文化传承与企业文化传播之间存在相互影响的关系。

第一,传统文化传承对于企业文化传播具有重要的影响。中国传统文化注重和谐共生、诚实守信、尊重传统等价值观念,这些价值观念可以在企业文化中得到体现和应用。例如,和谐共生的观念可以引导企业员工之间建立良好的合作关系,营造和谐的工作氛围;诚实守信的价值观念可以建立企业的信誉和形象,提高企业的竞争力;尊重传统的价值观念可以保持企业文化的延续性,传承企业的核心价值观。这些价值观念的传承和发扬,不仅是企业文化建设的重要内容,而且是企业文化传播的重要手段。

第二,企业文化传播也影响着传统文化的传承。企业文化作为社会文化的重要组成部分,具有时代性和创新性。在企业文化中,可以体现传统文化的优秀成果,也可以吸纳新思想、新文化,从而对传统文化进行传承和发扬。例如,许多企业在传承儒家思想的基础上,将其融入企业管理中,形成了"以人为本"的企业文化理念。这些企业文化的传播和推广,不仅可以促进企业内部的和谐和发展,而且可以影响社会对于传统文化的认知和理解。

因此,传统文化传承与企业文化传播之间存在相互影响、相互促进的关系。传统文化可以为企业文化传播提供指导和借鉴,而企业文化传播也可以为传统文化注入新的活力和时代性。这种关系不仅可以促进企业文化的传播和发展,而且可以推动传统文化的传承和创新。

拓展阅读10.1
京博公司的
"仁孝"文化

10.2.3 如何通过企业文化传播中国传统文化

1. 建立符合传统文化价值观念的企业文化

企业在建立符合传统文化价值观念的企业文化时,应该注重以下几个方面:

首先,企业应该汲取优秀传统文化的内涵。传统文化是中国文化的重要组成部分,也是企业文化的基石。企业应该尊重传统文化的价值和历史地位,从传统文化中汲取智慧和营养,传承和发扬传统文化的精髓和特点。例如,企业在制定品牌名称、品牌标识、包装设计时,可以从中国传统文化的角度出发,选取有传统文化内涵的元素,彰显传统文化的魅力。

其次,企业应该强调诚实守信的价值观念。诚信是中国传统文化的核心价值观之一,也是企业文化的必备要素。企业应该秉持诚实守信的原则,遵守承诺、诚实待人、公正交易,以赢得客户的信任和尊重。例如,华为公司的企业文化中强调"至诚守信"的价值观念,遵守商业道德和规范,树立了良好的企业形象。《华为商业行为准则》中指出,"诚信的本质在于责任与使命,在于信仰公司的核心价值观,在于全体干部与员工信守自己的承诺。每个有使命感、责任心的华为员工,有权利、责任和义务信守华为共同的诚信文化,每一位华为干部都应是华为诚信文化建设的倡导者和身体力行的模范,每一位华为员工都应是诚信文化的传承者和实践者"。

最后,企业应该注重和谐共生的价值观念。和谐共生是中国传统文化的重要思想之一,也是企业文化的追求目标。企业应该注重员工之间的合作、尊重和关爱,营造和谐稳定的工作氛围,让员工感受到企业文化的温暖和力量。同时,企业还应该关注社会责任和公益事业，以实现企业与社会的和谐共生。

2. 将传统文化元素融入企业文化中

企业可以通过开展各种形式的活动，如文化节、文化展览等，将传统文化元素融入企业文化中。这些活动不仅可以提高员工对传统文化的认识和了解，而且可以增强企业文化的多样性和魅力。具体包括：

（1）文化节。企业可以定期举办文化节活动，在文化节中展示中国传统文化的各个方面。例如，可以展示与企业发展历程相关的工艺品、服饰、音乐等。员工通过参与文化节，可以更加了解和认识中国传统文化的多样性和魅力，同时也可以更加深入地了解企业文化的内涵和特点。

（2）文化展览。企业可以举办各种形式的传统文化展览，让员工更加深入地了解传统文化的历史和文化内涵。例如，可以举办画展、书法展、传统手工艺展等。通过参观展览，员工可以更加深入地认识企业文化所根植的传统文化背景，产生身份认同。

3. 培养员工的传统文化素养

企业可以组织员工参加传统文化知识培训、文化素质提升等课程，提高员工的传统文化素养。这样可以使员工更好地理解和传承传统文化的精髓和价值观念，从而更好地传播和推广传统文化。具体来说，企业可以采取以下几种方法来提高员工的传统文化素养：

（1）制订培训计划。企业可以根据员工的实际情况和需求，制订传统文化知识培训计划。例如，可以针对不同部门、不同岗位的员工，选择不同的传统文化知识进行培训。针对市场营销部门员工，可以开展儒家思想、道家思想等有关管理方面的传统文化培训，针对技术部门员工，可以开展《易经》思想、墨子思想等有关科技方面的传统文化培训。

（2）邀请专业人士授课。企业可以邀请专业的传统文化人士来为员工进行授课。这些人士可以包括大学教授、文化机构研究员等，他们可以结合员工的需求和实际情况，进行有针对性的传统文化知识培训。

（3）企业文化沙龙活动。企业可以定期举办企业文化沙龙活动，让员工深入了解传统文化的精髓和价值观念。在活动中，可以邀请文化专家、文化名人等与员工进行互动交流，让员工更加深入地了解传统文化的内涵和意义。

（4）安排实地考察。企业还可以安排员工到传统文化景区、文化遗址等地进行实地考察。通过实地考察，员工可以更加深入地了解中国传统文化的历史和文化内涵，同时也可以感受传统文化的现代价值和意义。

4. 利用新媒体手段传播传统文化

企业可以积极利用新媒体手段，如官方网站、微博、微信公众号等，通过视频、音频、图片等形式，传播中国传统文化的优秀成果。这些新媒体平台可以为企业提供更广泛的传播渠道和更高效的传播方式，让更多人了解和认识中国传统文化的多样性和魅力。例如，企业可以在官方网站上设置专门的传统文化板块，发布有关传统文化的文章、图片、视频等，向员工和社会公众传递中国传统文化的魅力和价值。同时，可以在微博、微信公众号等平台上，通过短视频、图片、文字等形式，分享传统文化元素和故事，增强员工和社会公众对中国传统文化的认知和感受。

此外，企业还可以利用新媒体手段开展线上传统文化活动，如展览、比赛、讲座等，以吸引更多的员工和社会公众参与其中，增强互动和体验。例如，可以在微信公众号上举办有关传统文化的征文比赛、摄影比赛等，让员工和社会公众通过文字、图片等形式，表达对中国传统文化的热爱和感悟。

10.3 数智技术在企业传统文化传承中的应用

数智技术在企业传统文化传承中的应用已经变得日益重要。随着企业文化的不断发展和丰富，如何有效地管理和传承这些宝贵的文化遗产成了企业面临的重要问题。而数智技术的出现，为企业提供了一种全新的解决方案。

首先，数智技术可以帮助企业实现传统文化的数字化保存。通过采用数字化转化技术，如扫描、文本识别、语音转换等，将企业的传统文化元素，如历史档案、图片、音频、视频等，进行数字化转化和保存，形成数字格式的文献资料。这种数字化转化不仅保护了传统文化的原真性，而且为企业提供了更加便捷的查询和使用方式。同时，利用云计算和大数据技术，可以实现高效的数据存储和管理，为企业提供更加稳定和可靠的文化遗产数字化保存方案。

其次，数智技术可以促进企业传统文化的传承和发展。通过数字化模拟、虚拟现实等技术，可以再现企业历史场景，让员工更加直观地了解企业的历史文化和发展历程。这种沉浸式的体验可以增强员工对企业的认同感和归属感，同时也可以提高企业的文化软实力和品牌形象。另外，利用人工智能技术，可以开发智能化的"文化传承机器人"，为企业提供更加智能化和个性化的文化传承方案。这些"机器人"可以作为企业文化的传承者和创新者，为员工提供更加智能化和高效化的文化传承服务。

最后，数智技术还可以促进企业传统文化的国际传播和交流。通过将企业传统文化元素数字化，便于将它们推向全球市场，让更多的人了解和认识企业的品牌和文化。同时，通过与国际文化机构合作，也可以引进更多的国际文化元素，丰富和发展企业的传统文化。这种国际传播和交流可以促进企业文化的多元化发展，提高企业在国际市场上的竞争力。

总之，数智技术在企业传统文化传承中的应用具有广泛的应用前景。它不仅可以有效地保护和管理企业的文化遗产，而且可以促进企业文化的创新和发展，提高企业的文化软实力和品牌形象。同时，也需要看到数智技术在企业传统文化传承中面临的挑战和问题，如信息真实性问题、文化差异性问题等。因此，在应用数智技术推动企业文化创新发展的同时，也需要加强对这些问题的研究和探讨，以更好地应对挑战。

拓展阅读10.2
"紫禁城365"
带你玩转故宫

【本章小结】

本章主要探讨了传统文化在企业发展中的应用。首先，介绍了中国传统文化的基本概念和内涵，包括传统文化的定义、特点和发展历程等。其次，探讨了中国传统文化的代表人物以及传统管理思想对企业文化塑造的影响。最后，本章重点讨论了文化传承与企业文化传播之间的关系，分析了传统文化传承与创新的辩证关系，探讨了文化传承与企业文化传播的相互影响，并提出了如何通过企业文化传播中国传统文化的方法，以及数智技术如何赋能传统文化在企业中的传承与发展等问题。

通过本章的学习，可以深入了解传统文化在企业发展中的重要性和应用价值。同时，也掌握了如何将传统文化融入企业文化以及通过企业文化传播中国传统文化的方法。

【案例分析】　　　　　　　方太：以道御术

一、企业简介

方太厨房电器有限公司是一家专业从事厨房电器研发、生产和销售的企业，成立于1996年，公司总部位于中国浙江宁波，产品线涵盖了吸油烟机、燃气灶、消毒柜、蒸烤箱、洗碗机等多种厨房电器，以及厨房水槽、龙头等配套产品。方太注重产品研发和品质控制，拥有多项专利技术和创新产品，如智能油烟机、挥手智控吸油烟机等。目前，方太拥有多个研发中心和生产基地，致力于为用户提供高品质、智能化的厨房电器解决方案。

方太公司秉持"专业、高端、负责"的品牌理念，致力于为用户创造更加舒适、便捷的厨房体验，其产品不仅在国内市场上备受用户青睐，还远销全球多个国家和地区。

二、方太企业文化发展历程

1. 1996—2000年：创立与发展

1995年，从上海交通大学毕业的茅忠群没有子承父业，而是另起炉灶，创建了一个全新的厨电品牌——方太。20世纪90年代初期，中国厨具市场竞争激烈，国内品牌面临着国际知名品牌的巨大压力。作为一家专注于高端厨房电器产品的企业，方太意识到要想在市场上取得成功，必须形成一套具有独特优势的企业文化和管理理念。

1996年，方太推出了第一款油烟机产品，尽管价格不菲，但因其创新的易拆洗设计，一上市便赢得了消费者的认可，首年销售3万台，第二年升级版单款机型销量超过40万台。然而，1999年，厨电行业陷入价格战，导致方太的销售一度停滞。面对困境，公司销售人员请求降价应战，但茅忠群坚决拒绝，他坚信方太应坚持高端品牌定位，持续研发新产品以打造核心竞争力。一年后，方太推出了外形时尚、低噪声、吸油烟效果更好的T型机新品，虽然售价比原产品高出10%，但这一创新产品迅速获得了市场认可，开启了国产油烟机品牌高端化发展的新时代。

在这一阶段，方太的企业文化得以传承与发展，既传承了始于茅忠群父亲"创一代"的党建文化和文艺大奖赛文化，又在此基础上发展出了自己的品牌文化和创新文化，即定位高端厨电品牌，持续创新应用新技术、研发新产品。

2. 2001—2007年：西学优术

2001年后，方太在市场上积累了一定的品牌知名度，提高管理水平则成为企业的首要任务。方太开始经由第三方咨询公司建立起系统的制度体系，并引入来自世界500强企业的管理人员，以活水注入的方式提高整个企业的管理水平。

然而，新的问题也随之出现，"空降兵"与方太原有管理理念和机制产生了冲突。茅忠群认识到，不同国家和地区的历史文化不同，企业管理理念也存在较大差异。美国企业管理模式注重激励和实用性绩效的结合，强调个人能力和创新；德国企业管理模式注重核心技术研发和严谨质量控制，强调规范和标准化操作；日本企业管理模式注重团队建设和培训培养，强调合作和集体主义精神；而中国企业管理则更注重灵活性和适应性，强调人际关系和人际交往能力。无论是美国管理模式、德国管理模式，还是日本管理模式，没有好坏之分，只有合适不合适之分。在选择管理模式时，需要考虑企业自身的实际情况和特点。

这一阶段，方太不断优化管理方式，成功推行了"25条管理原则"，促进了"空降兵"与方太文化、机制的融合。此外，方太还引入了卓越绩效管理模式，以战略为导向、顾客为驱动，积极开展管理创新和技术创新，实现了"西学优术"，从而为形成中西合璧的管理文化奠定了基础。

3. 2008—2017年：中学明道

在不断总结自身管理经验和借鉴国内外先进企业做法的基础上，茅忠群提出未来的中国企业管理应该采取中华优秀文化与西方现代管理科学相结合的模式，提出了"中学明道"的企业文化理念。其中，"中"是指中和、中庸之道。方太厨具将中庸之道融入企业管理，注重平衡和协调，既关注员工的需求和期望，又关注企业的战略目标和社会责任；"学"是倡导学习型组织，积极推动员工学习和培训，不断提高企业创新能力和竞争力。同时，"学"还体现在企业哲学和价值观上，即坚持"诚信、责任、创新和共赢"的核心价值观，以实现企业和员工的共同成长。"明道"则代表着明确和透明的企业行为准则和价值观，以及企业社会责任的担当。该理念以突出中国传统文化特色和道德价值观为重点，并将其融入企业的管理体系和品牌战略中。

考虑到思想教育是一项需要长期投入的工作，无法通过强制灌输的方式进行，因此，自2008年开始，茅忠群在方太内部推动了一项中华优秀文化学习计划，通过在企业内部创建"孔子堂"，让儒家文化在潜移默化中影响员工的修养和行为。到了2017年，茅忠群提炼出了"五个一"的文化实践方法，包括日立一志、日读一经、日改一过、日行一孝以及日行一善。在这个阶段，方太在积极学习中华优秀文化的同时，还逐步引入了西方现代管理的理念、方法和体系，如绩效考核、流程管理、全面质量管理、工艺管理和设计管理等，从而构建了中西合璧的企业文化体系。

4. 2018年至今：完善与弘扬

自2018年起，方太进入文化体系完善与弘扬期。方太融合中华优秀文化与西方现代管理理念，形成以"中学明道、西学优术、中西合璧、以道御术"为核心内涵的管理文化体系。"道"指中华优秀文化思想，"术"是西方管理科学。"以道御术"，即以中华优秀文化为主导，吸收、改造西方管理理念和方法。茅忠群认为，管理的核心在人。中国企业管理创新更大的作用在于注入信仰，提高执行力。员工内心有向善之心，制度应引导而非仅约束。因此，制定管理制度的作用在于公平、公正、合理处理问题，防微杜渐，通过引导、教化避免员工重犯错误。

从2018年开始，方太在每年的"幸福发布会"上除发布厨电产品外，还会发布"文化产品"，包括"新时代家庭"幸福观、"幸福社区"理念、"幸福厨房"理念及创新科技观，构成"幸福的智慧"文化产品矩阵。2018年3月，方太成立文化研究院，旨在吸引更多的企业家来方太交流学习，从方太文化中得到启发和感悟，促进自身企业文化建设。同时，方太的"企业三观"（使命、愿景和核心价值观）也已初步成型：使命——为了亿万家庭的幸福；愿景——成为一家伟大的企业；核心价值观——人品、企品、产品"三品合一"。

通过多年实践，方太形成了由核心理念、基本法则和践行体系三部分组成的管理文化体系，如图10.1所示，三个同心圆诠释了方太管理文化中核心理念、基本法则、践行体系三者的关系。中间的核心理念是方太管理文化的核心，它确定了方太的使命、愿景和核心价值观；基本法则位于中间圆圈和外圈之间，对方太管理文化的原则和指导思想进行了阐述；践行体系则在外圈部分，是助力方太管理文化落地的关键因素。

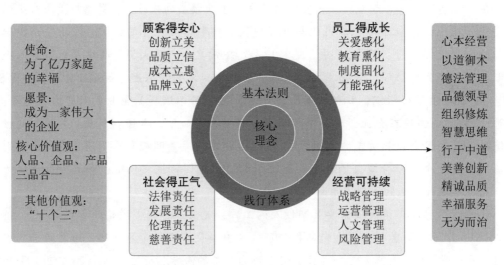

图10.1 方太管理文化体系

资料来源：茅忠群. 以道御术，打造方太管理文化[J]. 企业管理，2022（5）：36-41.

三、四大践行体系，助力文化落地

为了实现"成为一家伟大企业"的愿景，方太明确了企业长期发展的四个关键词：顾客、员工、社会责任和经营。

1. 顾客得安心

方太始终坚持以顾客为中心,视员工为家人。这种以顾客为中心的理念是方太长期坚持的方向,而以员工为根本则是这种理念的内在动力。方太研发人员在研发产品过程中经常思考:"如果这款产品给自己家人使用,他们会有什么样的感受?"这种换位思考的方式使方太的新产品在样品阶段就会让公司高管和研发团队成员试用,并让自己的家人谈体验、提意见。如果自己的家人用得不满意,这款产品就不会上市。

为了实现"顾客得安心",方太力求做到:动心、放心、省心和舒心。首先,方太的产品设计应让顾客动心,其外观和功能可以吸引顾客的目光;其次,产品质量要过硬,让顾客买得放心;再次,顾客购买方太产品后,方太提供一站式售后服务,帮助顾客解决所有问题,让顾客省心;最后,要让顾客在使用方太产品时有很好的体验,感到舒心。这种以顾客为中心的经营理念不仅体现了方太的企业价值观,而且为企业赢得了口碑和市场份额。

2. 员工得成长

方太通过对中华文化的体悟,总结提炼了促进员工幸福成长的"四化",即关爱感化、教育熏化、制度固化、才能强化。

关爱感化:方太通过为员工营造安全感、归属感、尊重感、成就感的工作环境,让员工感受到企业的关爱和重视,增强员工的主人翁意识,激发员工的奋斗精神。这种关爱感化的方式有助于培养员工的忠诚度和工作积极性。

教育熏化:要让员工"明理",需要通过长期潜移默化的教育熏陶,让员工认识到人生的使命和意义,进而明白做人、做事的道理。这种教育熏化的方式有助于提高员工的思想觉悟和道德水平。

制度固化:企业在运营管理实践中,会不断探索积累能够促进企业和员工成长的经验。对这些经验要及时总结提炼,形成行之有效的激励约束机制,即用制度来固化经验成果。这样,企业管理就会越来越有秩序,员工的工作也会更加规范和高效。

才能强化:通过各种教育培训,持续提升员工的知识技能,增强其安身立命、成长成才的能力;同时为员工提供成长成才的机会,拓展发展通道,让员工从工作中获得成就感。这种才能强化的方式有助于提高员工的工作能力和自信心,促进员工的职业发展。

在方太的人才管理体系中,前两个"化"存在明确的先后顺序,关爱感化和教育熏化是员工成长的基础。随后,制度固化和才能强化则可以灵活调整顺序,亦能同步进行。这种灵活多样的管理策略有助于适应不同员工的需求,为他们提供个性化的成长和发展支持。

3. 社会得正气

作为一家有着强烈社会责任感的企业,方太立志要成为一家让千万家庭享受幸福生活的伟大企业,让自己的产品成为精品。因此,公司核心使命之一就是要创造精品,助力中国从制造大国走向制造强国。2017年12月,方太提出了"修炼三大文化,创造中国精品"的主题,即创新文化、品质文化和中华优秀文化。

在这三大文化中，创新文化犹如汽车的发动机，是推动企业前行的第一动力；品质文化则像汽车的轮胎，为企业的前行提供根本保障；而中华优秀文化则是创新文化和品质文化的源泉，是企业创新和品质文化的核心动力。因此，创新文化、品质文化、中华优秀文化共同构成了企业创造精品的"铁三角"，它们是相互依存、不可或缺的。

自2006年起，方太发布第一份企业社会责任报告并持续至今。2009年，方太参与了"中德贸易可持续发展与企业行为规范"项目，制定并确立了"遵守法纪、弘扬道义、诚信经营、和谐发展"的CSR方针，该方针完善了包括固废管理在内的CSR体系，形成了涵盖三个方面（法律、发展和道义）、十二项内容的企业社会责任观。2017年，方太进一步修订和完善了社会责任观，建立了"方太社会责任金字塔"，包括对顾客和员工承担的法律责任，基于创新与和谐发展的发展责任，善待顾客和员工的伦理责任，以及包括文化传播、幸福建设、教育支持和慈善救助在内的慈善责任。这四方面的责任由基础到顶端，形成了金字塔结构的企业社会责任架构。

4. 经营可持续

通过上述"三得"的实现，即顾客得安心、员工得成长、社会得正气，加上扎实的经营管理基本功，企业就能够实现健康可持续的发展。

茅忠群将战略管理、运营管理、人力资源管理和风险管理视为经营管理的"四要素"，在此基础上提出了"根在领导、源在战略、要在运营、本在人文"的经营思想。这意味着，企业的领导是这四个要素的基础，战略为其他三个要素提供动力，运营是实现企业目标的关键环节，而人本管理则为企业提供了持久的内在动力。

四、结语

作为中国厨具行业的知名品牌，方太厨具的成功得益于其独特的企业文化。其企业文化核心理念既汲取了中国传统文化中优秀的道德伦理观念和哲学思想，又结合了现代企业管理理论和方法，形成了独具特色的企业文化体系。经过二十多年的发展和文化建设实践，方太已将中西合璧的管理文化具象化为一套系统化、流程化和可操作的模式。这一创新思路为中国企业管理理论的发展和实践提供了新的可能。

资料来源：茅忠群. 以道御术，打造方太管理文化[J]. 企业管理，2022（5）：36-41.

【案例思考题】

1. 举例说明方太在应用中华优秀文化元素方面的具体实践。这些实践如何影响企业的管理风格和员工行为呢？

2. 分析方太将中西合璧的管理文化具化为一套体系化、流程化和工具化的模式的必要性。这种模式的优势是什么？它对企业管理有哪些启示？

【课后思考题】

1. 请举例说明中国传统管理思想的代表性人物和理论。
2. 请阐述传统文化传承与创新的辩证关系。
3. 阐述传统管理思想对现代企业文化塑造的具体表现及影响。
4. 请阐述文化传承与企业文化传播的相互影响机制。
5. 举例说明一个或多个中国传统文化理念在现代企业管理中的应用,并分析其作用和效果。

【在线测试题】

扫描二维码,在线答题。

第11章 重新认识数智时代中的"人"

【案例导入】 数智化背景下山东烟台烟草有限公司5M领导力模型

为贯彻落实2022年全国烟草工作电视电话会议要求,推进数字化转型战略,山东烟台烟草有限公司(以下简称"烟台烟草公司")不断提升平台运营、数据驱动、一体化管理等方面的数字化水平,构建了5M企业领导胜任力模型。

1. 管理自己:提升自身影响力

管理自己的维度反映领导者的价值观和个人能力。领导者的综合能力具体表现在数字化思维能力、学习能力和战略定力三个方面。数字化转型不仅是技术上的变革,更是一场认知以及思维的革命。提升数字化思维能力要求领导者面对新形势能够尽快给出反应,灵活运用数据技术解决新问题;提升学习能力要求领导者对于新事物要保持敏锐性,通过学习提升对数字技术演进的认知水平;提升战略定力要求领导者具备坚定的变革意愿,对于已经多方考量逐渐成熟的战略要坚持既定方案,不畏艰难、坚决执行。

2. 管理下属:提升战略引导力

管理下属是指领导者带领团队完成组织目标的过程。实施数字化转型战略,企业领导者应当做好对下属的示范与引领。一是提升专业胜任能力。在数字化转型过程中,领导者对下属的示范具有重要作用。领导者作为先行者,具备过硬的专业知识才能令下属信服,减少其抵触情绪。二是提升数字化管理能力。根据企业运营模式、人力资源配备情况、组织结构特征等,企业领导者应对信息技术培训、数据挖掘分析、平台运营等工作进行数字化管理,引导全体员工树立数字化思维。

3. 管理上级：提升战略执行力

管理上级是指从上级获取政策、明确组织目标的过程。企业数字化转型过程中领导胜任力评测，最终将落实到战略执行力上，具体表现为适应能力、工作积极性和落地执行能力。领导者需要根据场景变化灵活转变角色，快速适应数字化环境。目前，烟台烟草公司信息化技术集中于人力资源、办公自动化等层面的应用，对于大数据、区块链等技术应用程度并不高，因此，领导者更加需要尽快适应数字化时代的各项要求，积极开发新的业务模式，"吃透"政策要求并准确地将企业战略目标、实施计划和具体工作方案传达给下属，同时将由于知识欠缺、经验不足或者技术不熟练等原因出现的问题及时反馈，使政策的匹配度更高、服务更精准、企业发展环境更友好。

4. 管理同事：提升团队协作能力

管理同事是指领导者要与部门内外同事建立良好的沟通关系，共同为企业发展目标努力。数字化时代，商业环境复杂多变，团队协作能力至关重要，管理同事的能力具体表现为数字化沟通能力、同理心和凝聚力。沟通能力是领导力的基础，数字化工作环境中线上沟通方式变多，企业领导应熟悉各种数字化工具，创造积极的数字化沟通环境，提高企业员工的数字化沟通能力。烟台烟草公司在转型过程中引进了先进的信息技术，并对职工开展了多种形式的数字化技能培训，提高了员工之间数字化沟通能力，使其业务对接更为高效顺畅，为实现部门间有效协作节省了大量的时间。

5. 管理外部伙伴：提升资源整合能力

管理外部伙伴是指领导者与外部建立广泛联系和良好关系，做好资源整合。这种资源整合能力表现为行业环境把握能力、数据挖掘能力和数据研判能力。提升行业环境把握能力要求企业领导者精准把握国家政策要求。政策变化会对企业发展战略、管理模式等产生重大影响，如《"健康中国2030"规划纲要》明确提出禁烟、控烟的发展目标，要求烟草行业市场实现结构转型升级、提高效能，从"增量"向"增质"转变。因此，烟草行业领导者应时刻关注政策变化，对行业面临的外部环境高度敏感，及时了解与烟草行业相关的科技发展动向，在企业数字化转型过程中做好风险防范。在数字化时代，信息以数据形式呈现，领导者需要具备较强的数据挖掘能力，能够对数据信息进行深入分析、整合、研判，读懂数据背后的市场真相，制定正确的战略目标并高效执行，进而不断优化业务流程，提高企业核心竞争力，助推企业实现高质量发展。

资料来源：王欣兰，武姗姗，左国立，等.企业数字化转型背景下5M领导胜任力模型构建及其应用研究——以山东烟台烟草有限公司为例[J].领导科学论坛，2023（10）：87-90.

在本章中，我们将深入审视数智时代中"人"的角色变化。随着科技的进步和数智化转型的推进，人力资源管理的角色正在发生转变，从传统的以事务性工作为主导转变为更加注重战略性和数据驱动的角色。我们将详细分析这种转变的具体内容，以及它对组织和个人带来的影响。

同时，我们还将探讨个体改进如何推动文化变革。在数智时代，个体改进的重要性日益凸显，通过培养个体的技能，可以推动整个组织文化的变革。我们将分析这种文化变革的具体表现形式，以及如何通过个体改进实现文化变革的目标。

最后，我们将深入探讨无边界组织和员工自驱动对人力资源管理的影响。无边界组织是指打破传统组织边界，实现更加灵活和开放的组织形式。员工自驱动是指员工具备自我激励和自我管理的能力。我们将探讨这两种趋势带来的变化及应对举措。

11.1 数智时代人力资源管理角色转变

随着数智时代的到来，人力资源管理的角色也在不断发生变化。从传统的"事务性"到现在的"战略性"，从"被动响应"到"主动参与"，从"单一角色"到"多重角色"，从"面向过去"到"面向未来"以及从"局部思维"到"全局思维"，这些变化都需要人力资源管理者不断提升自身的专业能力和素质来适应新时代的需求。

1. 从"事务性"到"战略性"

在传统的人力资源管理中，主要的工作重心通常集中在日常的事务性操作上，如招聘、员工关系管理和薪酬福利等。这些工作无疑是非常重要的，它们是维持企业日常运营和员工关系的关键。然而，这种"事务性"的管理方式往往缺乏对战略层面的关注和投入。在数智时代，人力资源管理正在经历一场深刻的转型，需要将更多的注意力和资源转向"战略性"的工作上。这包括但不限于：通过人力资源数据分析来预测和解决未来可能出现的问题，使人力资源战略更加符合公司的长远战略目标，以及通过员工发展计划和组织变革来推动企业的战略实施。

这种转变并不是简单地从"事务性"到"战略性"，而是需要一种全新的视角和思维方式。这意味着人力资源管理者需要从更高的层面来审视和理解企业的人力资源策略，他们需要预测未来的人力资源需求，分析员工的绩效表现，以及制订符合企业战略目标的员工发展计划。同时，数智技术的应用也为这种转变提供了可能。通过大数据分析，人力资源管理者可以更好地理解员工的绩效表现和行为模式，从而更好地制定和调整人力资源策略。通过人工智能和机器学习，人力资源管理者可以自动化地做好日常的事务性工作，从而有更多的时间和精力来关注战略性问题。

2. 从"被动响应"到"主动参与"

在传统的人力资源管理中，人力资源管理者通常扮演着相对被动响应的角色，他们主要根据业务部门的需求来进行招聘、培训等工作。这种被动响应的模式在很大程度上限制了人力资源管理的视野和影响力，使其难以发挥出更大的价值。然而，在数智时代，人力资源管理者的角色正在发生深刻的变化。他们不再仅仅是业务需求的响应者，而是逐渐成为公司业务决策和发展中的主动参与者。具体来说，人力资源管理者需要利用数据和分析工具，为公司的战略决策提供有力支持。

这种转变不仅要求人力资源管理者具备更强的主动性和前瞻性，还要求他们具备更高的专业素养和技能水平。他们需要主动与业务部门进行沟通,了解公司的业务需求和发展方向,然后根据这些信息制定相应的人力资源策略。同时,他们还需要具备足够的数据分析能力,从海量的人力资源数据中提取出有价值的信息,为公司的战略决策提供支持。此外,人力资源管理者还需要主动预测和解决可能出现的挑战。在公司的快速发展过程中,难免会遇到各种问题和挑战。作为人力资源管理者,需要具备足够的敏锐性和判断力,及时发现和解决这些问题,以确保公司的业务发展不受影响。

3. 从"单一角色"到"多重角色"

在数智时代,人力资源管理的角色正在经历一场深刻的变革。除了传统的招聘、培训、员工关系等职责外,人力资源管理者还需要扮演更多的角色,以满足企业日益复杂的业务需求。

首先,人力资源管理者需要扮演数据科学家的角色。通过运用大数据和人工智能技术,人力资源管理者可以对海量的人力资源数据进行深入分析和挖掘,以预测员工离职、提高招聘成功率或优化培训效果。这不仅需要人力资源管理者具备数据分析和处理的能力,还需要他们了解和掌握相关的技术和工具。

其次,人力资源管理者还需要扮演变革推动者的角色。随着企业的不断发展,组织变革和员工发展成为越来越重要的问题。作为人力资源管理者,需要积极推动员工发展和组织变革,帮助企业适应市场变化和业务需求。这需要人力资源管理者具备敏锐的洞察力和卓越的领导力,能够有效地沟通和协调各个部门之间的利益和关系。

最后,人力资源管理者还需要扮演企业愿景家的角色。向员工传达公司的目标和愿景是激发员工工作热情和忠诚度的重要手段。作为人力资源管理者,需要具备卓越的沟通能力和领导力,能够清晰地传达公司的目标和愿景,并引导员工朝着这个方向努力。

4. 从"面向过去"到"面向未来"

传统的人力资源管理往往更加关注过去的绩效和成果,如员工的过去表现、部门的业绩等。这种面向过去的思维模式往往限制了人力资源管理的视野和策略,使其难以适应未来的发展和变化。然而,在数智时代,人力资源管理者需要更加注重未来的发展和趋势,具备前瞻性思维。他们不仅需要评估员工的未来潜力,还需要关注新技术和新趋势对人力资源管理的影响,以及如何通过创新来提高人力资源管理效率。此外,他们还需要关注员工的职业发展,为员工提供个性化的职业规划和培训机会,以满足未来的发展需求。

具体来说,人力资源管理者需要利用大数据和人工智能等技术,对员工的数据进行分析和预测,以评估其未来的潜力和发展趋势。这可以帮助企业更好地发掘和培养人才,为未来的发展提供有力支持。同时,人力资源管理者还需要关注新技术和新趋势对人力资源管理的影响。例如,随着人工智能和机器学习技术的发展,自动化和智能化成为人力资源管理的重要趋势。人力资源管理者需要了解和掌握这些技术,并将其应用到实际工作中,以提高人力资源管理的效率和准确性。此外,人力资源管理者还需要关注员工的职业发展,为员工提供个性化的职业规划和培训机会。这不仅可以满足员工个人的发展需求,还可以提高员工的工作满意度和忠诚度，为企业的长期发展提供有力支持。

5. 从"局部思维"到"全局思维"

在传统的人力资源管理中，部门往往更加关注自身的需求和利益，这在一定程度上限制了人力资源管理的视野和策略。而在数智时代，人力资源管理者需要具备全局思维，关注整个组织和企业的利益。具体来说，人力资源管理者需要从全局角度出发制定人力资源政策和策略，确保这些政策和策略符合公司的整体战略和发展方向。他们需要关注整个企业的人力资源管理问题，例如，如何提高员工满意度和绩效、如何优化企业架构等，以实现整个企业利益的最大化。

此外，人力资源管理者还需要关注跨部门的人力资源管理问题。在企业的日常运营中，不同部门之间的合作和协调是非常重要的。人力资源管理者需要积极协调不同部门之间的利益和关系，确保企业内部的稳定和高效运作。为了实现全局思维，人力资源管理者需要具备敏锐的洞察力和卓越的分析能力。他们需要掌握整个企业的人力资源状况，包括员工的数量、质量、分布等。同时，他们还需要了解不同部门之间的合作关系和需求，能够从全局角度出发制定相应的人力资源政策和策略。

11.2 数智时代的人力资源管理创新

新兴技术的重大突破使得信息与数据成为基础性生产要素和组织活动的核心载体，由此可推动传统工业经济迅速转向数智经济。随着数据量的急速增长、算法的持续优化以及计算能力的不断增强，组织人力资源管理获得了新的进化动力。为了应对数智经济带来的新要求与新挑战，管理者必须重视变革的整体性、重视员工的主体地位和价值，并重视人才管理（赵曙明和陈嘉茜，2023）。

第一，组织的管理者首先需要深刻理解数智经济时代的核心，即以数据和智能化为驱动的生产方式和经济形态。为了适应这种新的经济形态，管理者需要积极探索并灵活运用数智技术，以提升组织的生产效率和竞争力。一方面，管理者需要组建具备数智管理能力与数智技术能力的混合团队。这个团队应具备链接和重组不同人力资源管理流程的能力，通过数智技术的运用，实现人力资源管理的优化和升级。另一方面，管理者可以利用算法、大数据等技术手段，进行人力资源的数据分析和预测。通过科学有效的决策，组织可以快速响应并主动适应内外部客户的需求，提高人力资源管理的战略性和敏捷性。此外，为了适应技术变革和创新发展的需要，管理者还需要构建支持创新的组织文化。在这种文化中，员工能够不断尝试和探索新的方法和思路，从而推动组织的持续发展和进步。

第二，尽管数智技术日益成熟，但人的情感和思维仍然是管理实践中不可或缺的一部分。因此，在数智时代，管理者需要充分认识到人的主体性，将人的认知思维与数智技术相结合，以提高管理效率。通过运用技术工具辅助管理决策，可以减少员工的消极情感与抵制行为，同时优化人力资源管理职能与实践的运作方式。此外，为了确保数智化转型的成功实施，管理者还需要关注员工对数智技术的认知、态度与行为反应。通过技能培训、工作设计等管理支持方式，可以减少员工的消极情感与抵制行为；同时，通过建立与开发数字化工作场所，构建安全和包容的工作环境，可加强员工与组织的积极联系，以助力组织人力资源管理的数智化转型。

第三，在数智化时代，人才对于推动人力资源管理创新至关重要。管理者不仅要关注对具备数智技术能力，如软件应用、数据分析、平台维护等技能的人才的获取和培养，还要重视吸引和发掘具备数智管理能力（如批判性思维、数智化领导力和团队合作等能力）的人才。通过运用大数据分析和算法预测技术，管理者可以建立人才数据库，通过人才画像和人才盘点来预测和规划人才的供给、需求和流动。这种方法可以帮助组织更好地识别和预测人才的学习和发展需求，并据此通过个性化培训来优化人才队伍的知识和技能结构，以适应不断变化的竞争环境。此外，管理者还可以构建即时、智能的人机交互环境，以增强人才对组织管理的体验感和满意度。这种环境可以激发人才的内在动力，充分发挥他们的驱动和引领作用，进而提高组织的活力和管理效能。

11.3 个体改进是企业文化变革的关键

11.3.1 个体对企业文化变革的影响

个体在推动企业文化变革中具有重要的影响，其影响的大小因个体在组织中的角色、影响力、个人价值观和思维方式等因素而异。

首先，企业家的个人经历可以大致分为家庭背景、个人经历、教育背景和成长环境等几个方面，这些方面会对企业家的思想意识产生深刻影响。例如，企业家的家庭背景可能决定了他们的生活经历和早期的教育，这可能会影响他们对世界的看法，以及对待员工和商业伙伴的态度。他们的个人经历无论是成功或失败，都会影响他们对待风险和困难的方式，以及他们对创新和冒险的看法。教育背景和成长环境则可能影响他们的专业技能和知识，以及对商业和管理的理解。所有这些因素都可能在创业或从事企业文化变革工作时，深深影响他们的经营风格和企业文化的倡导方向与内容。

其次，员工也是企业文化的重要载体。员工的价值观和思维方式在很大程度上受到企业文化的影响。通过员工的日常行为、对待工作的态度以及对待同事和客户的方式，可以看出企业文化的影子。同时，员工的行为和态度也会反作用于企业文化。例如，如果员工对某个企业文化持赞赏态度，那么他们可能会积极参与企业文化的建设，从而推动企业文化的正向发展；相反，如果员工对该企业文化持质疑或否定态度，那么他们可能会消极怠工，或者通过自己的行为改变企业文化的发展方向。优秀的员工不仅需要具备专业技能，而且需要对企业文化有深入的理解和认同，这样他们才能更好地融入企业，为企业文化变革作出贡献。

11.3.2　以个体改进推动企业文化变革的途径

1. 提高个体对企业文化重要性的认识

要让个体充分认识到企业文化的重要性，需要采取多种措施。首先，企业应该加强对企业文化的宣传教育，通过内部刊物、员工手册、企业文化墙等渠道，向员工普及企业文化的核心理念、价值观和特点，让员工了解企业文化的内涵和重要性。其次，企业还可以定期组织企业文化讲座或培训，邀请专业人士或企业内部优秀员工分享企业文化建设和变革的经验和故事，引导员工从企业的全局角度看待文化变革。

2. 激发个体的积极性和创造力

要激发个体的积极性和创造力，企业需要采取一系列措施。首先，企业可以建立有效的奖励机制，对那些在工作中表现出色、贡献突出的员工给予适当的奖励和表彰，这可以激励员工更加积极地投入工作中去。其次，企业可以提供良好的工作环境和条件，让员工感到舒适和安心，从而更好地发挥自己的创造力和潜能。再次，企业可以通过建立有效的沟通机制和反馈渠道，鼓励员工提出对企业文化的看法和建议，让员工参与到企业文化建设中来，从而更好地推进文化变革。最后，企业还可以通过奖励机制和激励机制，鼓励员工积极参与到企业文化变革中，发挥自己的作用和智慧，为企业的发展贡献力量。

拓展阅读11.1
谷歌的20%时间制

3. 增强个体的责任感和使命感

个体只有感受到自身在企业中的重要性，才会更加关注企业的长远发展，从而愿意积极推动企业文化的变革。要增强个体的责任感和使命感，企业需要采取一些措施。首先，企业可以根据每个员工的特点和能力，制订个性化的职业规划，让员工明确自己的发展方向和目标。这样可以让员工更加自觉地为了实现自己的职业目标而努力工作。

其次，企业可以通过赋予员工一定的权力和责任，让员工感受到自己在企业中的重要性，从而增强员工的责任感和使命感。此外，企业可以通过建立良好的企业文化氛围，让员工感受到企业的关怀和支持。最后，企业可以加强与员工之间的交流和合作，让员工感受到团队的力量和重要性，从而增强员工的使命感。

4. 鼓励个体积极参与企业文化的实践

鼓励个体积极参与企业文化的实践是推动企业文化变革的关键步骤。实践是检验企业文化的最好方式，只有让员工积极参与企业文化的实践，才能够让他们更好地理解和领悟企业文化的内涵和价值。企业可以开展各种形式的文化活动，如文艺演出、庆祝活动、体育比赛等，让员工在轻松愉快的氛围中感受企业文化的魅力。此外，企业可以组织员工参与志愿活动，如社区服务、环保活动等，让员工在服务社会的过程中增强对企业的认同感和归属感。

11.4 唤醒数智时代的员工自驱动

11.4.1 员工自驱动的概念

员工自驱动的概念是指员工内在的、自我激励和自我价值实现的精神状态，它让员工自己激励自己，积极主动地工作，勇往直前，以追求最大的成功。员工自驱动的关键在于让员工意识到自己的价值感和使命感，并愿意主动付出努力去实现目标。具体来说，员工自驱动表现为：一是员工对自己的工作有高度的责任感和使命感，并且愿意投入自己最大的努力去完成任务；二是员工对工作有深刻的理解和认识，能够从更全面的角度看待自己的工作，并能够积极主动地寻找更好的解决方案；三是员工能够自我管理和自我激励，具有较强的自我驱动力和自我约束力，能够在没有外部驱动的情况下积极主动地工作；四是员工对自己的工作有较高的期望值，并能够不断地追求卓越和进步。

11.4.2 数智时代如何激发员工的自驱动能力

在数智时代，企业需要利用数智技术，实施智能化的人力资源管理，创造开放、创新的企业文化，提供智能化的培训和发展机会，鼓励团队合作和知识分享等方式，激发员工的自驱动能力，从而为企业的发展带来更多的可能。

1. 利用数智技术提供个性化激励

随着数智技术的不断发展，企业可以利用大数据分析、人工智能等手段，对员工的工作表现、技能和兴趣进行深入分析，从而为员工提供更加个性化的激励措施。

第一，企业可以通过大数据分析，对员工的工作表现进行全面、客观地评估。通过对员工的绩效数据、工作时长、工作质量等方面进行综合分析，了解员工在各个方面的表现情况，从而为其提供更具针对性的奖励措施。例如，对于工作表现优秀的员工，可以提供额外的奖金、晋升机会等，以激励其继续保持并不断提升工作表现。

第二，企业还可以利用数智技术为员工提供智能化的职业规划。通过分析员工的职业目标、能力现状和未来发展方向等信息，可以为其提供个性化的职业发展指导和支持。例如，通过人工智能技术为员工推荐符合其职业目标的岗位和晋升路径，并提供相应的培训和学习资源支持，以帮助员工实现自己的职业发展目标。

2. 创造开放、创新的企业文化

为了激发员工的自驱动能力，企业需要创建开放、创新的企业文化。在这种文化氛围下，员工可以感受到自由和尊重，从而更加积极地投入到工作中去。

一方面，企业可以建立员工建议平台，鼓励员工提出自己的想法和建议。通过这种方式，企业可以了解员工的需求和想法，从而更好地调整和完善各项工作。同时，企业还可以积极采纳员工的建议，为其提供必要的资源和支持，以帮助其将想法转化为实际成果。这不仅可以提高员工的工作满意度，还可以为企业带来更多的创新和价值。

另一方面，企业可以开展创新项目比赛，鼓励员工积极尝试新的工作方式和方法。通过这种方式，员工可以展示自己的才华和创造力，同时也为企业带来更多的新鲜思想和创意。企业可以为获胜的员工提供奖励和支持，以激励其继续发挥自己的创造力和想象力。

此外，企业可以定期组织团队建设活动，加强员工之间的交流和合作。通过这种方式，员工可以更好地了解彼此的工作和需求，从而更好地协调和合作。同时，团队建设活动还可以增强员工的凝聚力和归属感，提高员工的工作积极性和创造力。

3. 提供培训和发展机会

通过提供培训和发展机会，企业可以更好地了解员工的技能和需求，从而为员工提供更有针对性的培训和职业发展建议，帮助员工更好地实现自我价值和提高自驱动能力。

首先，企业可以利用人工智能技术对员工的技能和需求进行分析，为其提供个性化的培训内容和发展计划。通过分析员工的工作历史、技能掌握情况、职业兴趣等信息，企业可以为员工提供个性化的培训内容，以帮助他们提升技能水平、实现职业目标。

其次，企业可以通过在线学习平台为员工提供灵活的学习和培训环境。通过在线学习平台，员工可以随时随地学习各种课程，从而更好地规划自己的学习路径和时间安排。同时，在线学习平台还可以为员工提供各种学习资源和学习支持，如课程视频、电子书、在线测试等，以帮助员工更好地掌握知识和技能。

最后，企业可以为员工提供国内外学术交流和培训机会，让其更好地了解行业最新的技术和趋势，从而为企业的发展作出贡献。通过参加国内外学术会议、技术交流活动等，员工可以了解行业最新的技术和趋势，拓展自己的视野和思路，从而为企业的发展提供更好的支持和帮助。

4. 鼓励团队合作和知识分享

为了提高员工的自驱动能力，企业需要鼓励员工之间的团队合作和知识分享。通过营造合作氛围，让员工之间互相学习、互相帮助，从而实现共同进步和发展。

首先，企业可以建立知识分享平台，鼓励员工分享自己的经验和知识。通过这个平台，员工可以上传自己的文章、视频、PPT等内容，与同事们分享自己的经验和技能。同时，企业还可以组织线上或线下的知识分享活动，让员工有机会面对面交流和学习。这不仅可以促进员工之间的知识传递和共享，还可以提高员工的工作能力和综合素质。

其次，企业可以建立奖励机制，对那些在团队合作和知识分享中表现突出的员工给予一定的奖励。这不仅可以激励员工更加积极地参与到团队合作和知识分享中来，还可以增强员工的成就感和自豪感。

11.5 数智时代的企业领导力

成功的数智化转型并不仅仅取决于企业是否应用了数智技术，而是与在数智化转型过程中发挥主导作用的决策者及其胜任力紧密相连。因此，如何在数智时代提升领导者的胜任力，已成为企业在追求高质量发展过程中亟待解决的问题。

11.5.1 数智化对领导力的影响和挑战

数智化对领导力的影响和挑战可以概括为两个层面，包括领导者个人层面和组织层面。

在领导者个人层面上，数智化的影响和挑战主要表现在两个方面。第一，对领导活动和沟通行为的影响与挑战。信息技术的应用使得传统的组织边界得以突破，沟通渠道增多，信息交流的形式和内容也发生了改变。这使得领导力得以向下转移，对领导者的沟通能力和影响力提出了更高的要求。第二，对领导者公信力和影响力的挑战。由于信息获取的同步化，领导者和下属获取信息的速度和内容逐渐趋同。这使得领导者在传统的组织架构中获得的公信力和影响力部分或全部被数智化所取代，对领导者的个人能力和影响力提出了更高的要求。

在组织层面上，数智化对领导力的影响主要表现在以下三个方面。

首先，数智化推动了组织结构和领导模式的创新。现代技术使得工作场所的边界逐渐模糊，传统的组织结构正在被更加灵活、扁平化的网络组织所取代。这使得领导者的角色和职责发生了改变，他们需要具备更高的灵活性、跨部门协调能力以及与员工建立新型关系的能力。

其次，数智化对组织间的沟通和协作带来了重大变革。现代通信技术使得组织内外的沟通变得更加便捷和高效，但同时也带来了信息过载和沟通障碍的问题。领导者需要掌握新的沟通技巧和工具，建立有效的信息交流和协作机制，以确保组织的高效运作。

最后，数智化对组织的利益链和商业模式带来了挑战。随着技术的快速发展，传统的商业模式和利益链关系正在发生改变。领导者需要关注市场的变化和新的商业机会，同时也要应对技术变革带来的利益冲突和竞争压力。领导者需要重新审视组织的商业模式，寻找新的增长点和竞争优势。

数智化对领导力带来的挑战还表现在以下三个领域：

其一，决策制定的精准性。在数智化时代，领导者需要具备利用数据分析、人工智能等技术手段，制定更为精准且符合实际需求决策的能力。同时，他们还需要通过数据监控和反馈机制，及时调整决策方向和策略，以适应不断变化的市场环境。

拓展阅读11.2 数智时代的领导力及其短板

其二，跨部门协作能力。数智化时代，企业组织结构逐渐向扁平化、网络化转变，跨部门协作的重要性日益凸显。领导者需要具备高效的沟通协调能力和团队合作精神，以实现各部门之间的紧密合作和协同发展。

其三，激发员工创新创造力。数智化时代，员工的知识储备和技能水平不断提升，他们对于新事物、新技术的接受度和创新能力也更强。领导者需要充分激发员工的创造力和创新潜能，通过提供良好的工作环境、激励机制和培训机会等方式，促进员工的个人发展和组织成长。

11.5.2 数智化领导力的提升路径

数智化领导力建设是一个全面、系统的工程，企业领导者在其中扮演着至关重要的角色。根据瑞安·麦克马纳斯（2021）的观点，最成功的数智化领导者需要身兼四职：建造者、探索者、催化者和连接者。作为建造者，领导者需要通过创建活动和不断尝试来了解自己，并深入洞察市场和客户的需求。他们需要具备构建和调整组织结构和流程的能力，以适应数智化时代的需求。作为探索者，领导者需要对新的投入要素保持开放和好奇，塑造组织的学习导向，并删繁就简，主导变革。他们需要积极寻找新的机会和解决方案，并鼓励员工进行创新和尝试。作为催化者，领导者需要保持同理心，使全体成员都认同组织目标并为之努力奋斗。他们需要激发员工的积极性和创造力，促进团队合作和目标共享。作为连接者，领导者需要将技术概念转化为易于理解的框架，为人们参与组织数字战略搭建起一座桥梁。他们需要将复杂的数智化概念和技术转化为员工可以理解的语言和工具，以促进跨部门、跨领域的沟通和合作。

目前，国内企业在领导者数字领导力方面存在短板，这实际上涉及在数智化背景下领导者应如何扮演其角色的问题。作为建造者，领导者需要在企业决策层建立数智化的思维架构；作为探索者和连接者，领导者需要在企业管理层制定数智化的行动方案；作为催化者，领导者需要在企业操作层制定实施细则，并确保这些细则可贯穿到全员、全方位和全过程中。

基于以上要求，可以构建一个"认知—行为—文化"三位一体的数智化领导力提升路径。在这个路径中，认知是指领导者对数智化的理解程度，领导者需要明确数智化的发展趋势、技术手段以及对企业的影响；行为是指领导者在数智化转型中的行动方式，包括制定战略、组织变革、人才培养等方面；文化是指企业在数智化转型中所形成的独特氛围和价值观，它能够影响员工的态度和行为，从而影响企业的整体发展。

1. 构建数智化思维框架

数智化思维是一种独特的思考方式，它以数据为基础，运用分析、推理和判断等思维活动，重新审视和思考行业布局、企业发展方向和战略决策。这种思维方式强调以数据为依据，注重事实和量化指标，追求科学、精准和高效。与之相应，数智化战略是一种全面的企业战略，它旨在将数字技术与企业的各个方面深度融合，重塑企业的运营模式、商业模式和价值创造模式。通过运用大数据、人工智能、云计算等新兴技术，数智化战略能够优化企业流程、提升工作效率、降低成本、改进产品和服务质量，并创造新的价值增长点。数智化战略并不仅仅是将企业战略局限于自动化领域，而是对整个领导力系统进行全面升级和变革。在职能策略方面，数智化战略注重运用数据分析和技术手段来优化流程、提高效率；在价值主张方面，数智化战略强调创新和差异化，通过数字化手段提升产品和服务的质量和体验；在商业模式方面，数智化战略需要关注新兴技术和市场趋势，构建全新的商业模式和生态系统。

2. 推进数智化战略执行

数智化战略执行是指运用数字技术和工具对组织和个人进行重塑，尊重每个贡献者的价值，开放边界，让更多人参与其中，共享财富和未来的成长机会。为了实现这个目标，需要坚持以下三项准则。一是创新。结合企业的实际业务情况，利用数智化技术对产品和服务进行创新和升级。通过引入新技术、新方法和新思维，打破传统模式，探索新的增长点和商业模式。二是融合。将新技术逐步融入企业的传统业务，实现技术与业务的深度融合。通过优化流程、提升工作效率、降低成本等措施，提高企业的竞争力和市场占有率。三是吸收。通过吸收新技能、新技术和新文化，搭建完备的技术平台，实现企业的完善和发展，不断学习和掌握新技术，提升员工的专业素质和技术能力，促进企业的可持续发展。通过坚持这三项准则，企业可以更好地实现数智化战略的执行，推动组织和个人的重塑和升级。

在数智化战略执行过程中，领导者需要重点关注几个关键的着力点，以提升领导力。首先，开展对关键领导角色的评估。这一评估过程需要按照关键领导自我评估、全体成员自我评估和组织评估的顺序进行。其中，对关键领导的评估至关重要，需要将考察目标聚焦在其对人才支持和推动数智化转型的措施及实施效果上。其次，重新构建领导力模型。数字领导力模型应包括数字时代所需的重要能力及知识，如用户交互能力、空间和环境创新能力、专业化学习能力、沟通能力、公共关系能力、品牌营销能力和机遇抢占能力。再次，以沉浸式的方法加速培养适应数字时代的领导能力。在个人层面，领导者需要深刻理解和应用数智化技术，并身体力行、率先垂范；在领导力层面，领导者需要采用更有效的方式增强自身的影响力。领导者还需要能够熟练地将多个渠道的数据进行整合，并理解如何将这些数据所隐藏的战略内涵和体现出的战略目标转化为运营计划。最后，实施敏捷项目管理。领导者需要运用敏捷的方式方法，处理企业面临的海量、多样化、高速运转的数据，并寻找可操作的节奏和商业机会。通过敏捷项目管理，领导者可以更好地应对不断变化的市场环境，提高企业的适应能力和竞争力。

3. 促进数智化企业文化建设

在数智化变革的进程中，构建一种符合数智化发展要求并为全体员工所认同的企业文化至关重要。这种企业文化不仅需要体现企业的价值观和愿景，还要激发员工的创造力和创新精神，以实现企业的长期发展和竞争优势。

作为数智化的领导者，除了具备数字技术思维，还需要培育助力企业竞争地位提升的想象力和愿景。这需要领导者具备高瞻远瞩的眼光，对市场趋势和行业动态有深入的洞察，同时结合企业的实际情况，制订具有可行性的发展计划和战略目标。

为了激发员工的创造力和创新精神，领导者需要建立一系列制度规范，包括学习、奖励、消除等级差别等措施。这些制度规范旨在营造一个公平、开放、创新的企业环境，让员工敢于尝试、勇于创新，不断学习和成长。同时，领导者还需要关注员工的职业发展，提供多元化的培训和学习机会，帮助他们不断提升技能和能力。

培育活泼生动的创新文化是企业文化建设的重要一环。这种文化强调团队协作、跨界合作和共享共赢的精神，鼓励员工跨部门、跨领域合作，共同解决问题和创新。通过营造一个鼓励尝试、宽容失败的企业氛围，让员工敢于探索新的想法和商业模式，从而推动企业的数智化转型。

用文化驱动整个企业进行数智化转型是企业文化建设的核心目标。通过将企业文化贯穿于企业运营的各个环节和各个层次,让员工在共同的价值观和愿景的指引下,共同推动企业的数智化转型。在这个过程中,领导者需要发挥表率作用,身体力行地践行企业文化,让员工感受到企业文化的真实魅力和价值所在。

【本章小结】

本章探讨了数智时代人力资源管理角色的转变及其管理创新、个体改进对企业文化变革的重要性、如何唤醒数智时代员工的自驱动能力,以及数智化领导力提升的途径。

首先,传统人力资源管理主要关注招聘、培训、绩效管理等事务性工作,而数智时代人力资源管理则更加注重战略性、数据化和智能化,以支持企业实现战略目标。

其次,个体改进对企业文化变革有关键作用。个体改进是指员工在工作中的自我驱动和自我提升,这种自我驱动和自我提升对于企业文化变革具有重要意义。通过提高员工对企业文化重要性的认识、激发员工的积极性和创造力、增强员工的责任感和使命感以及鼓励员工积极参与企业文化的实践等途径,可以更好地推动企业文化变革。

再次,本章介绍了员工自驱动的概念和如何激发员工的自驱动能力。员工自驱动是指员工内在的自我激励和自我价值实现的精神状态,这种自驱动能力可以促进员工的积极性和创造力,帮助企业更好地实现战略目标。通过明确目标和愿景、制定合理的激励机制、创造积极的氛围、鼓励团队合作和知识分享等方式,可以激发员工的自驱动能力。

最后,本章探讨了数智时代的企业领导力问题。数智化对领导力的影响和挑战是多方面的,因此,要从构建数智化思维框架、推进数智化战略执行和促进数智化企业文化建设等方面进行数智化领导力的提升。

【案例分析】　　　　卡西欧:与"Z世代"共舞

卡西欧(Casio)成立于1957年6月,是一家总部位于日本的公司,以生产和销售计算器、电子乐器、手表等产品而闻名,其产品素以创新、高品质和多功能著称。

卡西欧的电子计算器自1957年首次面世以来,一直不断进行技术研发,在20世纪70年代推出了便携式计算器,20世纪90年代推出了彩色液晶显示计算器。近年来为匹配年轻用户的需求,卡西欧计算器在外观和性能上进行了持续改进。

此外,卡西欧的手表系列也十分多样化,从简单的数字显示到复杂的指针+液晶屏双重显示,以及近年来流行的智能手表。

当前,卡西欧在消费电子领域仍保持着强大的影响力。卡西欧的产品一直以来都以可靠性和耐用性而备受赞誉,而且其设计也一直受到年轻人的追捧。无论是计算器还是手表,卡西欧都以其出色的功能和时尚的设计赢得了消费者的喜爱。近年来,卡西欧开始关注更年轻一代的消费者,尤其是被称为"Z世代"的年轻人,并采取了许多措施来迎合"Z世代"消费人群的消费需求。

1. 创新产品设计

"Z世代"是指出生于1995年后的年轻人，他们是数字技术和社交媒体的"原住民"。这一代人的消费习惯和价值观与前几代有很大的不同。他们注重个性、追求品质、渴望与品牌建立情感联系。为了迎合新生代消费人群的需求，卡西欧在创新产品设计方面做了很多努力。

首先，卡西欧注重产品的设计，致力于打造符合年轻人审美和功能需求的时尚产品。在卡西欧的众多产品系列中，G-SHOCK系列的手表是该公司最为知名和受欢迎的产品之一。G-SHOCK系列手表以其独特的设计和强大的功能而著称，不仅具备出色的耐冲击和防震性能，而且还具备各种实用功能，如温度计、计时器、LED照明等，这些功能在年轻人中颇受欢迎。

此外，卡西欧也不断致力于在各个产品系列中引入创新的设计和技术。例如，卡西欧采用了新的太阳能电池技术，能够将光能转化为电能，为手表提供持久的动力。此外，还推出了蓝牙、GPS和电波对时的手表系列，这些功能能够满足年轻人在户外活动和旅行时的需求。

卡西欧的产品设计理念也非常符合年轻人的审美。在手表的设计上，卡西欧注重将经典的元素与现代的时尚元素相结合。例如，G-SHOCK系列手表在设计中运用了方形、圆形等几何形状的元素，并采用了各种色彩鲜艳的表带和表盘设计，让手表看起来更加时尚和个性化。此外，卡西欧还推出了各种限量版的特别款式手表，这些手表不仅具备收藏价值，也展现了卡西欧在产品设计上的创意和实力。同时，卡西欧还通过跨界合作和联名款式等方式，与其他知名品牌和设计师合作，推出更多符合年轻人审美和功能需求的时尚产品。例如，卡西欧与时尚品牌联名推出限量版手表，融入时尚元素和设计理念，让消费者享受科技与时尚的双重魅力。

2. 社交媒体营销

卡西欧非常重视在社交媒体平台上的营销活动，通过与年轻人进行积极互动，打造更贴近目标客户群体的品牌形象。卡西欧在各大社交媒体平台上都有自己的官方账号，如微博、微信、抖音、B站等。在这些平台上，卡西欧发布各种与品牌和产品相关的内容，包括新品发布、品牌故事、产品介绍、活动信息等，同时也与用户进行积极的互动和交流。

除了发布常规内容，卡西欧还通过与高校学生合作的方式，开展了一系列有趣的校园营销活动。例如，卡西欧邀请高校学生在校园内进行产品体验和试用，并分享自己的使用体验和感受。这些学生通过社交媒体平台分享他们的使用心得和产品评价，吸引了更多目标客户群体的关注和认可。

此外，卡西欧还通过举办线上比赛和互动游戏等方式，吸引年轻人在社交媒体平台上参与品牌营销活动。例如，卡西欧在微博平台上举办了"最美卡西欧瞬间"摄影比赛，邀请用户上传自己拍摄的卡西欧手表照片并分享背后的故事，通过参赛者上传的摄影作品来展现卡西欧产品的独特魅力和品牌精神。

3. 强化品牌形象

卡西欧注重传达品牌的社会责任感和价值观，力图与年轻人产生共鸣。卡西欧

G-SHOCK 手表强调"坚韧不止"的品牌精神，符合年轻人追求梦想和实现目标的决心和毅力。此外，卡西欧通过支持环保，参与公益活动，推广音乐、艺术、时尚、运动等方式，使品牌形象更加积极向上，增强了年轻人对品牌的信任和好感度。

卡西欧一直积极参与各种公益活动，努力推动社会的可持续发展。例如，卡西欧与发展研究基金会合作，支持儿童教育项目；通过提供电子乐器和学习用品等，为儿童提供更好的教育环境和更多学习机会。

除了参与公益活动外，卡西欧还致力于推广音乐、艺术、时尚、运动，通过各种方式支持各领域事业的发展。例如，卡西欧在中国赞助了多个音乐节和艺术展览，为年轻人提供展示自己才华和享受艺术魅力的平台。此外，卡西欧还与多位艺术家合作推出特别款手表，将艺术元素融入产品设计之中，让消费者在佩戴手表的同时也能感受到艺术的魅力。

卡西欧还积极倡导低碳环保生活，鼓励消费者减少碳排放和保护环境，通过采用环保材料和节能设计等手段，减少企业自身的碳排放和资源消耗，为保护地球环境作出贡献。例如，在企业内部推广节能设备和技术，优化生产流程，减少能源消耗和排放。在产品生产过程中优先采用环保材料，如可再生材料和低挥发性有机化合物等，以减少对环境的污染和破坏。

4. 线上线下融合

卡西欧在提供优质产品的同时，也通过线上线下融合的方式，为年轻人提供更好的消费体验。

线上方面，卡西欧建立了自己的官方网站和电商平台，提供全天候在线购物和售后服务。消费者可以在网站上浏览和购买最新产品、配件和促销商品，并享受便捷的支付和快速的物流配送服务。此外，卡西欧还通过社交媒体平台积极开展线上营销活动，发布品牌和产品信息、优惠活动和用户分享等内容，与年轻人进行互动和交流。

线下方面，卡西欧在各大城市开设了实体店铺，提供产品展示、体验和售后服务。卡西欧的实体店铺设计时尚、舒适，为消费者提供专业的产品介绍和演示，可以让消费者更好地了解和体验产品的特点。此外，卡西欧还在全国各大城市定期举办活动，如街舞、篮球、滑板、滑雪等一系列深受年轻人喜爱的内容。

5. 结语

卡西欧通过精准把握年轻人的需求和偏好，不断推出符合他们审美需求的新品；注重与年轻人的互动和交流，不断优化产品和服务；通过提升品牌形象和社会责任感，赢得年轻人的认可和信任。上述这些政策和方针让卡西欧成功地与"Z世代"建立了紧密的联系，并赢得了年轻消费者的青睐。卡西欧的产品在年轻人中具有很高的知名度和口碑，已成为时尚和潮流的象征。未来，卡西欧将继续关注年轻消费者的需求和变化，不断创新和进化，以更好地与"Z世代"共舞。

资料来源：卡西欧（中国）贸易有限公司官网，https://www.casio.com.cn/corporate/，该案例由卡西欧（中国）贸易有限公司审核。

【案例思考题】

1. 卡西欧公司如何通过创新设计来满足"Z世代"年轻人的需求和偏好？
2. 卡西欧公司在服务"Z世代"消费者方面做了哪些优化措施？
3. 卡西欧公司如何通过参与公益活动和环保行动来展示企业的社会责任感和价值观？这些举措对公司的品牌形象有何影响？

【课后思考题】

1. 简述数智时代人力资源管理角色发生的转变。
2. 数智时代，人力资源管理面临哪些主要创新？
3. 在数智时代，为什么个体改进对于企业文化变革如此重要？
4. 如果你是一家企业的管理者，你会如何激发员工的自驱动能力，以提高他们的绩效和创新能力？
5. 简述数智化领导力的提升路径。

【在线测试题】

扫描二维码，在线答题。

第12章 数智时代的企业文化建设

【案例导入】　　　"字节范"：字节跳动的企业文化

> 字节跳动，作为全球知名短视频创作和播放平台抖音的母公司，已经崛起为全球拥有超过10亿名用户的互联网科技巨头。该公司秉承"激发创造、丰富生活"的崇高使命，以六大"字节范"作为其企业文化的核心价值观，包括"始终创业、多元兼容、坦诚清晰、求真务实、敢为极致、共同成长"六个方面。这些价值观不仅塑造了字节跳动的独特企业文化，而且指导了其员工的日常行为和决策。
>
> 　　第一，始终创业。始终创业是字节跳动公司的核心价值观之一，它强调保持创业心态，不断开创并寻求新的机遇。对内，公司鼓励员工利用自身能力和资源进行创新，同时注重工作效率，追求简单高效的工作流程，避免将简单的事情复杂化。对外，字节跳动鼓励员工保持敏锐的洞察力，了解市场需求和竞争对手的动态。公司倡导员工保持谦逊的态度，避免自满和优越感，以便更好地与他人合作和交流。这种始终创业的精神使字节跳动保持着开拓创新的态度，不断推出新的产品和服务，并成为行业的领导者。
>
> 　　第二，多元兼容。多元兼容强调尊重和欣赏个体多样性，聚焦于人的核心特质。公司鼓励员工具有全球视角，理解并尊重不同文化、观点和实践的差异，倡导多元文化的融合与共生。公司强调在人际交往中以善意为基础，假设他人的行为和意图是积极的，并以此为前提进行合作。在多元兼容的氛围下，员工们能够相互理解、尊重和合作，共同实现公司的目标。
>
> 　　第三，坦诚清晰。坦诚清晰主要指鼓励员工在沟通中真实地表达自己的想法和意

见，并勇于揭示问题，同时反对在沟通中过度考虑上级的意见或态度而忽略事实和真相。鼓励员工使用准确、简洁、直接的语言，避免使用抽象的词汇。同时，倡导员工就事论事，进行理性的沟通，避免主观臆测和情绪化的表达。这种坦诚清晰的沟通方式有助于提高工作效率和理解力，促进员工之间的有效合作和协调，这也使得公司的决策更加明智和准确，从而更好地满足市场需求和实现公司的目标。

第四，求真务实。求真务实主要强调了员工应该独立思考，深入探究问题的本质，并直接获取一手数据或信息。同时，公司倡导员工不自以为是，注重实际效果和用户体验。这种求真务实的态度使得公司能够不断优化产品和服务，提高市场竞争力，并赢得用户的信任和忠诚度。

第五，敢为极致。敢为极致主要强调了员工应该敢于为了更好的结果而明智地冒险，注重整体投资回报率。公司鼓励员工积极尝试多种可能性，在更大的范围内寻找最优解决方案。同时，公司要求员工追求卓越，以高标准来要求自己的工作，不仅要完成任务，更要做好每一个细节。这种敢为极致的精神激发了员工的创新和创造力，推动公司不断突破自我，取得卓越的业绩。

第六，共同成长。共同成长主要强调了员工应该相信并认可公司的使命和愿景，以此为驱动力，不断自我提升和成长。同时，面对短期波动和挑战，公司鼓励员工保持耐心和韧性，共同解决问题。同时，员工应该具备不断学习的意识，不断拓展自己的知识边界，探索新的领域和机会，并与组织一起成长。

资料来源：字节跳动官网，https://www.bytedance.com。

随着数智时代的到来，企业文化建设正面临着前所未有的挑战和机遇。本章将探讨数智时代下企业文化的新理念、新态势，以及如何应对数智时代下企业文化的新命题。在数智时代下，通过树立新的理念、适应新的态势并应对新的命题，企业可以打造符合数智时代要求并为全体员工所认同的企业文化，推动企业的长期发展和竞争优势的提升。

12.1 数智时代的企业文化新要求

12.1.1 数智时代对企业文化的挑战

数智时代对企业文化的挑战主要体现在以下几个方面：

1. 技术更新迭代

随着数智技术的不断发展，企业需要不断更新和升级自身的技术，以在快速变化的环境中保持竞争力。这不仅包括对新技术的学习和应用，而且包括对现有技术的优化和升级，需要企业持续投入大量的资源，包括资金、技术和人才等。同时，这也对企业的学习能力提出了更高的要求，要求企业能够快速地适应和应用新技术。

2. 数据安全问题

随着企业数据量的不断增长，数据安全问题也日益凸显。从消费者的个人身份信息到企业的商业机密，这些数据在数字化时代都面临着前所未有的安全风险。网络安全威胁不仅来自外部的黑客攻击，而且可能来自内部的员工失误或恶意行为。因此，企业需要建立完善的安全管理制度，加强网络安全防护，以保护其数据和客户信息的安全。同时，还需要对数据进行备份和恢复，确保数据的安全性和可靠性。

3. 数据管理问题

随着业务规模的扩大和数据量的增长，如何高效地存储、管理和利用这些数据，成了企业决策和运营的关键。

首先，企业需要建立完善的数据管理系统，确保数据的准确性和完整性。这包括客户数据、销售数据、市场数据等各类业务数据的收集、存储和整合。

其次，随着数据量的增加，如何高效地存储和管理这些数据也成了企业的重要挑战。企业需要采用高效的数据存储和管理技术，如分布式文件系统、数据库管理系统等，以满足大规模数据的存储和管理需求。

再次，随着数据类型的多样化，如何对不同类型的数据进行有效的管理和利用，也是企业需要面临的问题。企业需要采用不同的数据管理策略和技术，如对结构化数据、非结构化数据、流数据等不同类型的数据进行分类管理和利用。

最后，数据管理问题的解决还需要企业进行组织架构的调整和管理流程的优化。企业需要建立与数据管理体系相适应的组织架构，明确各部门的数据管理职责和协作方式。同时，还需要优化数据管理流程，包括数据的收集、存储、处理、分析和利用等流程，以确保数据的准确性和高效性。

4. 人才短缺问题

随着企业数智化转型的深入推进，人才短缺问题越发凸显。企业在实施数智化战略的过程中，不仅需要具备数智化技能和知识的人才来支持，还需要这些人才具备丰富的实践经验和创新思维。然而，当前市场上具备这些综合能力和素质的人才相对较少，这给企业招聘和人才市场带来了很大的压力。

企业为了解决人才短缺问题，需要采取多种措施。第一，企业可以加强内部培训和培养，提高员工的数智化技能和知识水平。第二，企业还可以通过与高校、研究机构等合作，共同培养具备数智化技能和知识的人才，以获取更多具备相关背景和技能的候选人。第三，企业可以拓宽招聘渠道，积极寻找具备数智化技能和知识的外部人才。除了传统的招聘网站和社交媒体平台，企业可以通过行业协会、专业论坛、社交媒体等途径，拓展招聘范围并增加人才库储备。第四，企业还可以通过建立良好的雇主品牌形象，提高自身的吸引力，以吸引更多优秀的人才加入。第五，企业可以尝试通过建立合作伙伴关系来解决人才短缺问题。与其他企业或机构合作，共享人才资源和技术经验，可以有效地缓解各自的人才压力。例如，可以通过共同开展项目合作、互相借调人员等来实现人才的共享和互补。

5. 市场需求多变

数智化时代，随着市场竞争的日益激烈，客户对于产品和服务的个性化需求越来越高。企业需要具备快速响应市场需求的能力，以便及时满足客户的定制化需求，并提供优质的解决方案。然而，当前很多企业在响应客户需求方面存在不及时、不精准的问题，这制约了其市场竞争力。

企业需要培养一种快速响应的企业文化，让员工认识到快速响应市场变化的重要性，并鼓励员工积极参与到快速响应的过程中来。同时，需要不断增强自身的定制化能力，为客户提供更个性化的产品和服务。通过引入先进的生产技术和柔性制造理念，企业可以更好地满足客户的定制化需求，并为其提供更为优质的解决方案。此外，需要建立一套完善的快速响应机制，以便在客户需求发生变化时能够及时调整自身的产品和服务。这套机制应包括客户需求的收集、分析、传递和反馈等环节。通过高效的沟通流程和灵活的组织架构，快速地对市场需求作出反应。

6. 供应链协同问题

数智化时代，企业面临着日益复杂的供应链管理挑战。为了实现更高效、更灵活的供应链协同，企业需要克服各种难题，包括信息不对称、利益诉求差异以及合作伙伴间的协调问题。

首先，信息不对称是实现供应链协同的一个重要障碍。由于各方的数据和信息往往存在差异，导致企业难以全面了解供应链的整体运行情况。为了解决这个问题，企业可以借助数智化技术和工具，实现数据的集成和共享，提高信息的透明度和准确性。通过建立供应链信息平台，企业可以将供应商、生产商、物流企业等各方连接起来，实现信息的实时传递和共享，从而更好地掌握供应链的整体情况，提高决策效率和协同效果。

其次，利益诉求差异也是影响供应链协同的一个重要因素。由于各方的目标和利益不同，往往存在利益冲突的情况。为了解决这个问题，企业需要建立合理的利益分配机制，通过公平、透明的协商和合作，实现各方利益的平衡和共赢。同时，企业还可以通过建立长期、稳定的合作伙伴关系，加强相互间的信任和合作，降低利益冲突的风险。

最后，合作伙伴间的协调问题也是实现供应链协同的关键因素之一。由于供应链中的各方的角色和职责不同，需要建立良好的协调机制，确保各方的合作顺畅进行。为了解决这个问题，企业需要加强对合作伙伴的管理和监督，建立完善的沟通机制和合作流程。通过定期召开供应链协调会议、制订合作计划、建立问题解决机制等方式，加强各方的沟通和协调，确保供应链协同的顺利进行。

12.1.2 数智时代企业文化建设的必要性

在数智时代，企业文化的重要性不言而喻。企业文化是企业发展的基石，它不仅对企业内部员工的行为和思想产生深远影响，还对企业的外部形象和声誉产生直接影响。在数智化转型的过程中，企业文化对于企业适应新的技术环境、提高企业竞争力具有至关重要的作用。

首先，企业文化可以激发员工的创造力和潜力。数智时代要求企业具备快速响应市场变化的能力，而员工的创造力和潜力是企业实现快速响应的关键。企业文化可以通过建立激励创新的氛围、培养员工的团队合作意识等方式，激发员工的创造力和潜力，提高企业的创新能力。

其次，企业文化可以提高企业的数智化素养。数智化素养是指员工对于数智化技术的掌握和应用能力，它是企业实现数智化转型的关键因素之一。企业文化可以通过多种方式提高员工的数智化素养，如开展数智化培训、建立数智化交流平台、营造创新氛围等。

最后，企业文化可以塑造企业形象和品牌价值。企业文化可以塑造企业的形象和品牌价值，提升企业的社会形象和市场竞争力。企业文化能够影响员工的行为和态度，从而影响企业的社会形象和信誉。通过建设诚信、专业、富有责任感的企业文化，企业能够提升自身的品牌形象，赢得消费者的信任和认可。

拓展阅读12.1
数字化时代的
企业文化建设

12.2 数智时代的企业文化新理念

12.2.1 从人出发：以员工为中心的文化理念

在数智时代，企业应从人出发，建立以员工为中心的文化理念。只有更好地关注员工的成长、关爱员工的身心健康，注重员工的情感需求和价值追求，以及员工的个人发展和价值实现，才能激发员工的归属感和创造力。

拓展阅读12.2
企业数字化转
型最深层次的
认知变革，是
人的认知与思
维变革

数智时代的技术发展也为建立以员工为中心的文化理念提供了更多支持。例如，企业可以通过数智化技术为员工提供更加灵活的工作方式和弹性的工作时间，满足员工的个人需求和工作、生活的平衡。同时，企业还可以利用数据分析技术对员工的工作表现和情感状态进行分析，从而更好地了解员工的需求和关注点，制定更加精准的员工关爱和激励措施。

12.2.2 持续创新：鼓励创新和适应性

在数智时代，持续创新和强调适应性已成为企业生存和发展的关键。企业文化作为企业的灵魂，应积极倡导创新精神，激发员工的创造力和团队合作精神。以下是关于如何构建鼓励创新性与适应性的企业文化的一些建议：

（1）创新文化培育。要培养员工敢于尝试、不怕失败的创新意识。对于新想法和创意，企业应该积极鼓励员工敢于实践和探索，而不是因为可能存在的风险抑制员工的创新精神。

（2）提供创新平台。企业可以通过组织创新竞赛、设立创新奖励等方式，为员工提供展示创新能力的平台。同时，企业还应该鼓励员工参与产品或服务的改进和升级，让员更加深入地了解和掌握创新的方法和工具。

（3）建立创新激励机制。为了鼓励员工积极参与创新活动，企业需要建立完善的创新激励机制。对于在创新方面取得突出成绩的员工，应该给予相应的奖励和晋升机会，以激励更多的员工参与到创新活动中来。

（4）适应性文化构建。在快速变化的数智时代，企业需要具备快速响应市场变化的能力。适应性文化可以帮助企业更好地应对市场变化带来的挑战。企业可以通过鼓励员工自主学习、适应新技术等方式，培养员工的适应性。

12.2.3　数据驱动：利用数据和分析进行决策

数智技术提供了海量的数据和信息，使得企业能够在分析和决策过程中有更多的参考依据。为了更好地利用这些数据，企业需要建立以数据驱动决策的文化，培养员工的数字素养和数据分析能力。

（1）建立数据驱动的文化。企业应该树立以数据为依据的决策理念，形成数据驱动的文化。在制定决策时，应该鼓励员工依据数据进行科学决策，避免过度依赖主观感受或经验判断。

（2）注重数据质量。为了保证数据分析的准确性，企业应该注重数据的质量。要确保数据的来源和准确性，对数据进行有效的清洗和预处理，避免因为数据质量问题导致决策失误。

（3）提供数据分析培训。为了提高员工的数据分析能力，企业应该提供专业的数据分析培训。培训内容包括数据收集、处理、分析和解读的方法和工具，帮助员工掌握使用数据进行决策的技能。

（4）鼓励数据分享。企业可以建立数据分享机制，鼓励员工分享自己的数据和见解。通过数据分享，企业能够更好地发现数据背后的规律和趋势，为决策提供更多的参考依据。

12.2.4　社交化合作：建立紧密的社交网络和协作模式

数智时代促进了信息的传播和知识的共享，企业需要建立紧密的社交网络和协作模式。这要求企业文化注重沟通和合作，以及培养员工的社交能力和团队合作精神。

（1）建立紧密的社交网络。企业可以通过内部社交平台、团队建设等方式，建立员工之间的紧密联系和社交网络。通过鼓励员工之间的交流和分享，企业能够更好地促进信息流通和知识共享。

（2）培养员工的沟通技巧。企业应该注重培养员工的沟通技巧，包括有效倾听、清晰表达和准确传达信息等。通过提高员工的沟通技巧，可以增强企业内部和外部的沟通能力，促进协作。

（3）建立协作模式。为了实现有效的社交化合作，企业需要建立明确的协作模式和机制。这包括明确责任分工、促进跨部门协作、鼓励团队合作等。通过建立协作模式，企业可以提高工作效率、减少沟通成本，实现更好的合作与共赢。

（4）推崇透明和诚信。在社交化合作中，透明和诚信是建立信任和长期合作的关键。企业应该推崇透明和诚信的价值观，鼓励员工在沟通和协作中保持诚实、透明和公正的态度。

12.3 数智时代的企业文化新态势

12.3.1 多元化和包容性：构建多元化的企业文化

在数智时代，企业的运营环境和市场需求更加复杂多变，企业的成功不再仅取决于产品的质量和技术的先进，而更在于企业是否能够构建一种具有多元化和包容性的企业文化。

首先，企业应致力于构建多元化的企业文化。这种企业文化尊重和欣赏各种不同的背景、观点和经验，鼓励员工在多样化的环境中交流互动、分享知识和创新思维。企业可以通过招募来自不同背景的员工、实施多元化的培训和发展计划、鼓励多样化的参与和表达等方式来促进企业内部和外部的多元化。

其次，企业应努力提高文化的包容性。这意味着企业应该尊重和接纳所有员工的多样性和独特性，无论他们的种族、性别、宗教信仰、性取向、年龄、健康状态等。企业可以通过实施包容性管理策略、提供公平的机会和资源等措施来提高文化的包容性。

最后，企业应将多元化和包容性文化融入企业的日常运营中。这包括在企业的决策制定、项目管理、员工关系管理等各个方面都充分考虑员工的多样性和独特性，以及这些因素对企业运营的影响。

12.3.2 持续学习：打造学习型组织

在数智时代，由于技术的迅速发展和市场的快速变化，企业需要不断学习和适应以保持竞争力。因此，打造学习型组织成为企业文化的重要组成部分。

（1）树立终身学习的理念。企业应强调终身学习的理念，鼓励员工不断学习新的知识和技能。这需要企业认识到学习不仅仅是在职培训，而是一个持续的、终身的过程。企业可以制定相关政策，鼓励员工参加外部培训和学习，提高他们的专业技能和素质。同时，企业还可以通过定期组织内部培训、研讨会等方式，促进员工之间的相互学习和交流。

（2）建立学习平台。企业可以建立在线学习平台，提供各种学习资源和学习工具，方便员工进行自我学习和交流。这种平台可以包括电子图书馆、在线课程、行业报告等，使员工能够随时随地获取知识和信息。此外，企业还可以定期组织学习分享会和研讨会，鼓励员工分享经验和知识。

（3）推动团队学习。企业应注重团队成员之间的相互学习和协作。团队学习可以提高团队的协作效率和创新能力，有利于企业的长远发展。企业可以鼓励员工参与跨部门、跨职能的项目，以培养他们的团队合作精神和领导能力。

（4）提供学习激励。为了鼓励员工积极学习，企业可以建立学习激励制度。例如，对于积极学习并取得相关证书或资格的员工可以给予一定的奖励或晋升机会，激励员工主动学习和提高自己的能力。此外，企业还可以为员工提供职业发展规划和晋升机会，使员工能够看到自己的成长空间和发展前景。

12.3.3 数智时代多元参与及价值共创

在数智时代，企业的运营模式和管理方式都面临着巨大的变革。其中，推崇多元参与和价值共创成为数智时代企业文化的关键要素。

多元参与是指企业在运营和管理过程中注重各方面的参与和协作。在制定企业战略、决策或进行产品开发和创新时，企业应广泛邀请员工、合作伙伴、消费者和社区等利益相关者参与其中，提供多角度的意见和建议。通过多元参与，企业可以集思广益，提高决策的科学性和准确性，同时增强企业与各利益相关者之间的联系和信任。

企业价值共创是指企业在发展过程中注重共同价值的创造和维护。在数智时代，企业的核心价值观需要与利益相关者的价值观相一致，以实现长期的可持续发展。企业可以通过对外传播核心价值观、履行社会责任、推广企业文化等方式来促进共同价值的创造和维护。同时，企业还需要在内部培训和选拔人才时注重价值观的考核和培养，让企业的核心价值观贯穿于企业的日常运营中。为了实现多元参与和企业价值共创的企业文化，企业可以采取以下措施：

（1）培养协同意识。企业应该通过内部培训、文化传播等方式，培养员工的协同意识和团队精神，让员工充分了解企业的核心价值观和战略目标，从而形成共同的认知和行动。这有助于增强员工的归属感和责任感，促进企业内部的协作和统一。

（2）建立合作机制。企业可以搭建一个合作平台，将各利益相关者紧密联系在一起，包括员工、合作伙伴、供应商、客户等。通过这个平台，企业可以促进信息共享、资源协作和知识创新。这不仅有助于实现更广泛的多元参与，还可以创造更多的价值。

（3）注重协同创新。企业应注重与合作伙伴、供应商和客户等利益相关者之间的协同创新。通过协同创新，企业可以共同研发新产品、新技术和新服务，实现互利共赢和可持续发展。这种合作模式不仅可以提高企业的创新能力，而且可以加强与各利益相关者的合作关系。

（4）建立评价体系。为了确保多元参与和企业价值共创的企业文化得到有效实施，企业应该建立相应的评价体系。该评价体系应该包括员工、合作伙伴、消费者等利益相关者的反馈和评价，以衡量企业文化的效果和影响力。通过定期评估和反馈，企业可以及时调整策略和方法，以实现更好的多元参与和企业价值共创。

（5）强化社会责任。企业应该积极履行社会责任，关注环保、公益和社会发展，以实际行动彰显企业的核心价值观。通过承担社会责任，企业可以提升品牌形象，吸引更多的利益相关者参与共创。同时，这也有助于增强企业的社会影响力，提高企业的声誉和公信力。

【本章小结】

本章主要探讨了数智时代下企业文化建设的新要求、新理念以及新态势。

在数智时代,企业面临的挑战和不确定性日益增多,因此,企业文化的建设变得尤为重要。数智时代对企业文化的挑战主要表现在以下几个方面:技术更新迭代、数据安全问题、数据管理问题、人才短缺问题、市场需求多变和供应链协同问题。这些挑战要求企业文化具有开放、透明、灵活和创新的特点。

在数智时代,企业文化建设的新理念包括:从人出发,以员工为中心的文化理念;持续创新,鼓励创新和适应性的理念;数据驱动,利用数据和分析进行决策的理念;社交化合作,建立紧密的社交网络和协作模式的理念。这些新理念可以帮助企业在数智时代更好地适应市场的变化和竞争的压力。

最后,数智时代的企业文化新态势包括多元化和包容性、持续学习以及数智时代多元参与及价值共创。构建多元化的企业文化可以促进员工的多样性和创造力,提高企业的竞争力和创新能力。持续学习的企业文化可以促进员工的个人发展和企业的可持续发展。而数智时代的多元参与及价值共创则可以增强企业的开放性和适应性,同时提升员工的参与感和归属感,有利于企业更好地应对市场的变化和挑战。

【案例分析】　　林清轩:数智赋能下的"转危为机"

1. 案例背景

林清轩成立于 2003 年,是一家以植物为原料,制作天然、安全有效的优质护理品的"国货新潮"品牌,采取"前店后厂"的直营模式,其主要业绩来源于遍布全国的 337 家线下门店。然而,新冠疫情暴发后,林清轩线下门店的业绩一度下滑达 90%。

面对困境,林清轩董事长发表了"至暗时刻"的公开信,随后采取了一系列自救行动。在短短的 22 天里,林清轩成功逆势反弹,成为美妆界的"黑马",整体业绩增长了 20%。这一事件背后的数智化赋能是危机中展现企业韧性的关键。

2. 林清轩数字化转型的历程

从图 12.1 中,可以清楚地看到林清轩数字化转型的四个阶段:

第一阶段,"水火不容"(2003—2011 年)。此阶段,林清轩完全依赖于线下门店的销售业绩,所有的信息记录都采用原始的纸笔方式。对于线上销售,林清轩采取的是抵制态度,甚至曾七次将阿里巴巴告上法庭,抗议其未经授权销售林清轩产品。

第二阶段,"闭门造车"(2011—2016 年)。在这个阶段,林清轩开始初步尝试数字化转型,组建了自己的 IT 团队,购买源代码进行数字化和互联网的基础设施建设。然而,由于无法与像阿里巴巴这样的大平台进行对接,最终遭受了高达 5 000 万元的损失,不得不结束了数字化探索与尝试。

第三阶段,"穿新鞋走老路"(2016—2019 年)。从 2016 年开始,林清轩改变了思路,与数字零售方案服务商百胜合作,并在系统上全面迁移到阿里云。然而,尽管林清轩尝试了新模式,其业绩仍然有 75% 来自线下实体店。线上与线下的矛盾仍然存在,两条

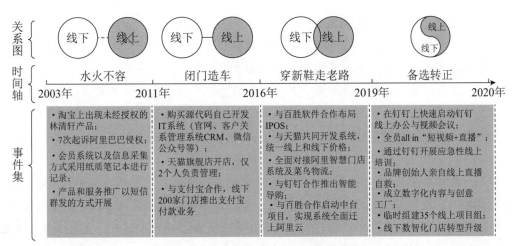

图 12.1　林清轩数字化转型发展历程

腿走路的方式并没有得到有效的调和。

第四阶段，"备选'转正'"（2019—2020 年）。新冠疫情暴发之后，林清轩线下门店的业绩下降了90%，面临破产危机，不得不将业务全部转移到线上，倒逼企业在有限的时间内完成数字化转型，最终成功实现了自救并逆势成长。

3. 数智赋能：跨层级与跨部门连接

此次危机对林清轩造成的主要冲击是组织内部的"秩序化"连接方式被打破，人与人之间的联系变得碎片化。因此，林清轩决定借助智能办公平台，如钉钉，通过数智工具来提高组织内部的连接效率，以更好地应对危机。具体表现在以下两个方面。

第一，跨层级连接。在数智工具的帮助下，林清轩改变了信息层层上报和决策梯度传递的连接方式。在钉钉平台上，林清轩高管与基层员工的连接关系由原来的层层递进的直线连接方式转变为网状连接关系，信息触达距离被缩短，这使管理者可以快速感知危机事件的影响范围和破坏程度，进行及时、有效的决策。此外，在数智平台的帮助下，自上而下的梯度授权方式得以改变，组织成员可以依据危机变化进行逆向授权，在有限的时间内快速响应变化。

第二，跨部门连接。在数智工具的帮助下，将组织内不同部门的人、事、物、信息进行连接，保障组织各业务单元在危机中正常运转，提升协作效率。林清轩在钉钉办公平台上成立了 35 个临时线上项目组，每个项目组有不同的分工且彼此相互联系。例如，有的项目组负责抖音直播，有的项目组则负责视频制作。同时，每个门店也各自成立线上工作小组，共有 2 000 多人在钉钉群里进行协作。当任何一个员工提出问题时，不需要经过总部，各个项目负责人就可以直接回应，这种做法极大地提升了协作效率。此外，钉钉为林清轩打造的智能移动办公平台和云上工作空间，使得不同部门间的知识共享和业务互补得到了质的提升。例如，电商部门、新零售部门、运营部门等管理单元的业务行为变得透明化。部门间的协作过程对参与人员透明可见，不同部门的组织成员可以随时进行互动沟通和反馈意见，可以即时根据危机变化作出调整。

4. 运用数智化系统快速重构业务生态

林清轩在面临危机时，通过与百胜和阿里云的合作，彻底重构了自身的业务生态，实现了全面的业务场景转化。具体表现在以下方面：

第一，数据的集中管理。危机前，林清轩的数字化系统中存在许多数据孤岛和重复数据，造成了资源浪费。为了解决这一问题，林清轩决定与百胜合作，利用阿里云的技术优势，打造了一个全新的数智化中台。这个中台将林清轩所有的线下门店以及线上平台的数据统一存储和管理，实现了数据的集中运营和决策。

第二，数据的资产化。通过数智化系统的赋能，林清轩将汇聚的数据资产进行切分、建模和结构化处理，助推组织在危机中将人、货、场等传统商业要素重构。危机发生前，林清轩与用友合作，开发了以 NC Cloud 数字化平台为核心的数智系统，主要涵盖财务会计、供应链管理、内部交易、资金管理、预算管理、生产管理、成本核算等模块，通过将不同数据模块基于业务场景进行转化，支撑组织在危机中进行模块重组。

5. 围绕客户动态调整品牌价值传播体系

危机后，林清轩与客户的关系由"紧密"变为"离散"。为了能够在危机中实现反弹，林清轩积极调整品牌价值传播体系，主要表现在以下几个方面：

（1）修复与核心客群的联系。危机后，林清轩对核心客户群体更加重视，采取了一系列的措施来修复与他们的联系。首先，林清轩深度了解核心客户在疫情危机中的新需求，开发了"修复口罩脸""修复酒精手"等一系列新的应用场景。同时，林清轩还通过向武汉一线医护人员捐赠价值 160 多万元的山茶花油、董事长亲自写感谢信等方式，提升核心客群对品牌的信任和好感。其次，积极引导服务场景线上迁移。在危机前，林清轩主要通过线下服务来增强客户黏性，但危机发生后，线下门店的客流量明显减少。为此，林清轩借助专属导购，引导客户线上转移。每个专属导购都有自己的核心客户群体，他们通过微信、电话等方式与自己的客户保持联系，为客户提供线上选购和咨询等服务，同时也提供替代性体验，如通过邮寄样品等方式让客户更直观地了解产品，从而成功将大部分线下客户转移到线上。

（2）开发新的增量客户。首先，扩大触点面积。借助淘宝、抖音、小红书等平台，推出了"All IN 短视频＋直播"的营销策略，以增加与新客户的互动。通过深度分析每个平台的客户流量属性，林清轩可以采取更具针对性的措施来扩大其触点面积。其次，采取结构性引流策略。通过与具有强大引流能力的头部主播合作，成功地吸引了大量新客户，带来了巨大的品牌声量。再次，林清轩还依靠其 1 600 名线下导购遴选的直播团队进行持续引流，实现"聚沙成塔"的效果。最后，新客户资源内化。通过结构性引流所获取的客户资源仍属于基于参与关系的开放性流量，为了转化这批新客户，林清轩与外部平台合作，将这些新客户的流量数据进行打包，然后将其派发给线下的门店进行维护。通过这种方式，成功地将这些新客户转化为基于信任关系的封闭性客户流量。这些客户在未来的购买决策中会更倾向于选择林清轩的产品，从而为组织带来持续的收益。

（3）深度挖掘和分析数据资源。危机中，林清轩通过深度挖掘和分析数据资源，实现了快速筛选与企业属性相匹配的客户，为转化离散客群提供决策指引。具体表现在以下两方面：

一是数据挖掘。林清轩积累了大量线上客户，包括"手淘＋钉钉"智能导购系统的160万名粉丝、微信公众账号的180万名粉丝、小程序商城的30万名粉丝和天猫的220万名粉丝，共计近600万名数字化客户。通过对客户基础属性、消费行为、偏好习惯、互动行为等多维度分析，实现关联数据提取，为修复与客户的联系提供参考。

二是精准触达。林清轩与阿里数据银行合作，将数据挖掘的全域消费画像传输至阿里数据银行，后者从自身数据资源中筛选符合标签画像的客户关联数据进行触达。通过数字中台进行数据分析，精准计算潜在客群分布，为企业产品配置与投放提供重要参考。

6. 结语

林清轩的成功经验告诉我们，在危机中，企业要深入认知数字化重构以及增长力的底层逻辑，制定合理的数字化战略，冲破常规情境下数字化转型所遇到的桎梏，通过数字技术激发管理效率和传播效果。只有这样，企业才能在危机中逆势成长。

资料来源：单宇，许晖，周连喜，等. 数智赋能：危机情境下组织韧性如何形成——基于林清轩转危为机的探索性案例研究 [J]. 管理世界，2021，37（3）：84-104+7.

【案例思考题】

1. 林清轩在新冠疫情暴发后经历了什么危机？它是如何通过数字化转型来克服这些危机的？
2. 林清轩在数字化转型过程中，采用了哪些有效的企业文化传播方式？
3. 林清轩的数字化转型经验对其他面临类似挑战的企业有何启示？

【课后思考题】

1. 数智时代对企业文化提出了哪些新的挑战？
2. 谈谈数智时代企业文化建设的必要性。
3. 在面对快速变化的市场和技术时，企业应如何保持持续创新和适应性的企业文化？
4. 数智时代的企业文化有哪些新理念？
5. 简述数智时代多元参与及价值共创的含义。

【在线测试题】

扫描二维码，在线答题。

参 考 文 献

[1] Breque M., De Nul L., Petridis A. Industry 5.0: Towards a Sustainable, Human-centric and Resilient European Industry[R]. European Commission, 2021, Brussel.

[2] Carmeli A., Reiter-Palmon R., Ziv E. Inclusive Leadership and Employee Involvement in Creative Tasks in the Workplace: The Mediating Role of Psychological Safety. Creativity[J]. 2010, 22(3): 250-260.

[3] Chatman, J. A.. Matching people and organizations: Selection and socialization in public accounting firms[J]. Administrative Science Quarterly. 1991, 36(3): 459-484.

[4] Giovanna M. C., Aleksandr K, Claudia C, et al. Diversity and inclusion in employer branding: an explorative analysis of European companies' digital communication[J]. Employee Relations: The International Journal, 2023, 45 (7).

[5] Johnstone, K.. Organizational culture: Implications for HR professionals[M]. Business Expert Press, 2013.

[6] Lange D, Washburn N T. Understanding attributions of corporate social irresponsibility[J]. Academy of Management Review, 2012, 37(2): 300-326.

[7] Lau C, Lu Y, Liang Q. Corporate social responsibility in China: A corporate governance approach[J]. Journal of Business Ethics, 2016, 136(1): 73-87.

[8] Trompenaars, F., & Swart, R.. Riding the wave 2: The resilient organization: Realigning identity, reality and ideals for sustainable growth and societal impact[M]. Pearson Education, 2007.

[9] 埃德加·沙因，彼得·沙因. 组织文化与领导力（第五版）[M]. 陈劲，贾入筱，译，北京：中国人民大学出版社，2020.

[10] 安治民，杜朝举. 论企业价值观的驱动力及其意义 [J]. 湖北社会科学，2019（4）：81-84.

[11] 彼得·德鲁克. 公司概念（珍藏版）[M]. 慕凤丽，译. 北京：机械工业出版社，2009.

[12] 彼得·德鲁克. 管理：使命、责任、实务（责任篇）[M]. 王永贵，译. 北京：机械工业出版社，2007.

[13] 曹凤月. 企业文化学概论 [M]. 北京：清华大学出版社，2015：14-15，103-104.

[14] 陈春花，赵明明. 高成长企业组织与文化创新 [M]. 北京：机械工业出版社，2016.

[15] 陈春花. 企业文化 [M]. 3 版. 北京：机械工业出版社，2017.

[16] 陈春花. 数字化时代的生存之道——共生与协同 [J]. 张江科技评论，2019（6）：53-55.

[17] 陈冬梅，王俐珍，陈安霓. 数智化与战略管理理论——回顾、挑战与展望 [J]. 管理世界，2020，36（5）：220-236+20.

[18] 陈剑，刘运辉. 数智化使能运营管理变革：从供应链到供应链生态系统 [J]. 管理世界，2021，37（11）：227-240+14.

[19] 陈丽华，杨宇瑶，胡华清，等. 构建数智化产业供应链服务体系：赋能中小企业的必要性、可行性和路径选择 [J]. 供应链管理，2023，4（9）：25-30.

[20] 戴杰. 如何建设企业文化管理传播系统 [J]. 现代企业文化，2022（28）：1-4.

[21] 董念念，王雪莉．管理者榜样作用与文化类型的交互对员工企业文化认同的影响研究[J]．管理学报，2018，15（8）：1136-1143．

[22] 高振明，庄新田，黄玮强．社会网络视角下的并购企业文化整合研究[J]．管理评论，2016，28（9）：218-227．

[23] 韩丽，程云喜．企业数字化领导力面临的挑战、短板及提升路径[J]．领导科学，2021，(19)：50-53．

[24] 黄卫伟．以奋斗者为本：华为公司人力资源管理纲要[M]．北京：中信出版集团，2016．

[25] 江克灿，曾建中．数智化背景下企业员工关系管理的创新发展研究[J]．西部皮革，2022，44（5）：24-27．

[26] 李楠，林依玲，时芸婷．数智化人力资源管理的理念内涵与实现路径[J]．山东工会论坛，2023，29（5）：22-33．

[27] 李曦珍，宋锐．全球信息技术应用的数智化转型[J]．甘肃社会科学，2021（6）：188-197．

[28] 李伊凡．企业人力资源招聘与培训创新机制的构建策略探讨[J]．企业改革与管理，2022（12）：65-67．

[29] 刘畅．J公司企业文化传播研究[D]．北京：北京交通大学，2022．

[30] 瑞安·麦克马纳斯，石小竹．数字领导力崛起[J]．商业评论，2021（5）：148-156．

[31] 汤姆·彼得斯，罗伯特·沃特曼．追求卓越[M]．胡玮珊，译．北京：中信出版集团，2020：10．

[32] 特伦斯·迪尔，艾伦·肯尼迪．企业文化：企业生活中的礼仪与仪式[M]．李原，孙健敏，译．北京：中国人民大学出版社，2015．

[33] 田苗，尚禹哲．“走出去”企业传播中国文化的路径研究——基于华为在匈牙利的传播效果调查[J]．华北理工大学学报（社会科学版），2023，23（2）：117-122+128．

[34] 王菲阳．医疗企业数字化转型路径及其绩效研究[D]．武汉：武汉纺织大学，2022．

[35] 王海明．数智时代的正义：复杂性及其当代旨归[J]．浙江社会科学，2022（1）：68-81．

[36] 王姝楠．数字经济背景下中国制造业转型升级研究[D]．北京：中共中央党校，2020．

[37] 西蒙．企业文化设计：用文化图谱构建企业文化[M]．北京：机械工业出版社，2018．

[38] 谢飞东，聂辉．新媒体时代企业文化传播策略研究[J]．新闻研究导刊，2023，14（12）：175-177．

[39] 徐剑，黄尤嘉．"Z世代"概念的流行、误用及对我国青年世代文化价值观的重新阐释[J]．上海交通大学学报（哲学社会科学版），2023，31（10）：13-29．

[40] 徐雷，邓彦斐．儒家思想与当代中国企业伦理价值观的构建[J]．山东社会科学，2019（8）：172-176．

[41] 许可，秦佳琪，赵梦璐．推动企业人力资源管理向数智化转型升级[J]．通信企业管理，2022（10）：9-16．

[42] 薛媛．JK公司企业文化评价研究[D]．重庆：西南大学，2021．

[43] 阎孟杰，陈同扬．企业生态系统构建机制研究——以小米公司为例[J]．财会通讯，2022（12）：101-108．

[44] 阳镇，陈劲．数智化时代下企业社会责任创新与治理[J]．上海财经大学学报，2020，22（6）：33-51．

[45] 姚小涛，王勇，刘瑞禹．"威而不霸"与解耦式身份重构：吉利并购宝腾事件中李书福的管理应对之道[J]．管理学报，2021，18（6）：791-802．

[46] 佚名．海尔用这八种载体传播企业文化[J]．东方企业文化，2023（2）：66-67．

[47] 张仁江，张玉利．基于Denison模型的企业文化测量——中国情境下的比较研究[J]．科学学与科学技术管理，2010，31（6）：160-165．

[48] 张姗，卢素艳．互联网企业并购整合的风险与防范——以滴滴打车和快的打车合并为例[J]．企业管理，2017（4）：108-109．

[49] 张玉洁. 浅析数字化时代企业文化建设[J]. 中外企业文化，2022（10）：127-129.

[50] 张月强. 人力资源数智化企业高质量发展新引擎[J]. 企业管理，2023（8）：100-105.

[51] 张正堂，刘宁. HR共享服务[M]. 北京：中国人民大学出版社，2022.

[52] 章贵桥，杨媛媛，颜恩点. 数智化时代、政府会计功能跃迁与财政预算绩效治理[J]. 会计研究，2021（10）：17-27.

[53] 赵路云. 创二代茅忠群：创新是方太永远会追求的[J]. 理财周刊，2019（47）：46-47.

[54] 赵璐，李振国. 从数智化到数智化：经济社会发展范式的新跃进[N]. 科技日报，2021-11-29（008）.

[55] 赵曙明，陈嘉茜. 数智经济时代人力资源管理创新：整合框架与未来展望[J]. 西北工业大学学报（社会科学版），2023（4）：79-91.

[56] 朱冰. 数字化时代下商业模式创新策略研究——以小米公司为例[J]. 河北企业，2022（7）：47-49.

[57] 朱国军，孙军，徐永其. 智能制造企业国际创业机会实现的过程机制——数字化赋能视角下小米公司的纵向案例研究[J]. 软科学，2021，35（7）：65-71.

附 录

附录1
企业文化
测评量表
（OCAI）

附录2
企业文化
测量问卷
（OCQ）

附录3
企业文化
概评量表
（OCP）

附录4
价值观
调查量表
（VSM2013）

教师服务

感谢您选用清华大学出版社的教材！为了更好地服务教学，我们为授课教师提供本书的教学辅助资源，以及本学科重点教材信息。请您扫码获取。

❯❯ 教辅获取

本书教辅资源，授课教师扫码获取

❯❯ 样书赠送

企业管理类重点教材，教师扫码获取样书

 清华大学出版社

E-mail: tupfuwu@163.com
电话: 010-83470332 / 83470142
地址: 北京市海淀区双清路学研大厦 B 座 509

网址: https://www.tup.com.cn/
传真: 8610-83470107
邮编: 100084